皇室原來這樣過

飲食規章、婚姻抉擇、喪葬制度
以及考驗人性的宮中秘辛

倪方六——著

U0037805

推薦序一　有趣且奇特的故事

中國歷史上下古今何止五千年，自有文字記載以來，尤其官史部分，書寫政治生活者向來占主流位置，長此以往，後代子孫讀古人史冊，總以為古人非聖即賢，古之帝王將相日常作息除了國事，仍是國事。此種誤解無他，概因史家基於為賢者諱，為帝王官家諱，是故一貫鮮少著墨古代帝王生活私事。惟其如此，古代帝王和官家多采多姿的生活面，在有意無意間，被遺諸正史。官方記錄的史冊揚棄生活面，多言及政治生活面之歷史陳跡，而少言及日常生活面之吉光片羽。帝王將相「神格化」的面向，被刻意放大，「人格化」方方面面的記憶，反遭史家刻意沉埋，或刻意忽略，終為後世所淡忘。

但是，帝王將相生活面「人格化」的故事，還是古今士農工商各界均感興趣的部分。本書針對歷代帝王私祕生活，全面而細膩地描述宮闈內幕，把各朝各代的帝王，最隱祕幽微的部分，全部攤在陽光底下，接受讀者的檢驗，不僅僅一定程度地滿足了人們好奇心，更能以「人格化」的觀點，平視的視角，觀察古之帝王各種俗事，這的確是作者對千萬讀友莫大貢獻。

例如，倪先生在本書中述及「朱元璋葬父出現怪異天象」的情節。並說，「朱元璋，為什麼能開創大明王朝，當上皇帝……民間傳說是因為他祖墳葬得好，父母埋到一塊風水寶地上，恰巧這裡有王氣，是真龍結穴之處。」云云。中國人自古相信風水讖緯之說，這種說法甚且牢牢深植民間信仰，大家堅信不移。直至近世西洋科技文明移植中土，風水五行之說，仍盛行不墜。

本書最可貴也是最有價值者，是它總是在故事情節之中，總能佐以文獻史籍，而非僅停留於稗官野史道聽塗說的位階。就以「朱元璋葬父出現怪異天象」而論，倪先生列舉明朝徐禎卿所著的《翦勝野聞》的說法：「帝（朱元璋）父母兄弟相繼死，貧不能具棺，與仲兄謀草葬山中，途次便斷，仲返計，留帝視屍。忽風雨，天大晦，比明視之，則土裂屍陷，已成墳。」又說：「朱元璋放下扁擔的『土裂屍陷』地方，正好處於龍脈上。因為是塊難得的風水寶地，結果『平地起墳』，朱家子孫有了帝王命，從此風流三百年。西元一六四四年滅亡了，則是帝王之氣不存，龍脈受傷之故。」

本書一個更吸引人的地方，是它涉獵的議題舉凡酒色財氣無所不包，但廣博卻不失其專精，泛論亦不淪為虛浮，總能深入淺出，用一些有趣且奇特的故事，畫龍點睛，巧予勾勒，而不陷低俗難耐。比如，本書中述及馬秀英嫁給朱元璋後，曾為要偷饅頭給朱元璋食用，卻因此燙傷乳房的事，雖是一小故事，卻可佐證古之帝后平易恩愛，實與平民何異。又例如，倪先生以「劉邦老婆是『偷情高手』」為題，述說呂雉不守婦道、「紅杏出牆」的事蹟，亦透露了帝后也有人性弱點的不爭事實。

作者倪方六先生能上窮碧落下黃泉般地掘羅各色多趣的題材，充分展現了倪先生不凡的創作功力和資料消化能力。本書之所以如此豐富多彩，應與倪先生的資歷密切相關，他是資深記者、文化名人，更是江蘇省大眾文學學會副祕書長、江蘇省考古學會會員。讀者詳閱此書，必定不會有空手出寶山之嘆。

台灣傳記作家、《新新聞》周刊資深主筆　王丰

推薦序二　史說新語

看過一部HBO自製電影叫《Mrs. Harris》（譯《狂情黑寡婦》），班・金斯利（就是演甘地的那位）飾演的男主角是個醫生，業餘愛好是讀史，他有這麼一句臺詞：歷史如此精彩，何必讀小說呢？如果讀了倪方六這本書，閣下應該會同意這個說法。

其實倪方六的上一本著作《盜墓史記》，就已經印證了這個說法。當時曾有媒體指出：「《盜墓史記》的作者抽絲剝繭，另類讀史，記述了從中國古代到現代幾千年間發生的稀奇古怪的盜墓現象，集知識性、趣味性、史料性於一體，是一本比盜墓小說還好看的文化讀本。」（《江南時報》二〇〇八年一月十五日）

近年來中國出現了一種文化現象：一些對歷史有很深造詣的人士（多為非職業史學者，他們既不是史學研究所的研究人員，也不是學校裡教授歷史的老師，史學是他們的業餘愛好），用很不歷史但引人入勝的筆法來講述歷史，用很不主流很不官方的觀點來重新詮釋歷史。

兄弟我將這種現象稱為「史說新語」。

倪方六便是這樣一位「史說新語」者。

在中國，以往所見的歷史書籍通常都很不精彩，一般都非常乏味，枯燥程度僅次於政治經濟學教科書。

蓋因為以往之史家，以史為業而未能以史為樂也。

所謂以史為業，就是以治史為飯碗。飯碗的背後是什麼大家都知道：老闆的臉色。你不能由著你自己的性子來，你怎麼來的由你老闆決定。

老闆喜歡標語口號，你就得想辦法多來點兒口號標語。

老闆喜歡「格調高雅」，你就不能「格調低下」。

老闆喜歡玩深沉，你不深沉也得裝深沉。

老闆要你說教，你就得說教。

總之，你擁有了飯碗，失去了自己。

於是，數十年的時間裡，我們可以讀到的少得可憐的那幾本歷史書籍，要麼官氣十足，要麼索然寡趣。

不僅外行人覺得不好玩，他們業內人士也覺得自己白忙一場。

復旦大學歷史系教授樊樹志曾在他的古稀之年說了這樣痛心的話：「幾十年裡，明史學界只搞了兩個東西，一個是農民起義，為了貫徹『階級鬥爭是歷史的動力』這一學說，我這一代人都在研究農民起義……現在回頭看看，農民起義的研究基本是一堆廢紙，能夠留下來的成果基本為零……」（《新民週刊》二〇〇七年第八期）

但倪方六不是吃歷史這碗飯的，不靠歷史論著評職稱升官職加薪水。「歷史」，只是他自家的「後花園」。在這個後花園裡，沒有老闆（非要說有的話，則他自己就是老闆），沒人管得了他，沒人能告訴他，該研究什麼，該怎麼研究。他擁有極大的自由，想研究什麼就研究什麼想怎麼研究就怎麼研究。

倪方六自己說，有人在他的部落格上留言，罵他不幹正事，盡寫這些陳芝麻爛穀子的骯髒之事。這也攔不住倪方六，他還是想寫什麼就寫什麼想怎麼寫就怎麼寫。

如果一個人只是憑興趣做事情，並不打算取悅於其他任何人，並沒有世俗功利的目的，你又能拿他怎麼辦呢？

於是，專攻盜墓史以及帝王私密生活的倪方六，就這樣冉冉升起了。倪方六的第二本研究中國二千年封建皇室隱私、懸案的專著，就這樣翩翩降落了。

香港鳳凰衛視中文台前副台長　程鶴麟

自序

中國的歷史，其實是一部宮廷史。

翻開二十四史，部部都是圍繞帝王展開的，帝王的生平事蹟均編撰為「本紀」，置於首編。古代史家這般選題和安排是十分合理、恰當的，因為，古代中國「溥天之下，莫非王土；率土之濱，莫非王臣」（《詩經．小雅．北山》），即所謂「家天下」。

帝王既然有「家」，便免不了有成堆的「家務事」，在封建社會家事即國事，國事即家事。帝王也有喜怒哀樂，也要過夫妻生活。但帝王貴為人間天子，其「家」自然非黎民百姓可比，宮殿高牆，亭臺樓閣，嬪妃多多，後宮深深。即便吃、喝、拉、撒這些尋常之事，也要弄得與眾不同，吃飯不叫吃飯，叫「用膳」；做飯的地方也不能叫鍋屋、食堂，叫御膳房；上廁所更講究啦，即不能說方便、解放，更不能叫拉屎，而喊「出恭」；甚至連死也有規定的用字，稱為「崩」。

帝王家事因此便抹上濃厚的神祕色彩，隱而不露，故曰「祕事」。因為有了這份神祕，在「公天下」的今天，大家才有興趣去瞭解和閱讀「帝王家那點事兒」。於是，我假《太史公書》、《前漢書》、《後漢書》、《資治通鑑》這些正史典章之梯，借《洛陽伽藍記》、《朝野僉載》、《東京夢華錄》、《南村輟耕錄》、《萬曆野獲編》、《清稗類鈔》這類古人筆記之便，闖進了「皇家後院」看風景。

「皇家後院」實在太大了，院子的主人換了一茬又一茬。我只好念叨起當年高考應試口訣來不斷復甦自己的記憶：夏商與西周，東周分兩段，春秋和戰國，一統秦兩漢，三分魏蜀吳，兩晉前後延，南北朝並立，隋唐五代傳，宋元明清後，皇朝至此完。

稀奇古怪故事最多的，我認為當在漢朝「劉家大院」、唐朝「李家大院」、明朝「朱家大院」，而不是現代人聊得最多，最為熟悉的「清宮文化」。這三座大院大概代表了中國古代的全部榮耀和輝煌，裡面的故事也最香豔、最驚心動魄、最不可思議。

「劉家大院」裡曾經發生的事情，不少已成為後世諸多文學作品的素材：高祖劉邦後宮的「人彘」慘禍，武帝劉徹的「金屋藏嬌」，成帝劉驁的「牡丹花下死」，哀帝劉欣「斷袖之癖」……夜夜歡歌的背後，顯現出的盡是帝王們錯亂的性愛，與「李家大院」內太宗李世民弒兄淫嫂、高宗李治「子娶父媳」幸才人、玄宗李隆基「父娶兒媳」奪壽王妃，女皇武則天與女兒太平公主「共夫」，聯手勾畫出了一幅「髒唐爛漢」的淫樂圖景。

再後來的「朱家大院」，荒唐和混亂不亞漢唐，成祖朱棣疑心宮女「對食」不貞怒殺三千，武宗朱厚照尋花問柳連寡女也不放過，世宗朱厚熜逼宮女太甚，引發了「壬寅宮變」，光宗登基三十天服「紅丸」暴亡……為極盡淫欲，帝王們遍尋「不老藥」、吞服壯陽丹，結果造成「群體性短壽」。

皇位大概是穩定性最差的一枚「定時炸彈」，因權力爭奪而導致的弒殺現象，在中國皇家後院最為集中，非正常死亡成了皇帝人生的非情願選擇。中國封建第一皇帝秦皇嬴政，留下了被宦官趙高謀殺的懸疑；漢少帝劉辯僅當了四個月皇帝，就被當道的奸臣董卓廢殺；隋開國皇帝楊堅，讓自己的二兒子、後來的隋煬帝楊廣送上了西天；朱元璋欽定的接班人朱允炆被自己的親叔叔、成祖朱棣逼得走投無路，在宮中自焚。

皇帝是人世間貪欲最強烈的一族，生前奢侈，死後也想過得舒服。在活得好好時，便開始營建「壽陵」，花鉅資修築供死後「睡覺」的地下寢宮，將子民創造的財富作為自己的私財隨葬地下。為此，誕生了一種專為皇家而設計的風水理論。尋找風水寶地、萬年吉壤成了御用堪輿家的任務。皇家的風水寶地到底是怎麼選出來的？動工時有什麼講究？下葬時要注意什麼？如何防止死後不被侵擾、隨葬品不被盜走？……這些問題給帝王陵附設了諸多謎團和玄機，成為帝王家事中外人最難知曉的祕密。

這「後院」裡究竟發生過多少樁有趣的事情，上演過多少齣流血的陰謀？恐怕誰也說不清，寫不盡。我這本書也只是走到哪扯到哪，盡量把帝王家事說得清楚些、系統些，全面些，稱之是中國皇家宮廷史有點難為了，叫「宮廷雜史」倒有幾分貼切。

我寫作本書的初衷，是希望「把歷史寫得更好看一點」。當然，這更好看一點不是胡嚼亂侃編小說，有意給歷史抹粉，而是少擺學者們慣耍的「之乎者也」臭架子，脫去學術的腐朽味兒，讓讀者看得明白，看了還想看。

希望我的書能做到這一點。

倪方六

目次

第五篇　帝王葬禮與皇陵的風水玄機

第一篇
帝王的私祕檔案

古代帝王的體育休閒愛好

雖然「體育」這一詞語是外來的，但並不影響中國古代重視體能的事實存在。體育在過去不被重視，其實這是儒家理念給外界造成的一種誤會。事實上，古人特別熱愛運動，重視體能。不過，未能有古希臘那樣，發明一種影響全球的運動會，確是遺憾。

在古代，不只民間喜歡運動，不少帝王也有體育休閒愛好，有的還有運動健將水準！

舉重之王：秦武王嬴蕩

秦國後來能統一中國，與秦國多任國王的努力是分不開的，秦武王便是其中的一位。

史載，秦武王身高體壯，勇力超人，重武好戰，常以鬥力為樂。這鬥力就是舉重，在古代也叫翹關、扛鼎，是中國古代軍中最為流行的訓練士兵體能的主要手段之一。

秦武王不只自己重視體育，對民間大力士也格外看重。凡是力氣超人一等者，都會得到他的重用，招至身邊，經常與他們一起比試比試。烏獲和任鄙以勇猛力大聞名，秦武王便破例提拔重用。這就是《史記・秦本紀》（卷五）記載：「武王有力好戲，力士任鄙、烏獲、孟說皆至大官。王與孟說舉鼎，絕臏。」

秦武王最後死在舉鼎上，一次意外失手，鼎掉下來把他的右大腿砸斷了，最後不治而死。

值得一提的是，在秦漢時期，舉重也是民間強身的手段之一，西楚霸王項羽便是扛鼎冠軍，力大無比，一般人舉不過他，至今在其故里宿遷市，最有代表性的城市雕塑還是「項羽扛鼎」。

足球皇帝：漢成帝劉驁

漢成帝是中國古代超荒淫皇帝中的一位，當了二十六年皇帝，最後在四十五歲時死於趙飛燕和趙合德姊妹的溫柔鄉中。除了好色，漢成帝對體育運動也十分喜愛。足球就是漢成帝的最愛，是中國古代一位名副其實的「足球皇帝」。

中國古代的足球運動叫蹴鞠，這是中華始祖黃帝發明的。

湖南馬王堆漢墓出土的《黃帝十六經．正亂》記載：黃帝在打敗蚩尤後，活捉了他，對他處以極刑，「剝其皮革以為干侯，使人射之，多中者賞。翦其髮而建之天，名曰蚩尤之旌。充其胃以為鞠，使人執之，多中者賞。」蹴鞠，就是現代足球運動的雛形。

到了漢代，這項運動在開國皇帝劉邦的提倡下，得到了長足的

明皇擊球圖

發展，出了一批足球皇帝，如漢武帝劉徹。最具代表性的是漢成帝，因其太愛玩，體能消耗太多，加上夜夜不忘與美女尋歡，臣子擔心傷了「龍體」，勸他少蹋球。他表示，哪有玩球不費力氣的呢！如果有不費力氣的玩法就獻上來。後來，《戰國策》、《別錄》的編撰者劉向給他獻了「彈球」的玩法，類似一種紙上足球。

圍棋高手：梁武帝蕭衍

梁武帝蕭衍是中國歷史上為數極少的高壽皇帝之一，活了八十六歲，在今天也算是高壽（另見〈梁武帝四十年不近女色真相〉一文）。

蕭衍能活那麼大歲數，大概與其中年以後事佛戒色有關，但最根本的原因還是他自小重視體育鍛鍊。《梁書．武帝本紀》（卷一）記載：梁武帝「生而有奇異，兩胯駢骨，頂上隆起，有文在右手曰『武』。帝及長，博學多通，好籌略，有文武才幹，時流名輩咸推許焉。」蕭衍出生時，手心的紋路竟然是一個「武」字，這事真有點玄，但他「有文武才幹」卻是事實，其武術不凡，常人難敵。而蕭衍最擅長的還有一手：圍棋。

《南史．柳元景傳》記載：「梁武帝好弈棋，使惲品定棋譜，登格者二百七十八人，第其優劣，為《棋品》三卷，惲為第二焉。」這裡的「惲」是柳惲，為柳元景的侄子，是當時的詩人，超一流的棋手，蕭衍常與之對弈。棋逢對手，蕭衍的水準可見一斑了。

馬球皇帝：唐中宗李顯

李顯是中國歷史上唯一女皇武則天的親生兒子，因為母親的權力慾極強，在他當了皇帝不久，便被廢了。武則天病死後，李顯二度登基。

李顯表現很軟弱，但卻喜歡體育運動，如打馬球、拔河比賽什麼的，李顯都感興趣。李顯擅長的是對抗性很強的馬球運動，也是這項運動的熱衷推廣人，是位道地的馬球皇帝。

馬球，即古代的擊球、打球，也稱擊鞠。所用球與蹴鞠所用之球相仿。《資治通鑑．唐紀．中宗》（卷二〇九）記載：「上好擊球，由是風俗相尚，駙馬武崇訓、楊慎澆灑油以築球場。」因為皇帝喜愛打馬球，引導了當時的運動風俗，駙馬武崇訓、楊慎用瀝青澆築球場，方便打球，大概也是討其所好。後來唐代李姓皇帝多喜歡馬球運動，與李顯的影響不無關係。

唐玄宗李隆基便是馬球場上的常客，能算是當

馬球圖

時的馬球明星，因此還一度荒廢了朝政。宋朝有位名叫李公麟的畫家為此畫了圖畫，有詩人題寫了《題明皇打球圖》：「九齡已老韓休死，無復明朝諫疏來。」

因馬球比較危險，常有人在比賽中頭顱被擊碎身亡、為擊鞠墜馬而死的現象發生，有兩位皇帝也因此升天，馬球雖然暴力，卻未因此而受挫折。

唐滅亡後，馬球仍受帝王們推崇，如宋太宗趙光義、明成祖朱棣，都是這項運動的健將。

棍術鼻祖：宋太祖趙匡胤

凡開國皇帝，體育成績都是不錯的，如前面說的蕭衍，後面要說的元太祖。而北宋開國皇帝趙匡胤也是位運動健將。《宋史．太祖本紀》記載：趙匡胤從小「學騎射，輒出人上。嘗試惡馬，不施銜勒，馬逸上城斜道，額觸門楣墜地，人以為首必碎，太祖徐起，更追馬騰上，一無所傷」。

趙匡胤小時候很調皮，不只因玩馬摔破了頭，還喜歡赤手空拳與人打鬥，武術是其特長，武術中的三十二勢長拳便是趙匡胤的傑

百馬圖

作。更為著名的絕活是少林功夫中的「棍法」。

少林棍法為趙匡胤所創，他本密不示人，一次酒醉後說漏了嘴導致洩密，死後只好將祕笈傳給了少林寺武僧。

在趙匡胤、趙光義兩位皇帝的影響和提倡下，北宋民間體育活動開展得有聲有色，到了南宋還有不小影響。很可惜的是，愛好武術的趙姓宋朝，最後沒能抵擋住蒙古人的騎射。

摔跤牛人：元太祖鐵木真（成吉思汗）

蒙古人向來重視體能，凡男子都會摔跤，不會兩下子會被人恥笑。至今仍很熱鬧的那達慕大會上，還會有摔跤表演。射箭、騎馬、摔跤是過去蒙古男人必須擁有的三種本領，鐵木真便是這方面的健將，樣樣皆精。

在古代蒙古族人中，騎射是最基本的戰鬥手段。而射箭是成吉思汗拿手好戲，摔跤也超強。元朝在統一中國後，還曾專門設立了管理摔跤的機構，給摔跤冠軍以物質獎勵。摔跤在中國也有久遠的歷史，遠古時就有，其重量級人物便是被中華始祖黃帝打敗的蚩尤。

梁朝任昉《述異記》稱：

《楊貴妃上馬圖》（宋）

秦漢間，蚩尤氏耳鬢如劍戟，頭有角。與軒轅鬥，以角抵人，人不能向。今冀州有樂，名『蚩尤戲』，其民兩兩三三，頭戴牛角而相抵。

這「角抵」就是中國最原始的摔跤運動，後來還演變出了另一體育項目：相撲。

投壺高手：明宣宗朱瞻基

「投壺」這個運動項目，現代不少人可能不太熟悉，但在古代相當流行。中國古代一部重要的典章制度書《禮記》中，便記載了「投壺」的玩法。簡單說來，即是將箭投拋至酒壺內。起先是半禮儀活動，後來，這種活動在宴會上得到了推廣，變成了一種體育娛樂活動。

由於投壺不需耗費太多的體能，受到了高貴人士的歡迎，故而在上層貴族間頗流行。與唐朝喜歡馬球、宋朝崇尚武術相比，明朝不少皇帝在體育方面並無太多的特長，總體來說不明顯，但玩投壺卻是他們的一大喜好。

明宣宗朱瞻基便是投壺的高手，技術超人，因此被畫家的眼睛捕捉到了，明

投壺圖

畫《明宣宗行樂圖》中，便留下朱瞻基投壺的情景。

《金瓶梅》裡，中國古代文學人物中第一等大淫棍西門慶，便擅長投壺，甚至往潘金蓮的陰道裡投。據考證，西門慶這一文學形象，影射的便是明武宗朱厚照。

射箭神手：清聖祖玄燁（康熙皇帝）

與現代人站在那兒射固定靶子不同，康熙的箭術可不簡單，他是騎在馬上射的，即謂騎射。古代射箭分騎射和步射兩種，是過去軍隊中最原始、最需要掌握的戰鬥技能。

可以說，歷朝歷代都不乏這方面的神射手，但以蒙古族、滿族最具特色。在清代，射箭訓練是八旗軍的正常訓練科目，每月要有六次訓練。

在清帝王中，康熙的箭術是超一流的，在河北省易縣境內有一座「三箭山」，海拔很高，有一次康熙經過時，舉弓而射，連發三箭都射過了山頂，從那以後，此山易名三箭山。康熙的力氣和武功過人，一生中，據說用弓箭和鳥槍，先後打死了一百五十三隻老虎，此成績非神射手不可為。

文尾多說一句，如果要給中國古代帝王授予運動健將級別的話，想來上面說的八位都可能是！

梁武帝四十年不近女色真相

中國的皇帝都好色，這是事實，但也有一位皇帝以高壽和不近女色聞名，他就是梁武帝蕭衍。

《梁史》記載：蕭衍「五十外便斷房室」，天監十二年（西元五一三年），蕭衍始「不與女人同屋」。如果以他八十六歲去世來算，近四十年沒有碰過女人。

梁武帝真的是四十年不近女色？你相信嗎？如果是，他「禁慾」的真相到底是什麼？這是一個老問題，但需要新的解釋。

蕭衍是如何當上皇帝的？

從史料上看，蕭衍精通武術，又是文學大家，確是中國歷史上難得的「文武雙全」帝王。

蕭衍小名「練兒」、「阿練」。生於西元四六四年，死於西元五四九年，終年八十六歲，與乾隆皇帝一樣，是中國古代僅有的幾位高壽皇帝之一。作為南北朝時期「宋、齊、梁、陳」中梁的開國皇帝，蕭衍的智慧和才

梁武帝蕭衍手拿經卷畫像

能非同一般。史書稱「生而有奇異，兩胯駢骨，頂上隆起，有文在右手曰『武』」。

據說，當年二十剛出頭的蕭衍在權臣王儉手下謀事，王儉懂點相面之術，看了蕭衍的面相後說：「此蕭郎三十內當作侍中，出此則貴不可言。」

果然，蕭衍「三十內」的最後一年，即三十九歲那年（西元五〇二年），齊帝蕭寶融禪位於他，都城仍設在建康（今南京市）。實際上蕭寶融哪是什麼禪讓啊，完全是讓蕭衍逼的。

在包圍台城後，蕭衍策劃斬殺了東昏侯蕭寶卷，把齊明帝蕭鸞的七個兒子殺掉五個。未殺的一個化裝逃到北魏了，另一個是啞巴、廢人。被臨時扶上來的蕭寶融能不怕嗎？但禪位後很快還是被殺了。

蕭衍是個稱職的皇帝嗎？

蕭衍禁慾，「不與女人同屋」，後宮那些女人都弄哪了？史載，除貴嬪丁令光留在京城外，其他嬪妃都被蕭衍攆走了，跟各自分封在外的兒子一起住了。

古代的皇帝「三宮六院七十二妃」，除未能成年而夭折者，多為荒淫男人。不少人因此認為，蕭衍是一個好皇帝，難能可貴。實際上，蕭衍被神化了，或者說現代有學者在為他「翻案」，其實蕭衍也是一個荒唐的皇帝。時處中國南北分裂狀態，在南強北弱的背景下，蕭衍曾多次「北伐」，終究沒有打敗北魏，「收復失地」。

當時北方勢力曾一度四分五裂、群龍無首，如果蕭衍是如乾隆那樣的聖明君主，憑南朝的實力，統一中國是沒有問題的，不需要等到五十年後隋文帝楊堅的出現。蕭衍不只自己沒有做好皇帝，搞出了「出家秀」等多重鬧劇，家風也讓他治理得一塌糊塗。

蕭衍當了皇帝後，淫亂後宮顯得迫不及待，雖然沒有宋度宗趙禥剛當皇帝那樣，一夜召幸三十女的紀錄，但也很厲害，可以說與東昏侯蕭寶卷一樣的「昏」，整日花天酒地。

垂涎前朝後宮的小腳妃

南朝皇帝多奢侈腐糜。《南史．齊本紀下》（卷五）記載：東昏侯的後宮美女如雲，佳麗多多，其中有一個叫潘玉兒的妃子最受寵。當年，蕭寶卷為了討好潘妃，大修宮殿，並對居所閱武堂內諸殿進行了超豪華裝修。潘玉兒所經之路，皆鋪上雕鑿有蓮花文飾的純金地板，稱是「此步步生蓮華也」。據考證，中國古代女子裹小腳的習俗就是仿潘玉兒的「三寸金蓮」而來。

蕭衍當了皇帝後，沒有秦始皇嬴政統一六國的魄力，卻學起了嬴政悉收六國後宮美女的做法，把住處搬到了當年蕭寶卷作樂的地方，把蕭寶卷的後宮美女也「收」了下來。

這裡有一個挺香豔的故事。聽說潘玉兒最漂亮，蕭

蕭衍「皇帝真像」

衍早就垂涎三尺，希望霸為己有。現在當了皇帝自然不會放過潘玉兒。大將王茂覺得不對勁，力諫蕭衍，稱潘玉兒不是一個好女人，是個禍害，「亡齊者此物，留之將恐貽外議」，蕭衍這才不得不把潘玉兒勒死。

後來，蕭衍又看中蕭寶卷後宮的二號美女余妃，幕僚範雲趕緊勸他別亂來，稱余妃也不是好女人，「時納齊東昏侯餘妃，頗妨政事」。正是壯年的蕭衍慾火中燒，根本不聽，後來王茂一起勸才罷。但蕭衍還是沒有放過蕭寶卷後宮裡的其他女人，喜歡的都攬入懷中。

淫亂人妻又霸占人子

蕭衍身邊的女人中，給他生了孩子的，除了原配郗徽外，少說還有七位女人（未生育的不計）：貴嬪丁令光、淑媛吳景暉、淑儀董氏、充華丁氏、修容阮令嬴、葛氏等。其中的吳景暉、阮令嬴即為蕭寶卷後宮裡的女人，這兩個女人還為他生了兩個兒子，即次子蕭綜、七子蕭繹。

這個蕭綜，風流之外還弄出了兩起盜墓故事，這裡順便說說。

原來，蕭綜是蕭寶卷的遺腹子，吳景暉在成了蕭衍女人七個月後生下了這個兒子。蕭衍一直把蕭綜當親生兒子，並悉心栽培、委以重任，既霸占人妻，還霸占人子。但在蕭綜十五、六歲時，吳景暉卻把祕密告訴了兒子。

蕭綜不相信自己的老爸是蕭寶卷，便盜開了蕭寶卷的墳墓，挖出屍骨，「滴血認親」。《梁書．列傳第四十九》（卷五十五）是這樣記載的：「然猶無以自信，聞俗說以生者血瀝死者骨，滲，即為父子。綜乃私發齊東昏墓，出骨，瀝臂血試之。」

蕭綜仍不相信，又殘忍地殺害了一名不相干的男子，進行「滴血試驗」，看結果的異同。在證明自己與蕭寶卷是「父子關係」後，蕭綜就懷有二心，「自此常懷異志」，主動提出到邊遠、別人都不想去的地方去任職服役。

普通六年（西元五二五年），梁北伐，蕭衍任命蕭綜為主帥，坐鎮徐州。結果，心懷二志的蕭綜，竟然與北魏密約，棄軍叛逃，梁軍大敗，北伐嚴重失利。蕭綜入魏後，聲明自己是齊室之後，蕭寶卷的兒子，並改名「蕭贊」。蕭衍聽說後氣得要死，雖然覺得很丟人，但拒不承認事實，哭著說蕭綜就是自己的親生兒子，蕭綜所言是瘋話。

時人都在背後笑話這件事。有人奏請削去蕭綜的官位屬籍，禁止蕭綜姓「蕭」，改姓「悖」。但很快蕭衍又下詔恢復了蕭綜的一切。蕭綜死後葬在魏境內，蕭衍卻不死心，一直念念不忘這個「兒子」。大同四年（西元五三八年），蕭衍讓人去墓盜，把蕭綜的屍骨弄了回來，以皇子之禮，祔葬在今江蘇省丹陽市境內的蕭氏家族墓地。

蕭衍與齊系蕭道成、蕭鸞、蕭寶卷都是本家，齊、梁之爭其實是「家族內訌」。但最為不恥的地方並不是奪人江山後又奪妻女這點，而是蕭家的亂倫，蕭衍本人就險些命喪「亂倫之禍」。

家風糟糕子女間亂倫

俗話說，上梁不正才下梁歪。蕭衍那麼荒淫，「家裡人」自然看在眼裡，上行則下效。

蕭衍共生了七個兒子、八個女兒。蕭衍這一支脈，在他當了皇帝後，其弟其子，甚至其女，多為非作歹，作惡多端。最為不倫的是蕭衍的大女兒、永興公主蕭玉姚，竟然和自己的親叔叔，即蕭衍的同父異母弟弟蕭宏通姦，當起了「夫妻」。

擔心事情敗露，蕭玉姚一不做二不休，與蕭宏密謀，企圖殺掉自己的老爸，計劃事成後蕭宏當皇帝，她當皇后。蕭玉姚親自布置謀殺，安排值班宮人藏刀行刺。結果未遂，行刺者當場被擒獲。昏的是，蕭衍明知這事是蕭玉姚和蕭宏兩人幹的，卻瞞了下來，認為家醜不可外揚。蕭宏不僅沒有被誅殺，病重期間，蕭衍還親自去探視慰問他。

五十事佛後又生女兒

聊到這裡，大家對蕭衍這個皇帝應該可以分辨出個大概了。

那麼，蕭衍真的是四十年不近女色嗎？如果真是，又是為什麼？史家通常的觀點是蕭衍五十歲以後，「一心事佛」，所以才「禁慾」。事情絕不會這麼簡單，最小的女兒長城公主就是他五十多歲時生的，據《建康實錄》（卷十七），蕭衍到五十九歲才「斷房室」，而此時，蕭衍已信佛多年也。

在過去，這麼大年紀的男子「斷房室」應該有生理和健康上的原因，不可能是因事佛所致。這一點，其實是蕭衍自己透露出來的。

蕭衍在《淨業賦》裡有這樣的話：「復斷房室，不與嬪侍同屋而處，四十餘年矣。於時四體小惡，問上省師劉澄之姚菩提疾候所以。劉澄之云，澄之知是飲食過所致。答劉澄之云，我是布衣，甘肥恣口。劉澄之云，官昔日食，那得及今日食。姚菩提含笑搖頭云，唯菩提知官房室過多，所以致爾。」可見，蕭衍在當了皇帝後，得過一場病。起初以為是吃得太好，「飲食過所致」，後來姚菩提判斷是女人玩得過多，縱慾過度的原因，即所謂「房室過多，所以致爾」。

皇帝（或者說一般男人）對待女色的態度多如漢成帝劉驁那樣，「牡丹花下死，做鬼也風流」。從蕭衍前期的放縱行為看並未免俗，他前期信奉道教，把行房看成是一種保健項目。在當了幾年皇帝後，又改信佛教，但改食素食卻不迴避性生活，仍貪戀女色。這樣，吃不好，卻「幹得多」，風流快活的同時，身體不弄成空殼才怪呢！時臣謝朏、孔彥穎等勸蕭衍不要吃素了，恢復正常的帝王飲食，但未被接受。

禁慾，是因為有難言之隱

「萬壽無疆」，是所有帝王的願望，在這種情況下，取風流還是賭長壽，蕭衍選擇了後者。

中國廣東嘉應學院中文系教授趙以武有一種觀點，認為，從佛教「除二障」（「二障」即「殺害障」、「慾惡障」）的戒律中，蕭衍「始知歸向」，蔬食而外，並斷房室。歸根結底，是出於健康的考慮，所謂「行人之能行者」，乃尋求長壽之新途徑。

這種觀點頗有道理，蕭衍「四十年不近女色」的最初原因應該就在這裡。果然，不過性生活、不殺生之後，他的健康問題解決了，腦子也不發昏了。用蕭衍自己的話說是，「既不御內，無復慾惡障，除此二障，意識稍明，內外經書，讀便解悟」。

帝王有幸遍天下美女之特權，蕭衍「四十年不近女色」，其真相不要說現代學者，就是時人恐怕也說不清。前面說過，在過去如蕭衍那麼一大把年紀的人「斷房室」，應該有生理和健康上的原因，最初不可能是事佛所致。這一點，蕭衍也承認了。

但到底是什麼樣的生理和健康原因？女人常掛在嘴邊的調戲男人的一句話，「男人都不是好東西，除非他那個不行了」。套用此觀點來解釋，作為一個皇帝，如果蕭衍真的是四十年不過性生活，就是「下半身」問題，直接說來就是性功能不行了，有障礙，而非一心事佛可作全部解釋的！在生育了最小的女兒長城公主後，已經五十多歲的蕭衍因性生活過度，即便是壯陽藥也不管用了。

這可不是胡亂猜測，從蕭衍在《淨業賦》所述可知，當時發現這祕密的姚菩提（蕭衍否認姚知道他的「病情」）給蕭衍開出了一種藥丸，可以想見，這種藥丸不會是一般的滋補藥物，必有壯陽強身的作用。但「服之病逾增甚」，治不了「四體小惡」，可知蕭衍這「小惡」並非一般的毛病，筆者推測是性功能不行了，患了前列腺炎，搞不好就是男人最忌諱的陽痿。

蕭衍知道自己不行了，乾脆「出家」，當個乾淨皇帝，還落個長壽，遂至死不再碰女人。這大概是蕭衍「禁慾」的最初真相吧，也是他五十歲開外突然改變信仰，放棄道教，信奉佛教的一種新解釋。

明代朱姓皇帝好色之謎另解

明史熱成為眼下一景。在清代的皇帝被寫濫之後，明代帝王又被集體抬了出來，而其中明世宗朱厚熜，即嘉靖皇帝更成小說家筆下的熱門人物。

其實明代以後的文人，對嘉靖就很感興趣，這方面的書很多。嘉靖在位時間長達四十五年，雖然政治上沒有作為，治國無方，但他是一位風流帝王、道士皇帝，故事多、有趣、好玩，可讀性強，確實是一位玩咖級的人物，有學者直接罵嘉靖是位混蛋皇帝。實際上，無不好色皇帝。漢皇、唐皇更厲害，但明朝皇帝好色得有特點。

皇帝險遭宮女勒死真相

史家認為，嘉靖暴虐不仁，喜怒無常，好色無比。其好色風流在中國歷史上的帝王將相中是出了名，因為好色，險些被宮女勒死，即所謂「壬寅宮變」。

史書上記載：嘉靖二十一年（西元一五四二年）十月二十一日凌晨，十幾個宮女趁朱厚熜熟睡時打算把他勒死。先是楊玉香把一條粗繩遞給蘇川藥，這條粗繩是用從儀仗上取下來的絲花繩搓成的，蘇川藥又將拴繩套遞給楊金英。邢翠蓮把黃綾抹布遞給姚淑皋，姚淑皋蒙住朱厚熜的臉，緊緊地掐住他的脖子。邢翠蓮按住他的前胸，王槐香按住他的上身，蘇川藥和關梅秀分別把住左右手。劉妙蓮、陳菊花分別按著兩腿。待楊金英拴上繩套，姚淑皋和關梅秀兩人便用力去拉繩套。眼看她們就要得手，繩套卻被楊金英拴成了死結，最終才沒有將這位萬歲爺送上絕路。宮女張金蓮見勢不好，連忙跑出去報告方皇后。

前來解救的方皇后也被姚淑皋打了一拳。王秀蘭叫陳菊花吹滅燈，後來又被總牌陳芙蓉點上了，徐秋花、鄭金香又把燈撲滅。這時管事的被陳芙蓉叫來了，這些宮女才被捉住。朱厚熜雖沒有被勒斷氣，但由於驚嚇過度，一直昏迷著，好久才醒來。

採處女經血煉丹藥經過

為什麼宮女會這麼恨自己的主子？皆因他荒淫得沒有人性。嘉靖對待自己的皇后都沒有人性，三位皇后或被其折磨死，或打入冷宮。對待出身低賤的宮女更不用提了，在政期間，被他下令打死的宮女就有兩百多人。朱厚熜還用酷虐宮女的方法煉製長生不老的丹藥，這在中國宮史上是絕無僅有的。朱厚熜後期迷信方士，尊尚道教，自稱「真君」、「仙翁」、「帝居」等，在宮中遍設壇場，一心修

後宮的故事（明仇英）

玄，渴求強身長壽。

當時煉製此類丹藥的最流行方法是「秋石」和「紅鉛」，前者採用童男小便，去其頭尾，收其中段，加藥熬煉而成，後者收取處女經血加藥拌和、焙煉而成。為了煉製紅鉛，朱厚熜信用道士，用摧殘宮女身心甚至殘害其生命的方法，不顧一切地採取煉丹的原料：經血，以煉製長生壯陽丹。嘉靖中葉以後，朱厚熜曾三次大規模選擇民間幼女入宮，每次數百人，「供煉藥用也」，道士稱是「採陰補陽」：「壬寅宮變」的發生就不可避免了。

皇帝遊幸連寡婦也不放過

二〇〇四年八月二二日，中國第十屆明史學術討論會在南京明孝陵召開。筆者在會後曾就此話題請教了多位元明史專家，上海大學文學院歷史系教授朱子彥，提交的《論明代的採選制度與宮人命運》引起了筆者的興趣。

對明史有專門研究的朱子彥特別談了明代皇帝後宮內的風流故事。朱子彥當時舉例談了朱姓皇帝的荒淫。傳位於朱厚熜的，是嘉靖的堂兄弟明武宗朱厚照，同樣以風流出名。因荒淫過度，三十一歲就死了。朱厚照多次到各地巡遊：

每夜行，見高屋大房即馳入，或索飲，或搜其婦女。凡武宗車駕所到之地，近侍預先掠取良家女以備召幸，有時多達數十車。正德四十年十二月，武宗巡幸揚州，先遣太監吳經到揚州四處搜尋美貌少女。吳經暗中記著城中少女和寡婦所住的街巷房屋，待到半夜，打開城門，傳呼聖人駕到，命市民燃燭接駕，吳經乃率人闖入少女、寡婦之家強行搶奪，「寡婦無人倖免」。

在明代皇帝中，最早一個與最後一個，即明太祖朱元璋和明思宗朱由檢，對女色還是節制的，其他皇帝在女色上多比較隨便，特別是後期幾個，簡直荒淫到了極點。

混蛋皇帝嘉靖 朱厚熜

明成祖朱棣曾經患上陽痿

朱姓皇帝為何「集體好色」？難道朱元璋的後代性慾超強？非然。

實際上明皇的性功能一直是受到史學界懷疑的。明代皇帝喜歡廣招天下美女進宮，但他們到底能不能都幸遍後宮，是個疑問。如成祖朱棣，後宮佳麗多多，甚至要求當時的屬國朝貢美女。但根據吳晗主編的《朝鮮李朝實錄中的中國史料》（上編／卷四）記載：明成祖的性功夫並不怎樣，還曾患過陽痿。

朱棣患難言之隱的故事裡，有一個十分恐怖的殺戮宮女事件。當時，朝鮮進貢的美女權氏受寵。《明史·后妃傳》說：「權氏，朝鮮人。永樂時，朝鮮貢女充掖廷，妃與焉，帝愛憐之，七年封賢妃。」朱棣親征蒙古，都會帶著權氏。但卻紅顏薄命，權氏竟然死於征途上。本對朝鮮宮女有嫉妒之心的漢女呂氏，藉機誣告對她不友好的朝鮮同姓呂氏，稱其勾結太監和銀匠，在權氏的茶裡下了砒霜，毒死了權氏。朝鮮宮女呂氏遭酷刑，被綁在烙鐵上，像烤羊肉那樣烤，被折磨了一個月才斷氣。這次，包括朝鮮呂氏在內，有數百名宮人遭殺。十多年後，朱棣又起殺心，將兩千八百名宮女活剮了。永樂十九年（西元一四二一年），漢呂氏與太監魚氏私通，結為「對食」（夫妻），朱棣發現後並未責怪他們，但他們害怕，雙雙上吊自盡了。朱棣讓人把相關侍婢全部抓起來審訊，問這是怎麼回事。女人哪能受到大刑，為求速死，不少人便謊稱要行刺皇帝。結果，麻煩大了，不只這些侍婢被殺，還連累了大批宮女，即朝鮮史書所稱的「凡連坐者二千八百人」。行刑時，朱棣還親自去屠場「欣賞」。有一名大膽的宮女罵道：「自家衰陽，故私年少寺人，何咎之有！」你皇帝自己不行，宮女才與人私通的，何罪之有？朱棣患陽痿的事情才為外人所知。

不知道朱棣濫殺宮女，是不是因為陽痿引起的性變態行為。

《蘭亭圖扇》（明仇英）

女孩愛美趕時髦，男子熱衷性開放

明代的社會風氣比較開放，笑貧不笑娼，在明代表現特別明顯。在這種社會大環境下，本來便擁有隨便玩女人特權的皇帝，自然色心大動，「與民同樂」。當時，不論男人還是女人（當然指有條件的）對生活品質都很講究，如在中後期，女士很前衛，特別愛趕時髦，男士則熱衷性開放……如蘇州文人祝允明、唐伯虎，便是當時的風流男人，他們的行為一點也不檢點，吃喝嫖賭樣樣通。見到美女便會下手，唐伯虎點秋香至今仍很香豔。記錄晚明男人召妓故事的《板橋雜記》，便是在這種背景下寫出來的。

明代的服飾很有特點，在當時頗成風尚，在當時眾多愛美的小姐公子心裡，都有「趕時髦」的觀念。朱元璋剛當上皇帝不久，即著手消除元朝服飾的影響，恢復唐制，欲以漢文化來影響服飾和時尚，希望從服飾上體現出尊卑有序的社會狀態。但這種做法把服飾的實用性減弱了，特別是女士的愛美天性受到了壓制，以致民間不願「遵旨」，而去追求美的天性和崇尚奢華的風尚，這也就是現代女孩子常說的「趕時髦」。

《仕女圖》（明仇英）

在明成化年間，京城流行起了「馬尾裙」就是一例。馬尾裙是從朝鮮傳入的，在當時算是很漂亮也很前衛。在流入京城後，先是為富商公子和歌妓看中，後「人人買而服之」。

一般人認為選美比賽是外國人的發明，實際不是。明代男人發明了「評花榜」，這就是選美。比現代選美更刺激的是，從性工作者中間選拔，入榜的美女全部來自妓院，妓女一旦入榜，身價大漲，嫖資翻倍。

「紅燈區」治國想法禍害後代

女士趕時髦，男人愛風流，明人的思想十分十分地開放。美國在上世紀六〇、七〇年代才有性解放思潮，可以說，中國早在明代就出現了。這種說法的事實佐證之一就是當時名妓輩出，柳如是、馬湘蘭、李香君、董小宛、陳圓圓等等，個個貌美無比，處處留情遺恨。

當時，南京夫子廟旁邊的秦淮河邊，就是這些妓女的聚集地，漂浮

明清內務府密藏的春宮畫

在十里秦淮上空的盡是胭脂氣。而有名妓，自然有風雅之人去消費，即所謂的嫖客，可見當時「紅燈區」的非凡熱鬧。

民間性交易的繁榮是宮內性生活活躍的一種折射，也可以說是上層對下層影響的直接結果。換一種說法，老百姓的性解放，是領導者荒淫的副產品，上梁不正下梁歪啊。

反過來，社會上性交易的活躍，也促進了明代後期皇帝性生活的高頻率發生，直至性變態。而這一切，老皇帝朱元璋應該承擔責任，開國之初他恢復妓院，使秦淮河邊發展成了中國古代第一「紅燈區」。朱元璋的性開放態度，默許、甚至鼓勵官員去嫖去包二奶，成為後來社會風氣「變壞」的重要原因之一。

這樣說來，明代朱姓皇帝多好色，就很好理解了。朱姓皇帝多好色不是孤立的，是老皇帝的「歪經」對後代的負面影響，是立國初期的不良誘導和中後期人們生活態度放縱，共同作用的結果。這一結果就是，朱姓皇帝風流成性，採經血、玩寡婦最後把江山也玩丟了！

明成祖建大報恩寺塔的七大謎團

朱棣與大報恩寺塔的事情被重提，是因為南京重建大報恩寺塔。而大報恩寺塔和本書之後會聊到的朱棣生母之謎一樣，也很有故事。

歷史上，大報恩寺曾經過多次重修復建。如康熙三年五月，即重建過寺的正殿，塔也多次修葺。近二十年來，南京一直計劃恢復這個標誌性建築，重建大報恩寺塔。據方案主持東南大學古建築專家潘谷西先生介紹，不是在原址，而是在原址的西側建塔。

實際上早在一九二八年，即有專家為重建大報恩寺塔作了準備，中國中央大學建築系教授劉敦楨當年到琉璃窯址進行調查。一九三五年又有專家提出了重建構想。但因為日本侵華戰爭的爆發，此事擱置了，成了遺憾。如果不是那場戰爭，大報恩塔說不定已矗立在中華門外了。從朱棣決定興建塔，到現在重建，大報恩寺塔身上留下了太多的謎團。

謎團之一：朱棣建塔到底是想報誰之恩？

史書上講得很清楚，朱棣為報母親的養育之恩而建。

但具體誰是他的母親，這裡就很有學問了。近來出版的學術著作似乎為此事定了論，「明成祖朱棣為紀念其生母碽妃而建」。如中國古建築權威潘谷西先生主編的《中國古代建築史・元明卷》（第四卷）就持有這種觀點，以前筆者去拜訪潘先生時，他還是這樣說。

但《明史・成祖本紀》（卷五）明確稱：「成祖啟天弘道高明肇運聖武神功純仁至孝文皇帝諱棣，太祖第四子也。母孝慈高皇后。洪武三年，封燕王。」這「孝慈高皇后」就是朱元璋的原配、著名的大腳皇后馬秀英，而不是來自朝鮮的碽妃。

這樣的記載是負責任的，朱棣生於元至正二十年四月十七日（西元一三六〇年五月二日），地點在應天（今南京），其時朱元璋不要說皇帝（西元一三六八年才稱帝）了，連「王」都不是（西元一三六三年擊敗陳友諒後，次年才稱「吳王」），所以，大報恩寺及塔是朱棣為紀念其生母碽妃而建，有捕風捉影之嫌。

「為紀念其生母碽妃而建」一說，根源於野史。傳說碽妃是冤死的，作為親生兒子朱棣本人又不能公開張揚，於是借報答母親的養育之恩之名，建寺、塔紀念她。而這種說法的直接證據都是《南京太常寺志》上的文字，其中所載孝陵神位：「左一位淑妃李氏，生懿文太子、秦湣王、晉恭王，右一位碽妃生成祖文皇帝，是皆享於陵殿，

西元一八四二年，英國記者A・托馬斯，現場所畫外秦淮河畔大報恩寺塔素描。

掌於祠官，三百年來未之有改者。」但是民間當時另有一說法，朱棣篡位，藉「靖難之變」把侄兒朱允炆趕下皇位的事，朝野上下都有抵觸反感情緒，誹謗聲音四起。其中有一種聲音就是罵朱棣不是馬皇后生養的，血統有問題，是雜種，不然不會對親侄下此狠招。

在這種社會輿論壓力下，朱棣一方面進行言論鎮壓，另一方面做出姿態。為了表明自己是馬皇后所生，在遷都北京之際，於永樂十年（西元一四一二年）大興土木，建大報恩寺、塔，以感謝馬皇后的養育之恩，洗去身上的歷史是非。

這種說法為正統學者認可。《金陵大報恩寺塔志》是一九三七年的出版物（南京出版社二〇〇七年有再版），作者是學者張惠衣，書中搜集了各種版本的說法，其中有這樣的文字：「永樂十年，北遷，因欲報高皇帝深恩，於六月十五日午時起工，至宣德六年八月初一日完工，共十九年。敕工部侍郎黃立恭依大內圖式，造九級五色琉璃寶塔一座，曰第一塔，以揚先皇太后之德。」

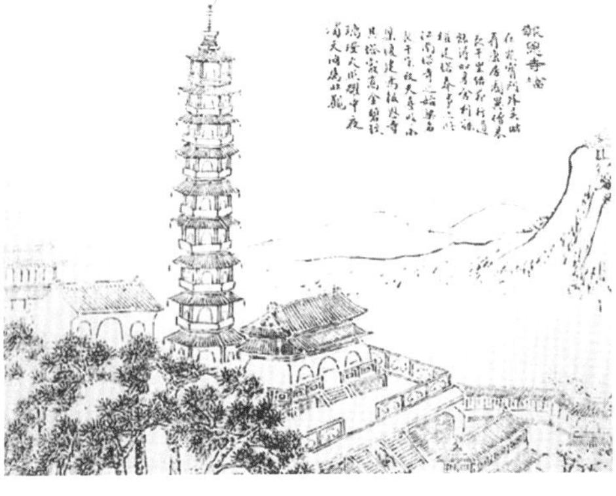
大報恩寺塔

但歷史就是這麼回事情，各種說法一多，特別是大家都說碽妃是朱棣生母，事情就複雜了，這個報恩寺塔為誰而建，真相便難辨了。

實際上，在朱元璋當皇帝時，工部侍郎黃立恭奏請修葺，但因為國力問題，一直未能動工。這樣，一直拖到朱棣遷都北京時，方准。從這裡也可以看出，朱棣借建塔「揚先皇太后之德」是有道理的。

謎團之二：為何選址於浪漫的長干里？

大報恩寺塔的具體地點在南京城南的東長干里，現今的雨花路東側，這個地方是中國的古典浪漫所在。唐代大詩人李白詩歌《長干行》裡有名句：「郎騎竹馬來，繞床弄青梅。同居長干里，兩小無嫌猜。」「青梅竹馬」、「兩小無猜」的故事就發生於此。

民間有傳說，早年這裡有「異氣」。

在朱棣建塔前，這裡曾有阿育王佛塔。崇佛的梁武帝蕭衍，於大同八年（西元五四二年）對塔作了改造，復建長干寺，易名長干塔。宋天禧年間，又改為天禧寺，後建聖感塔。元至元年間，再改為天禧慈恩旌忠寺，元末塔毀。梁武帝為什麼要復建長干寺？其在《幸阿育王赦詔》中稱，時出現了異常天象，「月犯五車，老人星見」。

在塔建好後，頓現祥光。有詩「長干塔」稱：「十丈祥光起相輪，鐵浮屠鎮法王墳；只愁西域神僧至，夜捧長干剎入雲。」

阿育王即鐵輪王，傳說曾於一日一夜間，役鬼神造了八萬四千塔，此塔即是其中之一。此塔在梁武帝改造前，曾經多次重建。但自塔成後，這裡就出現異氣，成為佛門寶地。

順便交代一下，二〇〇八年八月，因南京重建大報恩寺塔，「長干塔」的地宮被當作大報恩寺地宮而意外被發現，出土了一只高達一點三公尺的大鐵函。鐵函內發現了一座金光閃閃的鎏金七寶阿育王塔的塔剎部分。

朱棣把報恩寺塔選擇在此，是否是這種考慮呢？這裡也有一個傳說，朱棣「靖難起兵」前曾向馬皇后發誓，如果當上皇帝後，便建一寺塔報答。在兵渡長江時，江中忽然湧出一座寶塔，朱棣一驚，忽然想起了起事前的誓言。在當了皇帝後第二天，出現了一起怪事，天禧寺突然發生了一場大火災。有人報信給朱棣，朱棣聽說後要人無須救火，結果大火把寺燒得一乾二淨。火滅後，朱棣命人把寺址上所有的灰燼雜物全部鏟淨，扔到長江裡，在原址重新建寺建塔：此即大報恩寺和大報恩寺塔。

從朱棣親自擬就的《御制大報恩寺左碑》看，朱棣的想法裡還是考慮到這裡「佛緣」的。「輝煥一新，重造浮圖，高壯堅麗，度越前代，更名為『大報恩寺』，所以祇靈迎貺，上資福於皇考皇妣……」

此後，大報恩寺塔也是異象不斷。

如明孝宗朱祐樘去世後，十七歲的朱厚照當了皇帝。朱厚照當皇帝頭一年（西元一五〇六年），多年平安無事的大報恩寺塔出問題了，被雷擊壞了。時朝臣建議立即予以大修，但此建議遭到反對，有人認為這是不祥徵兆，有警告新皇帝的天意。《明史・曾鑒傳》（卷一百八十五）記載了此事：「正德元年，雷震南京報恩寺塔，守備中官傅容請修之。鑒言天心示儆，不宜重興土木以勞民力，乃止。」

謎團之三：囚犯參加修建報恩寺了嗎？

報恩寺、塔的建設週期很長，工程量驚人，前後花了十九年時間（一說十六年）。朱棣在生前並沒有看到此塔的建成，未報成恩，在他北征途中意外病死時，仍沒有建好，一直到他孫子朱瞻基當皇帝的宣德六年（一說宣德三年）才完工。這麼大的工程，需要的人力非同一般，據說共有十萬人參與了建設。那麼人都是從哪來的？

一般說法是「徵集軍匠夫役」，即主要是兩種人，一是士卒，二是民工。從《明史》所透露的情況看，在現場的士卒確實有不少，但不一定是勞力，而是維持勞動秩序和安全保衛事務的。這麼多士卒在施工現場就有疑問了，難道怕工人跑了？

民間傳說，還真就是這麼一回事情：報恩寺、塔為犯人所建。工程中的所謂民工，特別是做苦力活的，都是囚犯。這在史書中可以找到證據，《明史．鄭辰傳》（卷一百五十七）中有這樣的文字記載：「南京敕建報恩寺，役囚萬人。蜚語言役夫謗訕，恐有變，命辰往驗。」

從上述文字中還可知道，建報恩寺時的工作條件異常艱苦，囚犯怨聲四起，傳言發生民變，朱棣這才派鄭辰前去查看。為了讓囚犯賣力，朱棣下詔，「原犯死罪者，蓋寺滿日，俱宥其死」。

但這麼大的皇家工程，不可能全憑犯人之力。明初工匠主要來源於元代的匠戶，工匠是技術人員，下面具體做體力活的還有役夫。每一匠人配有五名役夫。匠人實行輪班制，三年一輪，也就是說，被徵來的匠人三年之後才能回家；燒琉璃的匠人則為一年一班，一次至少要連續服役三個月。另外還有住宿制。

為了鼓勵軍人、匠人的「勞動熱情」，朱棣下詔：「軍夫人匠做工一年以上，始終不曾離役者，每名賞鈔十錠，賞布兩匹；夫匠免戶下雜差役，旗軍免余丁差撥各二年。」

謎團之四：建塔匠人後來「絕種」了？

大報恩寺塔在中國古建築史上有自己獨特的地位，素有「中國之大古董，永樂之大窯器」的美譽。

大報恩寺塔其美在塔形，平面八角，高九層；塔的覆瓦和拱門都用五色琉璃構件，塔共用二千兩黃金做成。飛馬、飛羊、獅子、白象等圖案，生動美觀。全塔共懸掛風鈴一百五十二個，塔內置油燈一百四十六盞，日夜通明，名為「長明燈」，每晝夜耗油達六十四斤。

大報恩寺塔貴在建築所用琉璃構件。琉璃，其實就是陶瓷技術中的一種。但建塔琉璃的燒造有獨特的方法。琉璃在中國古代文獻上有多種名稱，如「璆琳」、「琉璃」、「陸離」、「青金石」、「青玉」、「頗黎」、「玻璃」等，早期的琉璃泛指自然寶石或人造寶石、玻璃、陶胎鉛釉製品等三種物質，元明以來，琉璃特指陶胎鉛釉製品。

琉璃以陶土為胎，經攝氏一千二百度上下的高溫燒製後，表面塗刷鉛釉，再經攝氏八百度左右的低溫燒製方成，屬低溫色釉。其以氧化鉛或硝為助熔劑，以鐵、銅、鈷、錳的氧化物為著色劑，再配以石英製成。但具體怎麼做，都使用了什麼配方？據說失傳了。

大報恩寺塔的琉璃匠人都來自外地，以山西為多。燒造工藝失傳可能與中國傳統工藝的傳承方式有關。有關琉璃的燒製技術，尤其是釉色配方祕不外傳。過去琉璃製作都是匠人世代相傳或師徒相承，素有「父傳子、子傳孫，琉璃不傳外姓人」和「傳子不傳女」的習俗，年代久遠，技術難免失傳。

還有一種往往被人忽視的原因，琉璃燒造工藝配方中含有可提高彩釉融流性和光亮度的元素鉛，有很強的毒性。那些世代從事琉璃燒造的家族成員中，多因鉛中毒而短壽，甚至不能生育子女，直接「絕種」，這在客觀上導致了琉璃工藝的失傳。在「琉璃之鄉」的山西，當年名聲遠揚的琉璃產地的後代們現在差不多都默默無聞，或癡或傻，應該與此有直接關係。

但也有專家認為，古代琉璃工藝祕方其實並沒有失傳，其技術也並不是製陶業內的最難。曾對琉璃燒造工藝做過專門調查研究的南京工業大學建築院院長汪永平教授就是這個觀點。

在宋《營造法式》、明《天工開物》及一些文人筆記中均有記載，從製坯到成品，要經過二十道上下的工序，但裡面的「火候」很有講究，如第一次燒時，有經驗的匠人會把土坯燒得「生」些，以利色釉進入坯體。

製作琉璃的陶土在北方稱之為「坩子土」、「牙根石」，南方則稱為「白土」。它的產地分布很廣，明代以安徽當塗白土山產的白土質地最好，呈灰白色，燒成後呈白色。大報恩寺塔的琉璃構件即由此處的白土燒造。

但不論工藝是否失傳，嘴上講都沒有用。南京曾有專家依記載祕密地進行工藝試驗，但做出的東西卻是兩碼事情。目前中國琉璃燒造最好的地方是北京門頭溝一帶，故宮修復時所用的材料即出自於

出土的琉璃構件圖案十分精美。

此，但已與明時的工藝是兩個概念了，雖然各廠都聲稱自己的琉璃是正宗工藝。故宮修繕時所用琉璃是否可靠、正宗，還得靠時間去驗證。

謎團之五：兩套備件何時會出土？

上面說了，大報恩寺塔最精貴之處在琉璃，這也是過去人將之稱為「寶塔」的原因。從工藝失傳情況來看，這也是它的最難之處。民間傳說，當年即意識到這種情況，再燒是燒不出原樣的，所以朱棣令工匠燒造時作了備份，以備將來損壞時替補。

當年為建設應天都城的需要，朱元璋曾召集全國各地的能工巧匠到南京。朱棣在興建大報恩寺、塔時，也召集了大量匠人，特別是琉璃匠人。在寶塔山外的今窯崗村一帶，設官窯，燒造建塔所需的大量琉璃構件。傳說，當年共有七十二座窯場。大報恩塔造好，這些窯場就廢掉了。

明人張岱《陶庵夢憶》記載：「聞燒成時，具三塔相，成其一，埋其二，編號識之，今塔上損磚一塊，以字型大小報工部，發一磚補之，如生成焉。」專家據此推測，這兩套琉璃備件可能仍埋在離大報恩寺塔不遠的聚寶山明代琉璃窯址附近的地下。

據楊新華主編的《金陵佛寺大觀》一書介紹，一九五八年中國「大煉鋼鐵」時期，民工在聚寶山窯址挖出了大量琉璃構件，上面均有層數和左右上下位置的墨筆字樣，專家斷定為大報恩寺塔上的拱門構件。南京博物院還做了一個拱門的復原模型，至今存於展廳。一九五九年，在附近還發現了用於存放琉璃構件的庫房，可惜遭毀。

當時大煉鋼鐵已近尾聲，在一個叫「眼香廟」的地方之東南方大約四、五十公尺處，距地面兩公尺多深的地下，當地村民挖到堆放琉璃構件的庫房。庫房由大塊的城磚砌成，打開發現裡面有整齊的琉璃構件，有的重達二、三百斤，兩塊便可裝一小板車。挖了四公尺深、兩公尺寬的豁口，仍不見窮盡。村民將這些構件，做成煉鋼爐用的「耐火磚」。後來停止煉鋼了，這些琉璃構件就用不上，挖出的部件也被全部打碎。另外，還發現了半成品倉庫。

一九八七年，南京官方成立了由現南京文物局副局長楊新華任組長的「明初琉璃窯遺址普查小組」，著手對「備件倉庫」進行調查探勘。鑽探結果表明，在窯址附近的一公尺多深地下，又發現埋藏有琉璃構件，進一步證實了史記的準確。但因為上面有民用樓房，至今無法全面發掘。

前幾年，南京在建設城南立交橋時，古窯址一帶也發現了大量的琉璃構件，筆者接到資訊後，曾趕去採訪調查，並且拿回了一些碎片。後因報社搬家，這些東西就被人扔了。筆者當時看到，出土的構件上確有墨汁標記，指明此構件位於什麼位置。後這些構件，讓南京有關方面運到夫子廟的江南貢院裡臨時保存。

這些跡象都顯示，大報恩寺塔的兩套備件在事實上應該存在的，但需要最後的考古發現來證實，什麼時候能出土，目前還是個謎。

謎團之六：太平軍為何要炸塔？

大報恩寺塔矗立在南京城南長達四百多年，直到一八五六年才毀掉。大報恩寺塔的消失，兇手是太平軍：「咸豐六年，遭洪楊焚毀，並磚庫亦被炸去。」

咸豐六年，就是西元一八五六年。當年秋天，太平軍發生了嚴重的內訌，洪秀全、楊秀清之間矛盾爆發。時督師江西的北王韋昌輝，接到天王密詔（一說無密詔）後，率兵三千連夜回天京誅殺楊秀清及其家眷。韋昌輝圖謀不軌，有意擴大事態，株連殺戮楊部屬兩萬餘人，史稱「天京事變」。

翼王石達開聞訊冒險趕回天京，指責韋昌輝的濫殺行徑。韋昌輝殺心又起，決定謀害石達開。石達開見情況不對，連夜逃往安徽的安慶，調集部隊討伐韋昌輝，要求洪秀全殺韋昌輝「以謝天下」。同年十月初五，洪秀全下詔討韋，處死了韋昌輝，削其封號，貶為「死孽」。

大報恩寺塔就是在石、韋對峙中毀掉的。當時，韋昌輝在城內，害怕石達開利用寺塔之高，向城門開炮，遂下令將塔炸毀。這座「第一塔」，就這樣從世人的視野中消失掉了。

大報恩寺的消失見證了近現代中國的多災多難。在此之前，已被英國人洗劫了一次。一八四〇年鴉片戰爭期間，英國人強迫清政府在南京靜海寺簽訂了中國近代史上第一個不平等條約《南京條約》。就在這期間，聽說「大磁塔」（大報恩寺塔）內有很多寶貝，英軍遂先後多次前去搶劫，金佛、金飾等可以拿到的裝飾器物、塔內擺設，都讓他們作為「紀念品」搜刮去了。又聽說物件表面鍍金，有的英軍拿出隨身攜帶的刀子，一塊一塊割「金皮」。後來遭中方強烈聲討，英軍為此賠點款了事。

塔被韋昌輝炸毀後，塔頂的兩只巨型「鐵盤」也墜落到地面上。這可不是一般的鐵盤，實質是「金盤」，外面裹了寸把厚的金皮（另一說是銅質）被太平軍取走了。後來遺存一只在原址，被人移至塔基東南面「金陵製造局」（李鴻章在南京所建兵工廠）門口。盤頂朝天放在一個磚石平台上。在一九三七年中日戰爭全面爆發前，還放在門口。

已去世的南京博物院老文物工作者張正祥先生曾考察過，二〇〇四年筆者去張先生家採訪時，他曾提到過此事。抗戰勝利後，「鐵盤」就不見了，據說被日軍砸壞，熔化後造槍炮了。曾有當地居民證實，一九四三年時還看到過，此後就不見了。

從日軍侵華史上發現，「鐵盤」失蹤的那一年，由於戰略資源匱乏，日軍開始在南京到處徵集「廢銅爛鐵」。

謎團之七：建塔手段與造金字塔相同？

大報恩寺塔曾是金陵「四十八景」之一，是當年南京的標誌性建築，也是亞洲的標誌，與古羅馬大競技場、古亞歷山大地下

羅漢圖（南宋）

陵墓、義大利比薩斜塔，被西方傳教士稱為中世紀「七大奇觀」之一。

明代皇家琉璃燒造由琉璃廠負責，琉璃廠隸屬於工部營繕清吏司。大報恩寺當年是一項皇家工程，建築用料極其考究，所有的琉璃構件都是專窯燒造，欽派大太監監工，鄭和七下西洋回國後，即被朱棣安排負責過此塔的建造。工藝控制十分嚴格，稍有疵點即扔掉棄用，不少匠人役夫還因此被殺頭。據說，大報恩寺塔在十九年的建造過程中，花去的銀子有二百四十八點五萬多兩。當年財物吃緊時，鄭和下西洋剩下的一百多萬塊錢都讓其「挪用」了。

為什麼有這麼大的開支？除了大量琉璃構件所需成本外，還與建造方法有關。據說，大報恩寺的建造與古埃及法老的「金字塔」建築方法很相似，不是用腳手架一層一層搭建，而是「造一層，四周壅土一層，隨建隨壅，至九層，則亦壅九層，始終在平地建造。及工竣，復將所有壅土除去，而塔身始現。」這樣在「平地上」作業，可以保證工程的品質。

大報恩寺塔有七十八公尺高，這樣的高度，四周的封土堆自然不會少，土方的工程就不是一般的大。

帝王定都從風水角度考慮

帝王打下天下後，首先要考慮的是都城選在哪，而一個城市能成為「帝王都」，因素很多。除了地理位置這一要素之外，風水好不好，是否能養萬年龍脈，保盛年基業，這是很關鍵的。所以，歷史上出現了多次的還都事件，不少朝代為此實行「兩京制」。

中國古代都城流行「兩京制」

什麼叫兩京制？即一國兩都制度。此制源於西周，當時西周的都城在鎬京，即今西安，後周公姬旦又在洛邑營造了一座新城，即今洛陽，洛邑後來成為東周的都城。此後，「兩京制」影響了中國多個朝代都城的興建，如漢、唐兩朝也是「兩京」，有東都洛陽，西都長安。

史上的短命王朝裡擁有「兩

羅漢圖（南宋）

京」的更多，如魏晉南北朝時期的魏、北齊、北周都是兩個都城。朱元璋建立大明王朝後，由於南京不是在「中國的中心」，就想到了「兩京制」。在明亡清興以前，中國一直有兩個「首都」，一個南京，一個北京。

北京、南京，與現為西安的「西京」，分別是環渤海、長江、黃河三大都城類型中的優秀代表，「三京」由此形成了中國古都文化的三大類型，即以西安（長安）為代表的黃河流域文化；以南京（建康）為代表的長江流域文化；以北京（大都）為代表的渤海文化。

在元朝之前，以西京為代表的「黃河流域類型都城」大受歡迎。除了「西京」，還有洛陽、開封等也屬黃河流域文化類型的「東京」。但在元之後，環渤海、長江流域的都城更受帝王青睞。其中，北京和南京成為首選，「西京」、「東京」基本上退出了。

這裡，就來說說帝王定都時的風水考慮，重點是南京、北京這兩座城市的歷史命運。

隋文帝毀建康為「菜地」

然而，在都城文化史上，南京卻是「三京」中最不幸的。

二十世紀三〇年代遭日本人「屠城」就不必說了，在西元六世紀，時名為建康的南京曾被「毀城」。西元五八九年，隋滅陳，隋文帝下令將「建康城邑平蕩耕墾」。《隋書．五行志下》（卷二十三）記載：「及陳亡，建康為墟」。說的就是這麼一回事情。傳說，陳未曾滅亡時，就出現了災難的徵兆：有一隻獨腳的鳥出現在陳的宮殿裡，這鳥用嘴在地上亂畫，大家一看是幾個字：「獨足上高台，盛草變成灰」。史稱：「獨足者，叔寶獨行無眾之應。成草成灰者，陳政無穢，被隋火德所焚除也。」叔寶就是陳後主陳叔寶，這人很好色，荒淫無度，還大興土木，把國家弄得很糟糕。

隋文帝為何要對一座城市痛下殺手？原來問題出在風水上面。隋文帝迷信風水，認為曾為六朝舊都的建康城「王氣未淨」，此氣欺負隋都城大興，即現在的西安。當時毀城的執行人就是鎮守揚州的晉王楊廣（即後來的隋煬帝），把陳朝的宮城徹底摧毀，作為東吳、東晉、南朝宋、齊、梁、陳六朝都城，以往繁華似錦、遍淌胭脂的建康城，竟然成了一塊大菜地。

由於這次隋毀城徹底乾淨，六朝宮城到底是什麼樣子，具體位置在哪，後世一直弄不清。

秦始皇鑿出「秦淮河」

南京最早建城在西元前三三三年，楚威王打敗越國，殺越王無疆，盡取越國奪取的吳國地域，並在石頭山（今清涼山）築城，埋金以壓王氣，時稱金陵邑，或石頭城，現在還有石頭城遺跡。南京最流行的金陵叫法，據說即源於此時。南京東郊最為有名的鐘山（也曾叫過蔣山、紫金山），時便稱金陵山。

南京最早的一次「風水事件」則是發生在西元前二世紀，「主犯」是秦始皇嬴政，時南京稱秣陵。據夏仁虎撰著《秦淮志》引《景定建康志》文，「舊傳秦始皇時，望氣者言：『五百年後金陵有天子氣』。於是東遊以厭當之。乃鑿方山，斷長隴，瀆入於江。故曰秦淮。」嬴政為了鎮壓南京的「天子氣」，破壞這裡的風水，讓當時的「龍藏浦」水流改道變向，具體地點在今天南京市江寧區方山石硊。此地筆者曾去看過，確有人工開鑿痕跡，但是不是秦始皇破壞南京風水而留下的，無法考證。但在五百年後，這裡還是出現了天子，此人便是三國時期的東吳大帝孫權。

孫權在西元二二一年受曹丕封號為吳王。西元二二九年，孫權在武昌稱帝，建吳國。但武昌的風水不好，時有童謠：「寧飲建業水，不食武昌魚。寧就建業死，不就武昌居。」不久，孫權定都南京，並起名為建業，在此建孫家帝王大業。

諸葛亮口出「虎踞龍盤」

三國時對南京風水情有獨鍾的並不是孫權，而是蜀國的諸葛亮。據《建康實錄》引晉人張勃《吳錄》文，三國時劉備曾派諸葛亮到南京，因觀秣陵山阜，驚嘆不已：「鐘山龍盤，石頭虎踞，此帝王之宅也。」當時諸葛亮騎在馬上，駐足地點是今天城西的清涼山下，如今此地有「龍蟠里」，附近還有虎踞關。

在建康之後，金陵的稱號流行了。西元一〇世紀時，徐州人李昪在此稱帝立國，先稱「大齊」，後易名「唐」，史稱

隋文帝楊堅

南唐。這個王朝最後的一位君主有一首很著名的詞《虞美人》：

春花秋月何時了，往事知多少。
小樓昨夜又東風，故國不堪回首月明中。
雕欄玉砌應猶在，只是朱顏改。
問君能有幾多愁，恰似一江春水向東流。

詞作者就是南唐後主李煜。李煜「性驕侈，好聲色，又喜浮圖，為高談，不恤政事。」為什麼李煜能寫出這麼漂亮這麼好的詞來，大概與受到南京這塊「江南第一州」特殊環境的薰染有很大關係。

南京「風水」最旺的時期在明朝

朱元璋在安徽隨郭子興起兵後，終滅元奪得天下。朱元璋定都南京，受到了身邊一些儒士的影響。其中馮國用、陶安、葉競對南京的風水頗為推崇，積極建議朱元璋在此稱帝。

《明史．馮勝傳》（卷一二九）記載：有一次朱元璋向馮勝的哥哥馮國詢問天下大計，馮國用回答，「金陵龍蟠虎踞，帝王之都，先拔之以為根本。然後四出征伐，倡仁義，收人心，勿貪子女玉帛，天下不足定也。」朱元璋聽了很高興。

因為朱元璋本人對南京有偏好，下面的一幫人也跟著拍馬屁。有一次，朱元璋來了興致，命儒士們以鐘山為題賦詩。有個叫鄧伯言的對稱：「鼇足立四極，鐘山一蟠龍。」朱元璋聽了一下子激動起來，拍案大聲叫絕。鄧伯言以為惹怒了朱元璋，當時竟然嚇得面如土色。

西元一三六八年正月，朱元璋如願在南京當上了皇帝，建元洪武，改應天，定都南京。但南京的風水能否撐得起大明萬年基業，朱元璋還是存有疑惑。後來，朱棣遷都，從某種意義上講，也算是幫老子了了心願。

明滅亡後，清朝在南京設江寧府，「江寧」，成了南京的又一稱呼。但這一稱號在清末又有了新的說法：天京。

西元一八五三年三月，洪秀全領導的太平軍攻陷南京，定都於此，改名天京，建太平天國。建國時社會格局並未穩定，清軍仍有絕對的優勢。有人建議繼續北伐，打下北京，再定都。但洪秀全認為，南京地連三楚，勢控兩江，群山屏圍，長江襟帶，龍蟠虎踞，足可建國立業。如果當時洪秀全像朱元璋那樣「緩稱王」，繼續北伐，推翻清王朝是很有可能的。可惜歷史就是這樣，不容如果。

後來，南京的「天子氣」在二十世紀初再次顯露了出來。一九一一年「辛亥革命」後，孫中山被推舉為中華民國臨時大總統。一九一二年一月一日，中華民國臨時政府在南京宣告成立。一九二七年，中華民國政府決定建都於南京。

堪輿術認為中國境內有「三條大龍」

要進一步深究中國都城及南京的風水，就要說到中國古代風水師眼裡公認的「三條大龍」。什麼是「龍」？這是古代風水先生故弄玄虛的說法，所謂「龍」，就是山，「龍勢」就是山形和地理地貌。不過，把山看成「龍」也比較形象，從高空中看，綿延的山脈確實就是一條龍。

風水書籍大致是這樣劃分的：黃河以北的山脈屬「北龍」；黃河以南、漢水以北的山脈屬「中龍」；長江兩邊諸山是「南龍」。各條大龍中有餘脈、支脈，形成「小龍」。

「北龍」中最大的一條是太行山，最長的一支為燕山，龍尾在平樂；「中龍」分三支，一支至西安，而盡關中；再一支生下幽谷，至嵩山；又一支到揚州結束；「南龍」中的祖龍是岷山，分左右兩條脈。

其中右脈生出四條「小龍」，龍脈最旺：一支為衡山，盡於湖南洞庭九江之西，再一支過桂嶺，包湘沅，盡於江西的廬山；第三支自南而東，包彭蠡之原，經安徽黃山，盡於江蘇南京。又於天目山分一支，盡於浙江。江西之山皆自五嶺贛上來，自南而北。閩廣之山自北而南，一支包浙江之原，北龍頭在紹興，龍尾在福建、廣東境內。

從古代堪輿術上來看，中國古代的三大都城北京、西安、南京，分列於北、中、南「三條大龍」結穴點上。

南宋朱熹認為北京風水好

北京的風水比南京好在哪？

從中國古代堪輿術上看，北京處於「北龍」中最長的一條龍：燕山山脈之上，海拔多在一千公尺左右，龍勢明顯比南京的海拔兩、三百公尺要雄偉。與南京相比，北京的「天子氣」則更重，北有燕山天然屏障，南是物產豐富的大小平原。從大局上看，從東北的山海關，到東面的渤海灣，至山東半島，則形成了北京的又一天然軍事關卡。詩人蘇轍於《奉使契丹二十八首．燕山》中稱：「燕山如長蛇，千里限夷漢。首銜西山麓，尾掛東海岸。」把北京的帝王氣象說得淋漓盡致。

南宋著名理學家朱熹，對堪輿術也頗為在行，曾對北京所在的冀州一帶風水大加讚賞：「冀州好一風水，雲中諸山，來龍也；岱嶽，青龍也；華山，白虎也；嵩山，案也；淮南諸山，案外山也。」從朱熹的分析中可以看出，北京的地理形勢是全符合傳統的風水要義「左青龍右白虎」格局的，呈「四方朝覲」態勢。

北京在風水定義中，有人也曾稱「龍盤虎踞」，如元時人即認為，「幽燕之地，龍盤虎踞，形勢雄偉，南控江淮，北連朔漠。且天子必居中以受四方朝覲，大王果欲經營天下，駐蹕之所，非燕不可」。據說這也是元從上都遷到大都的主要原因之一。

北京「龍翻身」在十二世紀

在西元十世紀的遼時，北京一度也曾叫過南京。歷史上北京的叫法很多，薊城、燕京、中都、大都、北平都是北京的稱呼。但真正叫北京的則在一千四百零三年之後，民國時期，又改北京為北平。

北京在三大古代都城中，成為「國家首都」的時間比西安和南京都要晚。北京的歷史最早可上溯到周武王時期，堯的後代被封於這個地方，時稱薊丘，後為燕國國都。「燕」的由來也因為燕山這條大龍的存在。

北京第一次「龍翻身」在西元十二世紀中葉，時金主將國都由東北遷到這裡。真正的龍興應該是在元朝。但這中間，北京也遭受了一次劫難，整個城市幾乎被燒光了。此事發生於西元一二一六年，之前一年，成吉思汗將金政權逼離燕去，遷都汴京。蒙古軍隊輕易就占領了燕京。成吉思汗的軍隊進城後，將金的宮室整個焚毀。

成吉思汗無意於定都北京，但到了元世祖忽必烈時期，情況發生變化。深得忽必烈信任的和尚劉秉忠建議，元的都城遷定到燕京為佳，忽必烈接受了這一建議，改燕京為大都。並指定劉秉忠主持大都的設計和建設。

劉秉忠依漢人傳統的風水觀點，按「前朝後市，左祖右社」的格式安排了大都的功能布局，歷時二十四年方建成，遂成現代北京城的輪廓。

本來，在元滅亡後，朱元璋差一點就將都城從南京給遷來了。但還是因為風水不吉的原因，迷信的朱元璋最終還是待在應天不走。在大都落入明軍手裡後，朱元璋曾諮詢朝臣的意見。但朱元璋身邊的人都是江蘇、浙江、安徽一帶的南方人，並不願到北京就職，便稱大都是元朝的亡國之地，王氣已盡，不宜建都。南京是興王之地，不必改圖。

明成祖朱棣鍾情北京

朱棣的封地就在北京，稱帝前是「燕王」，對北京有很深的感情。風水輪流轉，在朱棣當了皇帝後，北京風水也突然好了，群臣擁護，不再是沒有王氣的了。明朝是風水概念最為盛行的朝代之一，有不少這方面的書籍留存了下來。其中有一本叫《葬經翼》，是一個叫繆希雍的風水大師寫的。書中觀點，就代表了有明一朝對北京風水的理解，「冀州者，太行之正，中條之幹也。燕都者，此龍之盡，鴨綠界其後，黃河挽其前，朝迎萬派，擁護重覆，北方一大會也」。

但北京的風水缺點也特別明顯，由於離關外太近，一旦失守，後果不堪設想。明中後期，不斷受到北方蒙古人的侵擾，明帝王後期一度想再遷南京。清初無錫人、地理學家顧祖禹撰著的《讀史方輿紀要》，被稱為「奇書」，書中就點明了北京風水的要害之處：

> 燕都僻處一隅，關塞之防日不暇給，卒旅奔命，挽輸懸遠，脫外滋肩背之憂，內啟門庭之寇，左支右吾，倉皇四顧，下尺一之符，徵兵於四方，死救未至而國先亡矣。

這個觀點，實際是從明朝被清朝滅亡的教訓中總結出來的。護京的居庸關、山海關、紫荊關、倒馬關等軍事要塞一旦失守，被對手控制住，北京城破陷僅是旦夕之事。

相比起來，南京和西安在風水上都沒有這方面的致命點。

風水好壞是個偽話題

北京的供給也成為一大問題，北京的水源與城市發展在歷史上就是一個突出的矛盾，「風水寶地」的北京缺水，是一個威脅不弱於敵人的問題，歷史上西域繁華的樓蘭古城會突然消失，就是因為沒有水，「乾死」的。

相比起北京，還有西安，南京獨特的地理環境優勢就顯露了出來。南京四周經濟發達，風氣文明。東南的太湖平原和錢塘江流域自古就是富饒之鄉，作為運輸大動脈的長江，就在身邊，比黃河更加便利。從歷史上看，凡是在此建都的政權，從不愁經濟供給。難怪，南北朝時代的南朝文人謝朓即稱：「江南佳麗地，金陵帝王州」！

但南京人現在自己卻沒有自信了起來，說是南京的王氣徹底不存在了，六朝宮城所在地區，讓南京圖書新館鎮壓住了；紫金山西的「龍脖子」又被挖了一大洞：九華山隧道。

實際上，這些說法都是茶餘飯後的笑談，是個偽話題。包括本文中所提到的「真龍」、「天子氣」什麼的，不過是古人的一種理解而已。歸根結底，一座城市能否發達，是與時代的選擇和民眾的努力聯結在一起的，而不是什麼天意，風水更是空的！

朱元璋眼裡最適合建都之地

一三六八年正月，朱元璋皇袍加身，定都應天（今中國南京市）。但朱元璋從定都第一天起，心裡就不踏實，覺得南京非大明的萬年帝都，疑神疑鬼的，此事至死都是一塊心病。

後來有人指責明朝遷都北京是明成祖朱棣的想法和所為，其實不是，最先有此念頭的正是朱元璋本人，朱元璋在稱帝元年確定的「兩京制」，才是朱棣遷都北京的第一大由頭，朱棣並沒有違反朝綱和先帝遺訓。那麼，在朱元璋的眼裡，中國何地最適合成為帝王建都之地？

朱元璋南京「鞭牛首」傳說

南京屬丘陵地貌，海拔兩百至四百公尺之間。除了金陵、秣陵、石頭城、建業、建康、江寧、應天、天京等稱呼，還有冶城、越城、白下、上元、升州、集慶等別稱。

因挾長江之險和群山之固，古今軍事家必爭南京。南京四周全是山，從西南往東北，江邊有石頭山、馬鞍山、四望山、盧龍山、幕府山；東北有鐘山，城內北邊有富貴山、覆舟山、雞籠山；長命洲、張公洲、白鷺洲等沙洲也形成了夾江。這些天然屏障拱衛著南京。整個城池，北高南低，確實易守難攻。

據說，中國堪輿術認為所謂的三條大龍中的「南龍」收勢於南京，真龍結穴處是城東主峰紫金山（鐘山）。朱元璋的孝陵、孫文的中山陵均建於風水最旺的紫金山南坡。

具體分析到南京這條「龍」，古代的堪輿考察更細。《堪輿雜著》是北宋人李思聰撰著的一部地理書，對包括南京、洛陽在內多個城市的風水作過研究。李思聰認為，南京的龍首在城西南幾十里之外的牛首山，「自瓦屋山起東廬山，至溧水蒲裡生橫山、雲臺山、吉山、祖堂山而起牛首雙峰特峙，成天財土星，生分一枝生吳山，至西善橋止，復於肘後逆上，生大山小山，右分一枝生翠屏山，從爛石岡落，變作岡龍，至麻田止。中抽將軍山，過黃泥岡，起祝禧寺，至安德門，生雨花臺前，至架岡門上方門而止。雖為鐘山，應龍打水，歸聚明堂。」

朱元璋在南京定都後發現，南京周邊諸山頭向城內，呈朝拱狀。只有牛首山和太平門外的花山背對皇宮，無拱衛之意。為了求

《山路松聲圖軸》（唐寅）

羅漢圖（南宋）

得風水，朱元璋一氣之下，允許居民肆意採樵花山，砍伐山林。又命人帶著刑具去「處罰」牛首山，將牛首山痛打百鞭，又在「牛鼻子」處鑿孔，鎖以鐵索，把「牛頭」牽過來。此處遺跡至今可見。

朱元璋懷疑南京都城風水

古往今來有十個大小王朝在南京定都立國，故南京官方現在對外宣傳時不再是傳統的「六朝故都」說法，而多稱「十朝都會」。但細察一點可以發現，定都南京的王朝雖然多，卻都是短命的，存在時間短。

因為這一歷史現象的存在，朱元璋一直懷疑自己都城的風水，舉棋不定。《明太祖實錄》（卷四十五）記載：在南京稱帝後的第二年，即洪武二年九月十二日（西元一三六九年十月二十日），朱元璋把定都的事情交付朝臣討論。

初，上召諸老臣問以建都之地，或言關中險固金城天府之國，或言洛陽天地之中，四方朝貢道裡適均，汴梁亦宋之舊京，又或言北平元之宮室完備，就之可省民力者。上曰：所言皆善，惟時有不同耳。長安、洛陽、汴京實周秦漢魏唐宋所建國，但平定之初，民未蘇息。朕若建都於彼，供給力役悉資江南，重勞其民；若就北平，要之宮室，不能無更作，亦未易也。今建業長江天塹，龍盤虎踞，江南形勝之地，真足以立國。

這裡的記載雖然說朱元璋對南京的風水滿意，「足以立國」，但如此地「討論一番」，充分暴露了這位開國皇帝對南京風水的懷疑。朱元璋當年在都城問題上到底是怎麼想的呢？根據史料知道，朱元璋當年的定都過程還是頗為痛苦的，可謂猶豫不決，再三反覆，一直到死也未能完成他的遷都之夢。

明朝在南京的皇宮是頗通堪輿術的劉基卜選的，處於鐘山的西南腳邊，原是一處低窪的面積很大的湖塘：燕雀湖。南京適合建宮城的地方很多，劉基為何為朱元璋選擇湖塘？因為紫金山（又名鐘山）是「龍身」，燕雀湖是龍頭。朱元璋圖這裡的風水好，為了養住「龍脈」，這才聽信了劉基的話。確定此處為皇宮位址後，朱元璋下令將這裡的湖填平起殿。為此，朱元璋曾調集幾十萬民工，開始填湖。民間傳說，填湖前朱元璋進行了「祭湖」活動，但當時的燕雀湖面積很大，地勢低窪，一時難以填好。迷信的朱元璋聽說一位叫田德滿的老人，封其為「湖神」，把他捆綁起來投進湖底，很快燕雀湖填滿了。至今南京還有「湖神田德滿」一說。

朱元璋填湖造皇宮是費了很大的工程的。現代考古探測已證實了這點，南京在建設地鐵二號線時的探測表明，當年士共填了十二層，一層碎磚石間隔一層泥土。

明朝南京皇宮「前高後低」

朱元璋建造皇宮時還有一個插曲。明人徐渭撰寫的《英烈傳》記載：當時劉基把填好的前湖地作正殿基址，標樁打入水中後，朱元璋覺得基址逼仄，位置過窄，便將柱基往後面移動一點。劉基當時就斷言，這樣移一下也不壞，但大明王朝將來很可能有移都之周折，此後果然言中。

但從風水學上講，皇宮所處位置確有嚴重缺陷，偏在都城南京的東北，地勢前高後低。時臣引用《管子．度地篇》奏稱，「聖人之處國者，必於不傾之地。」此事遂成朱元璋的一塊心病。據清代學術第一人顧炎武的考證（見《天下郡國利病書》卷十三），朱元璋曾說過這樣的話：「朕經營天下數十年，事事按古有緒，唯宮城前昂後窪，形勢不稱。本欲遷都，今朕老矣，精力已倦，又天下新定，不欲勞民，且廢興有數，只得聽天。唯願鑒朕此心，福其子孫。」

朱元璋一度欲遷都安徽鳳陽

朱元璋這個人很迷信，而且「榮宗耀祖、衣錦還鄉」的農民意識很嚴重。洪武二年（西元一三六九年）九月，朱元璋提出另擇地建都問題，由朝中大臣商議。就是這次「定都會議」，朱元璋決定在他的老家、發祥之地臨濠（今安徽鳳陽）興建中都，遷都於此。在並非富庶之地的淮西平原上，六年後平地冒出了一座城池。

中都的具體地點是今鳳陽縣城西南的鳳凰山山腳下，由左丞相李善長任總指揮，全面負責中都的營建，工匠多時達百萬人，到洪武八年（西元一三七五年）已成規模。當年四月朱元璋駕臨中都視察，但令所有史學家不解的是，在他視察回寧後，卻突然宣布停止中都的營建。

根據《明太祖實錄》記載：其理由是「以勞費罷之」開支巨大，實際上不這麼簡單，建國初期固然財力不甚雄厚，但當時已營建六年，費了鉅資，說停就停，不更造成了財力的浪費？

據說是劉基反對，稱這裡不適宜建帝都，可以是帝鄉但不能作帝都。另外一說是工匠在營建過程中，破壞了朱家的萬年根基，惹惱了他，還殺了不少工匠。後世則有史學家分析，真正原因是朱元璋擔心，從中都的營建中看到了鄉黨勢力的形成，與他從臨濠一起出來打天下的「安徽老鄉」功臣觀念膨脹，對他朱氏王朝存有潛在不利，這與他以後大開殺戒，弄死所有功臣一樣，都是出於江山的考慮。

關中成為朱元璋最心儀之地

中都停工後，之前已有大臣建議定都宮室完備、可省民力的北京。朱元璋採信了這一點，遂定北京為「京

南京古城

師」，但朱元璋卻從沒有到北京去主政過朝政，也就是說從沒有在北京辦公過。洪武十一年（西元一三七八年），生性多疑的朱元璋又罷北京，恢復南京的京師地位。

但南京皇宮的「南高北低」之嚴重風水缺陷，有悖帝王居高臨下之尊，這塊心病讓朱元璋悶悶不樂，遂對南京的京師地位再起疑心。怎麼辦？於是有大臣提出了幾個方案，一是主張擇位置適中，地勢固若金湯的關中為都，二是主張擇古城洛陽為都，三是擇汴梁為都。而朱元璋一度也曾看好汴梁，還親自去了河南，考察了開封，並定之為「北京」。但在朱元璋的心目中，最理想的定都之處卻不是開封，而是在關中，即今天陝西境內。

關中，也稱關中平原，指陝西秦嶺北麓渭河沖積平原，平均海拔約五百公尺，又稱關中盆地，其北部為陝北黃土高原，向南則是陝南山地、秦巴山脈，農業發達，人口眾多，乃富庶之地，史稱「八百里秦川」。在這裡定都，才是真正的「中國」。

而且，關中是中國最典型的以西安為代表的黃河流域都城文化所在，也是中華民族的起興之鄉，炎帝、黃帝曾族居於此。當年劉邦與項羽爭天下時，項羽稱王關中，劉邦為此懷恨在心。所以，視劉邦為革命偶像的朱元璋，最看好這片風水寶地。

太子之死讓朱元璋放棄遷都

洪武二十四年（西元一三九一年）著手遷都前的調查研究工作，朱元璋派太子朱標赴陝西考察地理形勢。《明史．興宗傳》專門記錄了這件事：「（洪武）二十四年八月，敕太子巡撫陝西……比還，獻陝西地圖，遂病。病中上言經略建都事，明年四月丙子薨。」

從這段文字裡看出，朱元璋對去關中建都是真心的，也是慎重的，不然不會讓太子親去。但就是這次「關中考察」，朱標在回京途中得了重病，回到南京後的第二天春天（隔年四月）就病死了。後世史學家認為，當年如果朱元璋建都關中，如果太子朱標沒有病死，中國的歷史肯定要改寫，朱棣後來起兵謀反，把侄子朱允炆趕出南京皇宮，是可以避免的。但歷史與朱元璋開了一個玩笑，也給中國歷史帶來一個遺憾。

朱標的病逝，使朱元璋的精神遭受沉重的打擊，深深地刺激了他。明末清初思想家、史學家顧炎武在其《天下郡國利病書·南京宮殿》描述了朱元璋當時的心情，望天長嘆，「廢興有數，只得聽天。願鑒朕此心，福其子孫」。在這種情況下，朱元璋又將南京確定為京師。

朱元璋原本考慮定都北京

在朱元璋死後，他的定都「關中之夢」就沒有人再提起了。

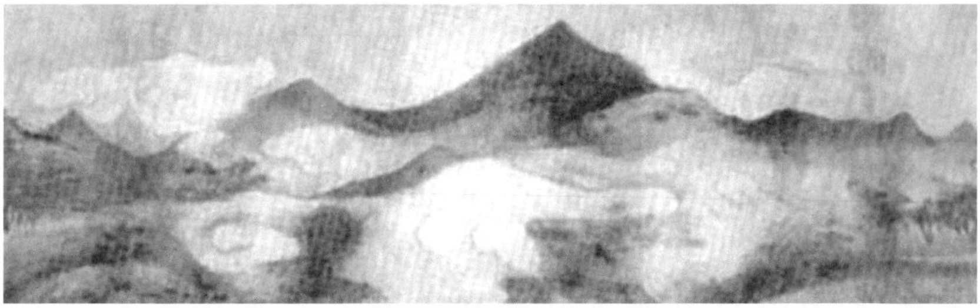

關中秦嶺

西元一三九九年，朱棣以靖難（清君側）之名義起兵，對抗建文帝的削藩行動。一四〇二年，朱棣從金川門攻入南京城後，建文帝朱允炆自焚（另一說出家為僧，史上一直存在爭議），朱棣奪得了皇位。但當了皇帝後，朱棣仍以南京為京師，而不是立即遷都到北京。不過，朱棣提高了北京的地位。

永樂元年（西元一四〇三年）正月，朱棣改北平為北京，但前面加「行在」，以示與南京的區別。當時身在南京的朱棣不時北上，遣將派兵，抗擊北元的騷擾。以明史專家吳晗的觀點為代表，認為出於對北元威脅的考慮，朱棣才下定決心遷都，營建北京。

永樂十八年（西元一四二〇年）九月，正式定都北京，從此北京就成了中國政治中心，直至現在中華人民共和國。

實際上，雖然朱元璋心目中認為關中最適合建首都，但最現實、最有可能的地方是北京。可是朱元璋這個人很迷信，聽信了當時翰林修撰鮑頻的話而最終作罷。鮑頻認為，胡主（蒙古人）起自沙漠，立國在燕，及是百年，地氣已盡，元朝已在那裡滅亡了，大明王朝不宜再選亡國之都作為中央和宮室之所。所以，朱棣遷都北京後，對此也心存疑惑。那時元朝的殘餘勢力不斷在北方騷擾，危害邊境。有大臣分析，這是蒙古人尚殘存王氣之原因，導致他們頻頻犯上作亂。於是朱棣接納風水師建議，在故宮的後面（北邊）築造了一座大山：即現在的景山，進行「鎮壓」。

朱棣遷都北京後，並沒有改變南京的首都地位。同時下達詔令：自十九年（西元一四二一年）正月，南京、北京同為京師，但北京去「行在」二字。同時取南京各衙門印信給京師，另外鑄造南京各衙門印信，皆加「南京」二字。

為此朱棣專門說了一段，稱「朕荷天地祖宗之祐，繼承大寶，統馭萬方，祇勤撫綏，夙夜無間。乃者仿成周卜洛之規，建立兩京為子孫帝王永遠之業」。這在《明太祖實錄》上有記載。

明中期曾欲將都城遷回南京

但在朱棣死後又出現了一個反覆。朱棣的長子朱高熾推翻了父親生前的決定。洪熙元年（西元一四二五年）三月，承繼皇位的朱高熾（仁宗）決意恢復南京為京師，並令內監王景弘等修治南京宮殿，重新要求北京諸司皆加「行在」二字，復北京行部及行後軍都督府。同年四月設北京行都察院，南北兩京官吏，互為徵調。

但朱高熾多病，只當了一年皇帝就死掉了，生前並未到南京理政過，僅派長子朱瞻基在南京打理。朱高熾為什麼要否定他老子的決定？這也是一個謎，或許是他與朱棣的父子關係不和。從史載上看，朱棣喜歡的是二子朱高煦，朱棣認為朱高熾過於文弱。而朱高煦在他奪權過程中，起了很大的作用，比較英武，於是一度想廢掉朱高熾的皇太子身分，立朱高煦。

朱高熾死後，朱瞻基繼位，年號宣德，史稱宣宗，但朱瞻基也未到南京辦公過，在北京主理朝政；宣宗死後，長子朱祁鎮繼位，年號正統，史稱英宗。正統六年（西元一四四一年）八月，寧波知府鄭恪上書勸諫英宗定都京師，改號南京，被當值大臣壓下未報。

同年十一月，以重修宮殿完成，再一次去掉北京的「行在」二字，復定京師，北京的京師地位得到最終確定。這也標誌著朱元璋的「定都關中」之夢徹底破滅，他的子孫未能替他圓夢，直到西元一六四四年「闖王」李自成攻占北京，闖進皇宮，崇禎帝朱由檢自縊，明滅。

要注意的是，雖然明朝從此定都北京，由於是「兩京制」，南京也是首都，亦設文武諸衙門，負責江南地區的安全和租賦的徵收。不過其權力多有限制和削弱，成為「養望之所」，實為名義首都。

上述朱元璋對定都的猶豫不決，大明王朝都城反反覆覆的情況來看，遷都確是一件極為重要的「國家動作」，需要慎重再慎重，考慮再考慮，如果從地理位置、戰略及歷史文化角度看，關中確實是定都的最佳位置。但影響遷都的因素太複雜了，真是「廢興有數，只得聽天」！

明仁宗朱高熾

第二篇

帝王的私祕生活

皇帝新婚入洞房前後的祕密

俗話說，皇帝有「三宮六院七十二妃」，意思是老婆多多。但是，雖然皇帝有這麼多女人，通常一生也只能結一次婚，此即清代所謂「大婚」。不過，也有例外，如果皇帝離婚了，把已經成為皇后的老婆給廢黜，或是死了老婆，則有可能再結一次婚。

如清順治皇帝，因為原配博爾濟吉特氏「與朕志意不和」，降之為靜妃後，他又與另一個女人結了婚，這後一女人便是孝惠皇后。皇帝身邊的嬪妃再多，也是享受不到結婚排場的。順治皇帝，雖然他敢把原配給廢黜，但對寵愛無比的董鄂妃，也只能悄悄地「迎接」進宮，而不是「迎娶」，連冊封都不敢踰制，冊封時「不設鹵簿，不奏樂，王、貝勒、貝子、公等，不次朝賀禮」。所以做皇帝的女人，除了皇后外，其他都是二奶、三奶的份。

皇帝找老婆要走什麼程序？

皇帝找老婆與民間在程序上並沒有什麼兩樣，一般也要遵守周時的風俗，即《禮記・士昏禮》中約定的「六禮」：納采、問名、納吉、納徵、告期、親迎。「六禮」原本是遠古貴族男子的娶親儀式，被皇家移植後，儀式更為隆重和講究。需要說明的是，這個儀式也為普通人家採用，不同的是，被簡化了。

到清代，皇帝娶親從提親到迎娶，形成了一系列繁縟的禮儀。清代皇帝結婚稱大婚，由太后、宗室王公大臣議婚選定皇后。設立專門機構，操辦皇帝的終身大事。

清皇的儀禮程式主要有「納彩」、「大徵」、「冊立」、「奉迎」、「合巹」、「慶賀」、「筵宴」、「祈福」，每個環節都十分地隆重，耗資巨大，非民間可以想像。

當然，皇帝找老婆與找後宮嬪妃是兩回事。皇帝的老婆就是皇后啊！關係國家社稷的興衰存亡。後宮嬪妃僅是皇帝的性交對象，與古代的官妓無異，如果要說在皇帝家裡的地位，不過民家小妾的地位，甚至不如，也就是二奶、三奶的份。因此，所謂皇室後宮，粗俗說來，不過是一座皇帝大妓院。當然這所大妓院的「老鴇」，應該就是皇后了。

皇帝找老婆與在民間選拔美女進後宮供其發洩情慾是兩回事。找老婆在古時要有媒人的，而選拔嬪妃，程序很簡

結過兩次婚的順治皇帝

單，甚至談不上程序，大太監主持就行了。選嬪妃重色相，長得不漂亮是不行的。漢武帝當年「掖庭三千」，標準就是十五歲以上，二十歲以下，要長得清純漂亮。即《漢武故事》中所謂，「年皆十五以上，二十以下。資質明秀者，始得預其列」。而找老婆則重人品，這可能是歷代皇后都不是太漂亮的原因吧！

皇帝要給老丈人家送多少彩禮？

為了娶媳婦，皇帝也要給老丈人家送彩禮。訂婚送彩禮，是人之常情，也是中國古代流行習俗，到今天也未見取消。但區別還是有的，古代上門提親，要女方的「八字」，至訂婚時，正常禮物是雁，即所謂「婚禮。下達，納彩用雁」。後時興送金送銀，現在敬送的貴重金屬飾物則更高檔，要白金什麼的。

清皇大婚時用的喜轎

皇帝的彩禮當然不會與民間一樣，親自去送，而會選擇身邊人臨時做「執事官」當使者，一般是由相當地位的官員擔任。禮送到時要宣讀「納彩制書」。在明代，執事官會說：「朕承天序，欽紹鴻圖，經國之道，正家為本。夫婦之倫，乾坤之義。實以相宗祀之敬，協奉養之誠，所資惟重，祗遵聖母皇太后命。遣使持節，以禮采擇。」在清代，執事官會說：「皇帝欽奉皇太后懿旨，納某氏某女為后，命卿等持節行納彩。」

皇帝的彩禮對皇帝的老丈人來說，是一份真正的厚禮。如在漢代，僅黃金要送萬斤以上。

東漢桓帝劉志娶權臣梁冀的閨女時，照著孝惠皇帝納后的例子辦，「聘黃金二萬斤，納采鴈璧乘馬束帛，一如舊典」，禮金翻了一倍。

實際上，在完成「六禮」的每一個過程中，皇帝家都要送彩禮。如在清帝婚儀之「大徵」時，要送黃金二百兩、白銀一萬兩，金茶器一具，銀茶器二具，銀盆二具，各色緞千匹、全副鞍轡文馬二十匹。可見，皇帝即便想多結幾次婚，也不是那麼隨便的，要花大錢。據翁同龢日記所記，清光緒皇帝大婚花了五百五十萬兩白銀。

皇帝會不會上門迎娶新娘？

民間結婚，有新郎披著大紅花，親自跟著迎親隊伍前去迎娶新娘的風俗。皇帝結婚會不會去？皇帝結婚也有迎親的環節，但皇帝不會親自去，而是派適合的臣子去，有時還會讓老婆娘家人送上門。

前去迎親的官員到達時，會宣讀皇帝的致詞，「茲冊某官某女兒為皇后，命卿等持節奉冊寶，行奉迎禮」。這時，新娘子要趕緊穿好皇帝準備的嫁衣：皇后冠服。與民間一樣，新娘也會再請後才出閣，隨娶親隊伍進宮。至於新娘子會不會哭嫁就不知道了，想來不會哭的，高興還來不及呢！但有一點是不

坤寧宮東暖閣皇帝的洞房內景一

變的，即新娘子在上轎子、接受冊寶前，父母也會叮囑女兒好好為人妻。據《明史・禮志》記載：在明代時的套話是，父親：「戒之敬之，夙夜無違。」母親：「勉之敬之。夙夜無違。」

皇帝結婚的洞房並不固定？

皇帝結婚也要進「洞房」。與民間新房就是洞房的習俗不一樣，皇帝結婚的洞房並不在自己的寢室內，並沒有固定的洞房，一般會在舉行儀式的地方先找個房間臨時用用。

明清兩朝皇帝結婚一般在坤寧宮舉行。坤寧宮是皇宮中後三宮的第三宮，在明朝是皇后的寢宮，清朝時將東面兩間設為皇帝大婚時的洞房，西面五間則改為祭祀薩滿教的神堂。清朝皇帝大婚娶老婆相當隆重，也極為講究。新娘子要從大清門抬進來，經天安門、午門，直至後宮。而妃嬪進宮，只能走紫禁城後門神武門。

晚清貴為天后的慈禧太后，也未能從大清門走，這成了她心頭一生的痛。慈禧當初僅是嬪妃，西元一八五一年以秀女被選入宮，號懿貴人，因得咸豐皇帝寵幸，一八五四年進封為懿嬪。雖然母以子貴，親兒子載淳後來做了皇帝，但也改變不了她與咸豐的婚史。所以，後來兒媳婦阿魯特氏，也就是同治的皇后，一句：「奴才是從大清門抬進來的。」惹惱了慈禧太后。同治死後不久，慈禧便逼她自殺殉葬。

皇帝的洞房是什麼樣子？

皇帝的洞房比老百姓家的要高檔豪華多了，但也不能免貼紅雙喜、喜慶對聯的習俗。

洞房的主題也是大紅色，形成紅光映輝，喜氣盈盈的氣氛。床前會掛「百子帳」，鋪上會放「百子被」，就是繡了一百個神態各異小孩子的帳子和被子；床頭懸掛大紅緞繡龍鳳雙喜的床幔，帝王之家也希望「多子多福」。

隋唐時，皇帝的洞房鋪設地毯，設置多重屏障，龍鳳大喜床的四周有布幔，洞房的私密性很好。

在清朝，洞房一般設在坤寧宮的東暖閣，牆壁都是用紅漆及銀殊桐油髹飾的。洞房門前吊著一盞雙喜字大宮燈，鎏金色的大紅門上有黏金瀝粉的雙喜字，門的上方為一草書的大「壽」字（見下圖），門旁牆上一長幅對聯直落地面。從坤寧宮正門進入東暖閣的門口，以及洞房外東側過道裡各豎立一座大紅鑲金色木影壁，乃取帝后合巹和「開門見喜」之意。

洞房內金玉珍寶，富麗堂皇。東暖閣為敞兩間，東面靠北牆為皇帝寶座，右手邊有象徵「吉祥如意」的玉如意一柄。前簷通連大炕一座，炕兩邊為紫檀雕龍鳳，炕几上有瓷瓶、寶器等陳設，炕前左邊長几上陳設一對雙喜桌燈。

坤寧宮東暖閣皇帝的洞房內景二

東暖閣內西北角安放龍鳳喜床，喜床上鋪著厚厚實實的紅緞龍鳳雙喜字大炕褥，床上用品有明黃緞和朱紅彩緞的喜被、喜枕，其圖案優美，繡工精細，富貴無比。床裡牆上掛有一幅喜慶對聯，正中是一幅牡丹花卉圖，靠牆放著一對百寶如意櫃。

北京故宮已開放了，有機會大家可以去看看這間皇帝的「洞房」。

皇帝與新娘要喝「交杯酒」嗎？

皇帝的洞房自然是不能鬧的，但禮節少不了。那皇帝入洞房後，首先要做什麼？在民間，新郎新娘一入洞房可能就急不可耐，直奔主題：「恩愛」去了。皇帝可不行，得把全套的活動進行完畢才能共度良宵。

據《新唐書・禮樂志八》（卷十八）「皇帝納皇后」條的記載：唐帝、后的大婚相當複雜，入洞房後先要祭拜神靈，向天、地、祖宗表達敬意。實際上，這種祭拜活動在進洞房前就開始了，要入同牢席，婚後數天也都要進行不同性質的祭拜活動。

在新房東房間的西窗下設有餐桌，桌前列有象徵夫妻同席宴餐的豆、籩、簠、籃、俎，這意思與民間「以後吃一鍋飯」

行合巹禮用的玉質器皿

是一個意思。進入洞房後的祭拜活動在行合巹（音ㄐㄧㄣˇ）禮前進行，是夫妻倆一起祭。每祭一次，新人便要一起吃一次飯，這樣真的到了可以共度良宵前肚子也飽了，不至於食色兩饑。因為飲了點酒，還可以把雙方的情趣調節到位，也算是一種調情手段。

所謂的「合巹禮」，就是民間所謂的「喝交杯酒」。「同牢」，就是夫妻兩人一起食用弄熟的牲畜肉，如一頭小豬；「合巹」，本意是把剖開的瓠合為一體，古時多用之盛酒。把帝、后各自瓠內的酒摻和到一起，共飲，即是「合巹」。這種交杯酒可不是現代婚禮上互飲對方的酒杯，而是各自喝摻到一起的酒，現在的喝交杯酒形式應該是鬧新房的產物。

當然，行合巹禮後，就是喝了交杯酒後，下面該做什麼？結過婚的人都應該知道了：共度良宵。但是皇帝當新郎官，那床可不能隨隨便便就上的，要分先後的。唐朝皇帝納皇后入洞房是這樣的：

> 尚儀北面跪，奏稱：「禮畢，興。」帝、后俱興。尚宮引皇帝入東房，釋冕服，御常服；尚宮引皇后入幄，脫服。尚宮引皇帝入。尚食徹饌，設於東房，如初。皇后從者皇帝之饌，皇帝侍者皇后之饌。

從上面所記中可以看出，喝了交杯酒後，皇帝被侍寢的宮人帶到房間，脫下冕服，換上便衣；皇后先被宮人引入帳內，宮人先將她的禮服脫了，這才把著便衣的皇帝引入內，與皇后睡到一張床上，共度花燭良宵。

在清朝，皇帝大婚入洞房共度良宵前講究更多。清皇是滿族人，信奉薩滿教，但祭拜神靈也是少不了的，如還要跨火盆什麼的。上床前要到洞房西旁的神堂祭拜神靈。祭祀儀式，由一名薩滿老婆子主持。

皇后入洞房不久，皇帝亦身穿龍袍吉服，由近支親王從乾清宮伴送至坤寧宮。揭去皇后頭上蓋巾後，皇帝與皇后同坐龍鳳喜床上，內務府女官在床上放置銅盆，以圓盒盛「子孫餑餑」恭獻。這「子孫餑餑」是一種麵食，就是一種特製的小水餃。又設坐褥和宴桌，公主、女官恭請帝、后相對而坐，由福晉四人恭侍合巹宴。合巹宴上，帝、后對飲交杯酒。這時殿外窗前，有結髮侍衛夫婦用滿語唱《交祝歌》。合巹禮成，然後坐帳。晚上，內務府女官、福晉等侍候帝、后吃長壽麵。麵吃完了，下面的事情就不用說了，享受男女魚水之歡去了。

皇帝新娘的嫁妝裡有無「壓箱底」？

有的人或許會問，民間新郎新娘進洞房有「壓箱底」看，皇帝的老婆會不會陪「壓箱底」？皇帝入洞房要不要學點性知識啊？或是由太監在旁邊進行性生活指導？這就多慮了，皇帝個個都是花叢高手，哪會是婚前連女孩的胸部也未摸過的處男？新娘子的嫁妝多由皇帝家置辦的，會不會有「壓箱底」很難說，但母親也會教授閨女一些性知識，當是肯定的。

過去皇帝一般在十六歲時進行大婚，而在此之前，一般在十四歲時，甚至更早的時候便進行「性教育」了，由成年且富有經驗的宮女，給小皇帝或是太子當性實習老師。

後宮中的司儀、司門、司寢、司帳四種稱謂的宮女，就是皇帝的性實習老師，專供其臨御，當然，這些「老師」都是有薪水的，每月拿俸祿，一般宮女是輪不上這樣「好事」的。

中國歷史上最愚皇帝晉惠帝司馬衷，結婚應該是最早的，十三歲時便舉行大婚。其父晉武帝司馬炎知子性愚，派後宮才人謝玖給他進行性啟蒙。謝玖指導十分到位，司馬衷一炮打響，把謝玖弄懷孕了，司馬衷本人還蒙在鼓裡呢。連蠢皇帝婚前性教育都如此成功，智力發育正常的皇帝根本就不用教，別愁洞房內不懂了。

不過，需要說明的是，不少皇帝都是結過婚才當皇帝的，便辦不了大婚。如清皇共有十人，但只有順治、康熙、同治、光緒四位皇帝在位時舉辦過大婚。

洞房花燭夜，久旱逢甘雨，他鄉遇故知，此乃人生三大樂事也。但對皇帝而言，大婚往往是一種政治婚姻，有時很痛苦，也很無奈，只能以冷落皇后排解苦悶，難以體會到洞房花燭之夜的愉樂。

皇帝皇后日常並不住在一起，大婚後一段時間才如常人一樣，天天晚上住在一起，同床共眠，相擁熱吻。而清宮有規定，大婚後皇帝皇后應在坤寧宮東暖閣住滿一個月，兩人才能回各自的寢宮。但清皇中真正住滿一個月的只有康熙一人。同治住兩天、光緒住六天。末帝宣統溥儀退位後才結婚的，不過也是在宮裡舉辦的，與

晉惠帝司馬衷

皇帝大婚無異。但他當晚便移居養心殿的體順堂，感覺在洞房不習慣不舒服。

清皇中，在洞房最難過的當是光緒皇帝，他在洞房內心事重重，根本不想與皇后，也是他的表姊隆裕上床。據說最後他趴在隆裕的懷裡號啕大哭，表示只能永遠敬重她，大婚以後好長一段時間光緒不跟隆裕皇后同床。原來光緒最愛的是珍妃，但慈禧卻逼著他娶了表姊。

皇家進行性教育的特殊手法

上面說了，皇子們一般在十四歲，甚至更早的時候就進行性啟蒙了。除了宮婦手把手教外，皇家對皇子進行性教育還有什麼招兒？這裡就再來補充一下這點。

過去，男人在新婚大喜入洞房後，也有三樣美事：一是看春意，就是古人常說的春宮圖、春畫；再者讀淫書，這裡的淫書是一種讀書人家常備的性啟蒙讀物；第三是聽淫聲，即所謂新娘子歡愛時發出的叫床聲。

「春畫」，大概是中國古人進行性教育的一個創舉，並為歷代皇家採用。所謂春畫，就是描繪男女各種性交姿態、反映性生活場景的圖畫。而據說，春畫的起源就在王室。

明人沈德符考證，春畫在西漢時就出現了，發明

熙陵幸小周后圖

者是因盜墓聞名的廣川王劉去的兒子劉海陽。劉海陽與其父親劉去一樣，是位頂極好色之徒，整天淫樂，他令畫師在房間四壁、天花板上將這些他所能看得到的地方，畫上各種性交圖，供其作樂時「欣賞」。此即沈德符在《萬曆野獲編．玩具》（卷二十六）「春畫」條所記，「春畫之起，當始於漢廣川王，畫男女交接狀於屋，召諸父姊妹飲，令仰視畫。」

此後，春畫由宮廷傳至民間，「為民所用」。歷代皇家亦都重視春畫，視之為必不可缺的特殊的性教育工具。玩弄春畫比較出名的皇帝有不少，如南朝齊東昏侯蕭寶卷、隋煬帝楊廣、唐高宗李治和皇后、大周皇后武則天。

這幾位皇帝「看春意」顯然不是啟蒙性質了，而是濫淫。蕭寶卷有位貴妃叫潘玉兒，因貌美受寵。蕭寶卷也效法劉海陽，在新造的後宮牆壁上，畫上各種春畫，以備他與潘玉兒歡愛時「參考學習」。楊廣則又發揚光大，讓畫師將他與宮女淫樂時的現場畫出來，再現真實供其回味，這就是「烏銅屏故事」。

當然，最出名的還是李治與武則天。李治專門建造了一座供其幸御嬪妃的鏡殿，把自己和妃子歡愛時的場景畫到牆上。結果臣子劉仁軌偶然一次進殿，嚇了一跳，以為有好幾個皇帝。李治死後，武則天則把此殿當成自己與面首尋歡的「夜總會」。元文人楊鐵崖就此大發一通感慨：「鏡殿青春祕戲多，玉肌相照影相摹。六郎酣戰明空笑，隊隊鴛鴦浴錦波。」

《漢宮春曉》（明仇英）

除了春畫啟蒙，皇室還有一種特殊的性教育手法，使用「性玩偶」這些教具，讓皇子「一看就懂」。沈德符根據所見所聞，記述如下：「余見內庭有歡喜佛，云自外國進者，又有云故元所遺者，兩佛各瓔珞嚴妝，互相抱持，兩根湊合，有根可動，凡見數處。大檔云，帝王大婚時，必先導。入此殿。禮拜畢，令撫摩隱處，默會交接之法，然後行合巹，蓋慮睿稟之純樸也。」

皇帝在大婚之前，會有專門師傅帶他去看「歡喜佛」。在明朝，紫禁城中設有供奉歡喜佛的密室，密室中的歡喜佛是男女合一的佛像，表像時呈互相摟抱狀。佛身上設有機關，按動機關，佛就開始交合，變化出各種動作。初入佛殿，還要舉行一個「儀式」，要給歡喜佛燒香、叩拜。之後，新婚皇帝才可以摸抓佛身的隱私處，練習動作。這之後才行「合巹禮」。

唐伯虎留下的「豔圖」

唐寅的春宮圖

皇帝吃飯擺譜與防毒手段

皇帝貴尊人間天子，穿的是龍袍，住的地方是金鑾寶殿，行以輦代步。食，自然也不同尋常。皇帝如何吃飯，是不是如普通人家那般，一家老小圍坐一桌？吃的是不是山珍海味、滿漢全席？在魏晉時期，曾有用人乳汁做菜的傳說，後來的皇帝御膳中是不是這樣？

這個問題在過去是皇家機密，祕不示人。

皇帝喜歡「吃獨食兒」

皇帝怎麼吃飯，各個朝代有各個朝代的吃法。飯菜的豐盛程度和搭配方法，也因皇帝們口味和喜歡的不同而有異。目前知道比較多的是明清皇家的吃法。

皇帝並不都是一日三餐，有的多，有的少。如清朝皇帝，一般每天只吃兩頓飯，即早膳和晚膳。

皇家自稱孤家，吃飯時也是自己一個人吃，在專設的桌子前單獨進餐，民間稱為「吃獨食兒」。雖然皇帝喜歡吃獨食兒，但吃飯時不會就他一個人，旁邊會有侍候的宦官：侍膳太監。因為菜太多，桌子擺得滿滿的，用餐時遠處的菜便搆不著。但不必擔心，皇帝吃飯時，並不用自己夾菜，太監會送到嘴邊。皇帝用膳時，除了太監在場，不遠處還會站著聽賞的人，如寵臣、皇子。皇帝不想吃，或是一時高興，更多時候是吃不完，就會把美食賞賜下去。被賞的人只能在另設的桌子前，站著吃完。因為是皇帝賞的，即使不餓不想吃也得吃，而且要表示「味道好極了」。

早期，帝王吃飯時還會有樂隊助興，後來的皇帝僅壽誕或慶典活動的餐會上，才會用樂。但吃飯時擺譜，卻一直被發揚光大，直到晚清仍是如此。清末代皇帝溥儀在其自傳《我的前半生》一書中，提到了這點。

關於皇帝吃飯，另有一套專業術語，是絕對不准別人說錯的。飯不叫飯而叫「膳」，吃飯叫「進膳」、開飯叫「傳膳」，廚房叫「御膳房」。到了吃飯的時候：並無固定時間，完全由皇帝自己決定：我吩咐一聲「傳膳！」，跟前的御前小太監便照樣向守在養心殿的明殿的殿上太監說一聲「傳膳！」殿上太監又把這話傳給鵠立在養心門外的太監，他再傳給候在西長街的御膳房太監……這樣一直傳進了御膳房裡面。不等回聲消失，一個猶如過嫁妝的行列已經走出了御膳房。這是由幾十名穿戴齊整的太監們組成的隊伍，抬著大小七張膳桌，捧著幾十個繪有金龍的朱漆盒，浩浩蕩蕩地直奔養心殿而來。進到明殿裡，由套上白袖頭的小太監接過，在東暖閣擺好。平日菜肴兩桌，冬天另設一桌火鍋，此外有各種點心，米膳，粥品三桌，鹹菜一小桌。

所謂的「擺譜」，不是東北人的擺家譜，而是擺菜譜。清朝標準御膳，每頓飯有一百二十道菜，要擺三張大桌。此外還有主食、點心、果品等。後來，有的皇帝覺得這樣太浪費，菜譜變少，一百二十道減為六十四道；慈禧太后的老公奕詝當皇帝時的咸豐年間，又減為三十二道；

奕詝死後，垂簾聽政的慈安太后，再減為二十四道。慈安太后死後，獨攬大權的慈禧太后又擺起了譜，恢復了每頓飯百道大菜的老規矩，一頓飯少說要花二百兩銀子。

稱皇帝吃飯時擺譜還有一層意思，就是每道菜名叫什麼，掌勺的大廚是誰，在盤子邊都要標得一清二楚。這樣一是保證飯菜的品質，顯掌勺的手藝；二是萬一飯菜出了品質問題，比如有毒，追究起來也方便。如今的超高檔飯店也會這樣做，不知是不是學自皇家。

防御膳裡下毒的招術

皇帝的餐具也很講究，以金銀器為主，即使是陶瓷製品，也是上好的質地。其中，金質碗、碟、盤等器皿最能顯示皇家的氣派，故而皇家都喜歡「金飯碗兒」。若改用其他質地的器皿盛飯菜，會惹主子生氣的。

清順治皇帝御制《端敬皇后行狀》中透露了當初廢掉皇后博爾濟吉特氏的情況，原因之一就是她「癖嗜奢侈」，「嚐膳時，有一器非金者，輒怫然不悅」。

除了金器，銀器在皇帝的餐具中，也占有很大比例。如乾隆二十一年（西元一七五六年）十一月初三日《御膳房金銀玉器底檔》所記的餐具如下：

金羹匙一件、金匙一件、金叉子一件、金鑲牙箸一雙、銀西洋熱水鍋二口、有蓋銀熱鍋二十三口、有蓋小銀熱鍋六口、無蓋銀熱鍋十口、銀鍋一口、銀鍋蓋一個、銀飯罐四件、有蓋銀桃子六件、銀鏇子四件、有蓋銀暖碗二十四件、銀蓋碗六件、銀鐘蓋五件、銀鏨花碗蓋二件、銀匙二件、銀羹匙十三件、半邊黑漆葫蘆一個、內盛銀碗六件、銀桶一件、內盛金鑲牙箸二雙、銀匙二件、烏木筷十雙、高麗布三塊、白紡絲一塊、黑漆葫蘆一個、內盛皮七寸碗二件、皮五寸碗二件、銀鑲裡皮茶碗十件、銀鑲裡五寸無分皮碗一件、銀鑲裡罄口三寸六分皮碗九件、銀鑲裡三寸皮碗二十二件、銀鑲裡皮碟十件、銀鑲裡皮套杯六件、皮三寸五分碟十件、漢玉鑲嵌紫檀銀羹匙、商絲銀匙、商絲銀叉子二件、商絲銀筷二雙、銀鑲裡葫蘆碗四十八件、銀鑲紅彩漆碗十六件。

從這份檔案中可看出，乾隆所用餐具中，絕大部分都是銀器。如果說皇家喜歡金，那是為了顯示氣派和高貴，而使用銀器，則有很多實際功能。

在中國歷史上，並不乏皇帝被人在飯菜中做手腳而毒死的事件。《資治通鑑．晉紀八》（卷八十六）記載：漢惠帝司馬衷，「食餅中毒，庚午，崩於顯陽殿」。所以，皇家為了保證食品安全，過去通常有兩種辦法，一是在皇帝用膳前讓別人先嚐，這差事往往是侍膳太監的份內事，叫做「嚐膳」。如果有毒，皇帝就可躲開斃命的危險。再是，餐前驗毒，常用工具就是銀器。過去清宮盛裝御膳的器皿外，會掛一個小銀牌，在拿開蓋罩後，太監會當著皇帝的面，把銀牌放進湯菜裡試一下。溥儀證實了這一點，「每個菜碟或菜碗都有一個銀牌，這是為了戒備下毒而設的」。原來，如果有毒，銀牌立刻就會變黑。現代科學已證明，這種方法是簡單有效的。因為銀碰到硫化物會起化學反應，生成黑色的硫化銀。過去常用毒藥，如砒霜（三氧化二砷）在提取時往往含有硫化物，所以銀器測毒很靈驗。

清朝皇帝喜歡吃鴨子

過去曾有用人乳汁做菜給皇帝吃的傳說，甚至有皇帝食用活人腦的野聞。但從明清御膳譜來看，並沒有這些東西。不過，御膳做起來更講究是不爭的事實。御膳都是些什麼菜？品種不少，但一般離不了豬羊雞鴨魚肉，關鍵是做法上有諸多講究。

以清朝的御膳為例，清宮檔案記載，皇帝每天的分例是：

盤肉二十二斤，湯肉五斤，豬油一斤，羊二隻，雞五隻，鴨三隻，白菜、菠菜、香菜、芹菜、韭菜等共十九斤，蘿蔔六十個，包瓜、冬瓜各一個。苤藍、蕹菜各六斤，蔥六斤，醬和清醬各三斤，醋二斤，玉泉酒四兩。

早晚隨膳餑餑八盤，每盤三十個（一盤餑餑用上等白麵四斤，香油一斤，芝麻一合五勺，澄沙三合，白糖、核桃仁和黑棗各十二兩），御茶房備例用乳牛五十頭，每頭牛日產乳二斤，玉泉水十二罐，乳油一斤，茶葉七十五包（每包二兩）。

這一分例，當時需花費銀子五十兩，一年算來就是一萬八千兩百五十兩。如果加上逢年過節、喜慶活動時開支，一年吃掉幾萬兩銀子是常事。清朝皇帝和南京人一樣：喜歡吃鴨子，每頓御膳裡總少不了鴨子。乾隆五十三年（西元一七八八年）七月初七「七巧節」，乾隆早膳裡便有酒燉鴨子、托湯鴨子、清蒸鴨子。慈禧太后的日常御膳譜裡有燜蒸鴨子、清燉鴨子、烤鴨，鴨舌、鴨掌、鴨肫、鴨肝、鴨腸，她都愛吃。

末代皇帝溥儀在《我的前半生》一書中抄一張「宣統四年二月糙卷單」，時溥儀僅七歲，早膳卻近三十道菜，其中有三鮮鴨子、鴨條溜海參、鴨丁溜葛仙米。而且，清朝御膳房裡的大廚也很會做鴨子。如慈禧喜歡吃的燜蒸鴨子，洗淨去內臟，裝入瓷罐，用文火煮上兩天，把鴨肉整得酥爛，才好。清燉鴨子得花上三天工夫，去掉毛和內臟後，將鴨子放進坩鍋裡蒸三天，才成。金魚鴨掌的做法更絕，先將鴨掌放入鍋中，清水煮十五分鐘，五成熟取出，剔掉骨頭與掌心硬繭，再將香料和玉蘭花放入其中，混煮，清爽可口。

朱元璋發明「四菜一湯」

相比起來，前朝的朱姓皇帝就沒有清皇那麼講究，這可能與朱元璋早年家境貧寒、吃不飽肚子的經歷有直接關係。

有一個傳說，當年朱元璋要飯時餓得頭昏眼花，一個討飯婆給了他一碗瓦罐湯。朱元璋吃了還想吃，便問婦人這是什麼湯。婦人順口胡侃一句「珍珠翡翠白玉湯」。朱元璋記下了。當了皇帝後，便要御廚給自己做此道湯，但御廚做的味道怎麼都不對。後來在盱眙祖籍地找到了當年的老太婆，才知道這僅是一道用爛白菜、玉米粒、剩飯混在一起的「雜燴湯」。「珍珠翡翠白玉湯」據說從此成為明朝御膳裡的保留菜單。

不過，朱元璋和皇后馬秀英比較節儉應該不是假的。從《南京太常寺條》祭祀孝陵的祭品單中看，總少不了韭菜、薺菜、芹菜、茄子、苔菜、竹筍、芋苗這些農家土菜，應該是朱元璋和馬皇后生前常吃的。

如今反腐倡廉提出的「四菜一湯」，也是朱元璋發明的。南京坊間是這樣傳的：朱元璋當上皇帝後，老百姓的生活並不好過，但達官貴人卻窮奢極欲，過著花天酒地的生活。朱元璋十分看不慣，如此下去大明朝也要亡國，決心整治這股奢侈風氣。

時適逢皇后生日，各路人馬都來賀壽。待全部坐齊之後，朱元璋吩咐上菜：第一道菜是炒蘿蔔；第二道菜是炒韭菜；第三道兩大碗青菜；最後一道是蔥花豆腐湯。眾臣不解，朱元璋解釋：「蘿蔔上了街，藥店無買賣」、「韭菜青又青，長治久安定人心」、「兩碗青菜一樣香，兩袖清風好丞相」、「小蔥豆腐青又白，公正廉潔如日月」。大臣聽罷知道朱元璋的用意。朱元璋當眾宣布：「今後眾卿請客，最多只能『四菜一湯』，這次皇后的壽筵即是榜樣，誰若違反，嚴懲不怠。」從此，「四菜一湯」的規矩便從宮廷傳到民間，進而成了現代廉政的榜樣。從這兩件事上可以看出，皇帝也並非不食人間煙火，並非天天都是大魚大肉、山珍海味。

「珍珠翡翠白玉湯」變味了

開國皇帝深知江山來之不易，守成皇帝就未必能體會了。如同現在官方提倡的「四菜一湯」招待方式時常變味一樣，明朝的御膳內容後來也都被「改頭換面」了，如原涮鍋水沒有兩樣的「珍珠翡翠白玉湯」，後來御廚用百隻小鳥的腦子來做，味道特鮮美。

據明萬曆年間太監劉若愚所著的《酌中志》記載，中後期明朝御膳的花樣也繁多，天天有新菜、月月吃不同，僅正月便有：

> 斯時所尚珍味，則冬筍、銀魚、鴿蛋、麻辣活兔、塞外之黃鼠、半翅雞，江南之蜜柑、鳳尾桔、漳州桔、橄欖、小金桔、風菱、脆藕，西山之蘋果、軟子石榴之屬，冰下活蝦之類，不可勝計。本地則燒鵝雞鴨、燒豬肉、冷片羊尾、爆炒羊肚、豬灌腸、大小套腸、帶油腰子、羊雙腸、豬膂肉、黃顙管耳、脆團子、燒筍鵝雞、醃鵝雞、炸魚、柳蒸煎魚、鐵腳雀、鹵煮鵪鶉、雞醢湯、米爛湯、八寶攢湯、羊肉豬肉包、棗泥卷、糊油蒸餅、乳餅、奶皮、燴羊頭、糟醃豬蹄尾耳舌、鵝肫掌。
>
> 素蔬則滇南之雞㙡，五台之天花羊肚菜、雞腿銀盤等蘑菇，東海之石花海白菜、龍鬚、海帶、鹿角、紫菜，江南蒿筍、糟筍、香蕈，遼東之松子，薊北之黃花、金針，都中之山藥、土豆，南都之苔菜，武當之鸚嘴筍、黃精、黑精，北山之榛、栗、梨、棗、核桃、黃連茶、木蘭芽、蕨菜、蔓菁，不可勝計也。茶則六安松

蘿、天池，紹興茶，徑山茶，虎丘茶也。

凡遇雪，則暖室賞梅，吃炙羊肉、羊肉包、渾酒、牛乳、乳皮、乳窩卷蒸用之。先帝最愛炙蛤蜊、炒鮮蝦、田雞腿及筍雞脯，又海參、鰒魚、鯊魚筋、肥雞、豬蹄筋共燴一處，名曰「三事」，恒喜用焉。

這麼多的菜，在明朝的御膳中，僅是日常所用。由此可見，只要當了皇帝，再怎麼節儉，對普通人而言，也是太過奢侈的！

《聽琴圖》宋徽宗畫作欣賞

劉邦與朱元璋的「夫妻生活」

中國歷史上，有兩位地位顯赫的開國布衣皇帝：一是漢高祖劉邦，再是明太祖朱元璋。劉、朱二人創造了歷史的輝煌，漢朝與明朝都成為中國的「大朝」、「盛朝」。朱元璋也為此自豪，稱「惟公與我起布衣而有天下」，其中的「公」，即指漢高祖劉邦。

但他們兩個皇帝在夫妻生活中，或者說後宮生活上面，在帝王史上卻留下了截然不同的一面。這裡，便來聊聊劉邦與朱元璋的故事，特別是在「夫妻生活」上的不同。

劉皇帝與朱皇帝的相同之處

劉邦是朱元璋的偶像，這已為史學認同。當年，朱元璋稱帝後，拜祭歷代帝王廟時，僅給劉邦敬了一杯酒，原因就在這句話裡：「惟公與我起布衣而有天下。」兩人一樣都是從平頭老百姓起家當上皇帝的。

從史書的記載上看，劉邦與朱元璋這兩位「皇帝哥們」出身和經歷有相似之處。都起於淮楚之地，劉邦是今天徐州人，朱元璋是鳳陽人，兩地相距並不很遠，在歷史上交流頻繁，習俗相通。

在位時，都很有作為，在鞏固政權的手段上，治國謀略是驚人的相似，就是初期殺盡出生入死的文武忠臣，劉邦身邊的韓信、彭越、英布等都被他殺了。朱元璋也是，開國之臣李善長被他逼自殺了，大將軍徐達被他賜發物蒸鵝給弄死了。

在休養生息政策上，劉邦和朱元璋都採取了不少有益於民眾的措施，促進了當時社會穩定和生產力水準的提高。

劉皇帝在前，朱又視之為偶像，如果說明代的政策是承襲了漢制，似無不可，有一脈相承之跡象，當然說受到影響可能更恰當。

劉皇帝與朱皇帝的不同之處

但是，兩人也有很大的不同，就是在對待女色上，在後宮生活中的反差相當大。

在性生活、在美色消費方面，劉邦是很濫的，性向混亂。而因為漢皇在性事上的隨便，史上有「爛漢髒唐」的說法。

秦漢時期從民間到宮裡，縱慾之風盛行（目前出土有大量漢代性用具，就是一個佐證）；很可能劉邦的性向即受此淫風的影響，而呂后與戚夫人之間的明爭暗鬥，也給劉邦的豐功偉績上抹了一筆黑。

朱元璋在這方面的形象似乎很好。雖然濫殺了眾多大臣，亦有眾多嬪妃，但那是中國傳統帝王專制制度造成的，比起劉邦，可以說朱元璋在性事方面規矩多了，特別鍾情於妻子馬秀英。馬氏也是中國歷史上難得的一位好皇后，她死後，朱元璋多年不冊立新后，如果在民間，他們真的就是一對「模範夫妻」了。

假如要在帝王中評模範丈夫，劉邦自然就沒有資格了，朱元璋倒是最佳人選。

劉邦未當皇帝前的「性史」

先來聊聊劉邦的後宮。多讀歷史的人都知道，劉邦的後宮是充滿血腥味的。劉邦的正妻呂后，名雉，字娥姁，今山東單縣人，遷居徐州沛縣。呂后在中國眾多的皇后中，算是心毒手狠、極有心計的一個女人，如果沒有唐代的武則天，想來就數她最著名了。

劉邦是徐州市沛縣陽裡村人（一說今豐縣城西），本是一個好吃懶做的人，「不事家人生產作業」，「好酒及色」。整日遊手好閒，吃喝嫖賭，無所不會，四十歲時還是光棍一個。

這麼大的人還沒有老婆，怎麼解決性需要？除了嫖娼，劉邦還有一個辦法就是找性伴侶，常年與一個姓曹的女人鬼混，還把曹女的肚子搞大，生了一個兒子，取名劉肥。劉邦當了皇帝後，劉肥被立為齊王，這是後話。

雖然是個混混，但劉邦腦子好使，什麼東西一學就會。後來，經人指點，給當地的官員跑腿，混上了泗水亭長。從此，他與縣裡一班官員有了來往，如蕭何、曹參、夏侯嬰。雖然已是個地方小官，但因為有劣跡在前，此時仍娶不到老婆，良家不願把閨女嫁給這個「流氓」。

但貴人自有吉相，《漢書．高帝紀》（卷一）稱：「高祖為人，隆準而龍顏，美鬚髯，左股有七十二黑子。」據說呂雉的父親會面相，覺得劉邦相貌不俗，有將王之相，將來必成大器，於是將當時已是「大齡女青年」的閨女呂雉嫁給劉邦，劉邦這才有了老婆。

其實，在今天看來呂雉嫁給劉邦時並不算大，才二十五歲。當時鄉親們都嘲笑劉邦的老丈人嫁女行為很愚蠢，劉邦後來做了皇帝，村人才知道呂父的眼光是如何厲害。呂雉當年也覺得丈夫將來會有出息，據說她看到，劉邦到哪頭頂上總有一團祥雲跟著。

劉邦老婆是「偷情」高手

呂雉其實並非良家閨女，並不守婦道，還曾「紅杏出牆」呢！在劉邦與項羽南征北戰，連性命都不保時，呂雉卻在家裡與同村的名叫審食其的男人勾搭成奸。本來劉邦考慮自己常年征戰在外，家裡無人照應，讓審食其幫著照料自己妻小，誰想性慾難忍的呂雉卻與他眉來眼去，日久生情，在家過起了「夫妻生活」。

後來，項羽把他們作為人質扣留時，呂雉與審食其

歷史上的劉邦與呂雉

仍同食同宿，外人竟然發現不了，故有史學家稱呂雉不只是「毒婦」，還是「偷情高手」。

劉邦稱帝後，呂雉還提請封審食其為「辟陽侯」，為劉邦同意。此後，兩人「偷情」時，審食其在床上更賣力了，答謝呂雉為自己的努力。劉邦雖然是戰場上的大丈夫，但在情場上則是戴綠帽的皇帝，後宮失守啊！可悲的是，他死時也不知此事啊（也許是故意裝著不知）！

劉邦與戚夫人的「一夜情」

呂雉給劉邦生了一兒一女，除了惠帝劉盈，還有魯元公主。但呂雉好爭風吃醋，在當了皇后後更做了許多「人做不出來」的事情，如把戚夫人製成「人彘」，成就了她中國歷史上最惡「毒婦」的罵名。

劉邦是很有女人緣的，結婚之前就把一曹姓女人勾上手了，在婚後一樣走桃花運。在與項羽爭奪江山期間，前期老吃敗仗，但卻收穫到了一個年輕美貌、後來影響後宮的女人：戚夫人。

得到戚夫人的故事很浪漫，說是有一次敗給項羽後，連飯也沒得吃，逃到一村子裡遇見一個老人。老人姓戚，帶著十八歲的閨女在此躲避戰亂。一見帶兵的劉邦，老人嚇得連忙下拜，並帶他回家裡弄菜弄酒給他吃。

劉邦見到老人的閨女，頓時動了心思，得知女孩尚未嫁人後，心中竊喜。老人看出意思，就說相面先生講他閨女有貴人之相，難道遇到大王，就是她的前世姻緣？於是要把閨女許給劉邦為妻。

雖然說劉邦心裡暗喜，考慮家有妻室，已有呂雉，也客氣了一番才應下。據說，劉邦是解下自己的玉帶作為定情之物，老人當晚便讓閨女陪劉邦睡覺了，劉邦這第二位「老岳父」看來比今天的父母們還想得開呢！但因為這次「一夜情」，戚家閨女從此跟定了劉邦，後來成為劉邦後宮的寵妃。到此，劉邦已有了三個女人，一個情人曹氏、大房妻子呂氏，二房妻子戚氏。

劉邦後宮女人爭風吃醋隱情

劉邦與呂雉的感情本來是不錯的，她畢竟是打光棍時的髮妻。但在奪了天下後，情況卻發生了變化。呂雉比戚夫人大多了，戚夫人與劉邦「一夜情」時，是才十八歲的黃花大閨女，也是中國歷史上有名的美女之一；而呂雉當年是有嫁不出去之嫌的女人。年齡一大，呂雉自然就成了「豆腐渣」，年老色衰敵不過戚氏。兩人分別當了劉邦的皇后和愛妃（夫人）後，就開始明爭暗鬥起來了。

起先戚夫人占上風，劉邦每次外出都

《月下賞梅》（清陳枚）

由戚夫人陪侍，而把呂后丟在後宮。戚夫人長得漂亮，歌舞也好。樂得劉邦天天把美人摟在懷裡，而冷落了呂后，漸漸劉邦與呂后之間的情感就出了問題。

本來已定下呂后生的兒子劉盈為太子，戚夫人卻希望讓自己十歲的兒子如意繼位。劉邦也不看好劉盈，覺得性格不像自己，而如意卻很聰明，有自己年輕時的樣子。當劉邦把自己廢太子的想法拿到朝中商議時，如果不是有口吃的大臣周昌冒死力諫，戚夫人的陰謀差點就成了。

後來，戚夫人又多次向劉邦提出立自己兒子為太子的事情，但年老的劉邦心有餘而力不足了，因為在呂后的精心策劃下，太子的勢力已形成，沒有辦法廢了。年幼的如意被迫離開京城到三千里外的封地為王。

劉邦死後，劉盈繼位，史稱惠帝。貴為太后的呂雉捲土重來，「惡毒婦人心」顯露了出來。她第一件事情是把「情敵」戚夫人罰為奴隸，讓人用鉗子把她的一頭秀髮統統拔光，搞成了禿子，罰她去舂米勞動，限每天要舂一石，如果少半升則要打她一百棍。

據《漢書》記載，自知命運不濟的戚夫人悲從心中來：

「子為王，母為虜，終日舂，薄暮常與死相伍，相隔三千里，誰當使告汝？」

呂后聞訊，心生毒計，把戚夫人的兒子如意誘進京城，暗暗把他毒死了。如意死時是七竅出血，連已稱帝的劉盈也於心不忍，大哭了一場，用王的禮儀將同父異母的如意葬了，謚號隱王。

但這樣還不解恨，呂雉最後用「人彘」之刑把戚夫人活活給弄死了。自己的兄弟死後，劉盈很悲傷，但呂后竟然讓他去看「人彘」表演。劉盈也不知「人彘」為何物，便跟著太監去看了，七彎八繞到一間廁所裡，看到一個血人，四肢全被砍了，眼珠被挖了，剩下兩個血窟窿，人還沒有死，身子還能動，嘴一張一張的。

劉盈便問太監這是什麼，一聽是戚夫人，他差點被嚇暈了。原來，呂雉對戚夫人下了毒手，施了酷刑後，又給她硬灌了藥，讓她聽不見，不能語，半死不活地扔到了廁所裡。惠帝因為受此驚嚇，從此也不敢「治天下」了，終日飲酒作樂，僅做了七年皇帝就死了。

呂后的惡毒其實與劉邦有直接關係：他沒有處理好夫妻之間的感情問題，特別是在稱帝後十分好色，縱慾，把寵愛全給了年輕美貌的戚夫人，讓結髮之妻呂后獨守冷宮，從常理上講，呂后對戚夫人懷有不滿是可以理解的。戚夫人希望自己的兒子當太子，也是感到劉邦死後自己的日子會很難過，所以才希望劉邦廢了劉盈。

劉邦在歷史上是個十足的淫亂皇帝，他不僅十分好女色，性向也十分混亂，還是個同性戀，或者說「雙性戀」。他的男寵據說叫籍孺，劉邦經常與他同寢共枕。

劉邦的同性戀取向，可能與漢代人相信「美男破老」的習俗有關。道家養生有一種說法，年老男人與年輕的美少男同房可以延年益壽。

從這性事上可以看出，在女色節制方面，劉邦確實是不能與朱元璋相比的。

新媳婦為救朱元璋燙傷乳房

再聊聊朱元璋的後宮。

劉邦沒有一個好的皇后，朱元璋的後宮卻很幸福，自然是因為皇后馬秀英的仁慈。因為馬皇后的出現，中國帝王的後宮裡才多了一位值得稱道的女性。

在與馬秀英認識前，朱元璋不像劉邦那樣有前科，既無情人，也不遊手好閒。他放過牛，做過和尚。因為瘟疫，家裡的人全死光了。因為貧窮，父母兄弟死後只能用草席埋了了事。朱元璋成了孤兒，可以說家境比當年的劉邦差多了。

但就是這樣，《太祖實錄》記載，朱元璋：

「奮起淮甸，仗劍渡江，英賢雲集，平偽漢，伐偽吴，定關中，廓清中原，遂平元都，混一海宇，不十年而成大業。」

與劉邦一樣，朱元璋的妻室也是人家「送」的。不同的地方是，劉邦是名聲不好，娶不到，朱元璋則因家裡貧寒，娶不起。元順帝至正十二年（西元一三五二年）三月，朱元璋投奔郭子興時，其時還是一個窮和尚。郭子興是安徽定遠縣有名的土財主，因無法忍受元人的欺侮，在濠州發動起義。收了朱元璋後，郭子興常帶他在身邊，當親兵用。

在智慧上，朱元璋與劉邦都有過人的地方。因為有勇有謀，才受到郭子興的信任和器重，投奔兩個月後，郭子興與夫人張氏做主，將義女馬秀英嫁給了朱元璋，這樣也好拴住朱元璋的野心，讓他忠心效勞。

馬秀英是安徽宿州人，父親名字不詳，史書上只稱「馬公」，母親叫鄭媼，在馬秀英很小的時候就死了。馬秀英的父親因為殺了人，從宿州逃到定遠，把閨女託付給有交情的郭子興，就這樣馬秀英成了郭子興的義女，寄養在郭家。

後來，馬父客死他鄉，郭子興待馬秀英更如親生閨女，據說親自教她讀書寫字。馬氏長大後，端莊秀麗，但天生一雙大足，時人稱天足，未纏過腳。因為這雙腳，民間戲稱馬秀英為「馬大腳」。

馬秀英嫁給朱元璋後，很疼愛自己這位小和尚出身的丈夫。據說有一次因為傷了郭子興的面子，郭子興一氣之下將他關了禁閉，也不給吃的。還是新媳婦的馬秀英一聽急了，從伙房偷了一個剛出鍋的饅頭送給朱元璋，路上碰巧碰到了義母張氏，便慌忙把饅頭往懷裡藏，結果把乳房都燙傷了，可見朱元璋與馬秀英之間的恩愛程度。

歷史上的朱元璋與馬秀英

朱元璋不再另立皇后之謎

正因為這樣，朱元璋當皇帝後，天不怕地不怕，就怕皇后馬娘娘，生怕馬秀英不高興。而馬氏因為恪守婦道，人品好，後宮嬪妃沒有人不服，史學家稱馬氏是一個稱職賢慧寬厚仁慈的正宮娘娘。

史書上對馬皇后多有褒言，《明通鑑》稱：

后，宿州人，仁慈有智鑒，好書史，佐上定天下，恒勸以不嗜殺人為本。及冊為皇后，勤於內治，暇則講求古訓，告六宮以宋多賢后，命女史錄其家法，朝夕省覽。……妃嬪、宮人皆厚待之。命婦入朝，如家人禮。愛誦《小學》，嘗求上表章。上決事或震怒，輒隨事微諫。雖上性嚴，為緩刑，戮者數矣。

從這段記載上可見，呂雉與馬秀英是兩個完全不能相比同論的皇后，一個惡毒，一個仁慈；一個不守婦道，搞亂後宮，一個恪守女道，穩定後宮；一個煩神，一個省心。

在這一點上，劉邦確實是不幸的，而朱元璋則是幸運的。馬皇后為他生育了不少兒子，《歷代陵寢備考》稱：「后生懿文太子、秦王樉、晉王棡、成祖、周王」（注：有史書稱馬皇后不能生育，朱棣非其親生），還為他的政事操心。

馬皇后多次勸朱元璋：「誠如陛下言。妾與陛下起貧賤，至今日，恒恐驕縱起於奢侈，危亡起於細微。故欲得賢人，共理天下。」如果不是馬皇后，朱元璋還不知要濫殺多少人呢！而劉邦的皇后呂雉，則嫉賢妒能，為了坐穩自己的皇后寶座，什麼事都幹得出來。

朱元璋也深知妻子的賢能，在馬皇后生病後，朱元璋為她請來了良醫，還親自送飯，親手餵藥，大臣也為她禱祀。《明通鑑》載，馬皇后告訴朱元璋：

「死生命也，禱祀何益？且醫何能活人，使服藥不效，得毋以妾故罪諸醫乎？」

《國榷》也稱：

后微時，依郭子興家，事上備極艱苦。每佐征討大策，補縫行間，雖貴極，謙素不渝。上或譴怒，輒婉辭。朝夕尚食，手劑之，其謹微類此。疾篤，不復飲藥。曰：「藥無益，徒為醫者累」。

臨死時，朱元璋問她有什麼話留下，她說：「願陛下求賢納才，慎終如始。」洪武十五年，馬皇后去世，時年五十一歲。當時朱元璋是淚如雨下，至死也沒有再立一個皇后。朱元璋給馬皇后很高的榮譽，諡之「孝慈昭憲至仁文德承天順聖高皇后」，孝陵之名即由此而來。嘉靖十七年，加諡「孝慈貞化哲順仁徽成天育聖至德高皇后」（《明史．后妃傳》）。

朱元璋到底碰過多少女人？

老百姓有言，古代皇帝沒有一個不好色的（除了小皇帝啊），此言有道理。雖然朱元璋與馬秀英兩人之間感情極好，但並不是說朱元璋的後宮生活就不豐富，朱元璋也是男人，是男人就喜歡美女，他的性生活同樣出色。

《明會典》稱：「太祖四十妃嬪，惟二妃葬陵之東西，餘俱從葬。」又有史書稱是四十六嬪妃。不論到底哪一個數字正確，至少可以證明一點，朱元璋死前碰過的女人不低於四十名。

具體見《國榷》中記載：「有昭敬充妃胡氏、成穆貴妃孫氏、淑妃李氏、安妃鄭氏、莊清安榮惠妃崔氏、安妃達氏、碽妃、寧妃郭氏、惠妃郭氏、順妃胡氏、郜氏、韓氏、余氏、楊氏、周氏、貴妃趙氏、賢妃李氏、惠妃劉氏、麗妃萬氏等等。」

朱元璋對女人管理很嚴，甚至很殘酷。一旦發現身邊的女人對他不忠，或如劉邦的老婆呂雉那樣有「紅杏出牆」之嫌，那必死無疑。民間有一種說法，朱棣非馬皇后所生，其母親是碽妃。但生下朱棣後，碽妃便受鐵裙之刑慘死。

「鐵裙刑」是中國古代男人懲罰不忠女人的一種酷刑：將鐵片做成刑具，形如裙子，逼犯人穿到身上，然後把「裙子」放在火上烘烤。刑具受熱，犯人的皮肉如被烙鐵烙，其慘狀不言而喻，結果可想而知。

碽妃懷孕不足月便產子，因而受鐵裙之酷刑。朱元璋為什麼要這麼對待自己早產的女人？原來朱元璋懷疑她與人私通懷孕。當然，朱棣生母之死是一種民間傳說，並不真實。但是，從中透露出朱元璋對待不忠女人的態度，還是有幾分道理的。

性生活態度決定歷史形象

漢、明兩朝的帝王們，在生活上都是很荒淫的，兩朝都出了很多風流帝王、荒淫皇帝。如漢武帝「金屋藏嬌」、漢成帝「牡丹花下死」、明武帝「豹房縱慾」、明世宗「煉丹戀色」。但是，朱元璋雖有眾多嬪妃，連政治對手的女人也不放過，卻獨獨沒有「荒淫皇帝」的罵名，令人稱奇。

劉邦不同了，同樣是開國之君，民間則認為他是一位「流氓皇帝」。這到底為何？對性生活的態度決定歷史形象。

劉邦與朱元璋歷史形象的明顯區別，也許還與他們各自的生理需要不同有關，不過最終還是各人在對待女色、對待妻子（皇后）態度上的不同所致。

劉邦一見呂后年老色衰，就拿結髮妻子不當太太了，而獨寵戚夫人。朱元璋則不同，雖然馬皇后生的是一雙大腳，這在過去是很醜的女人，但朱元璋一直視之如賢妻。馬皇后病了，他是「朝夕尚食，手劑之」。這種只能在尋常夫妻中才能看到的情形，出現在朱元璋的後宮中，實在是難得啊！

馬皇后在朱元璋的女色消費上，也不是不管不問的，還是有節制的。但馬皇后對朱元璋並不採取性控制的手段，讓他專寵她一人（事實上也不可能），而是允許、甚至鼓勵朱元璋納妃子，包括前朝元順帝的妃子洪吉喇氏（有人稱是朱棣生母，後文會說此事）、朝鮮女人李氏、對手陳友諒的小老婆。如果是呂后，這些女人恐怕早給折磨死了。但馬皇后卻很好地理順了這麼多女人之間的關係，寬厚仁慈，同樣難得！

家有賢妻旺夫啊。對於帝王來說，這道理是一樣的。劉邦和朱元璋雖然都出身平民，但在史上留下了不同的評價，我想與兩人皇后的優劣不無關係。但歸根結柢，還是與兩人對性生活態度的不同造成的。

如果劉邦如朱元璋那樣，性生活講點規矩，對老婆善待一點，呂雉的行為或許也會收斂一些的。可能呂雉當年真的就是這樣想的：你劉邦能亂搞女人，我為什麼不能養漢？

宮女嬉戲圖（唐寅）

帝王長相與明太祖的真容疑雲

皇帝的臉是龍顏。所以，即使是近臣沒有朕的「抬起頭來」，是不能隨便看的。其實，這是古代帝王彰顯高高在上的天子權威、神化自己的一種謀略和手段。

在國外，也是這樣。如非洲有一個叫盧安戈的王國，當年國王就不能隨便讓外人看見，即便是狗啊貓啊這些身邊的寵物闖進來，也要處死。甚至國王自己的孩子也不能倖免。有一名才十二歲的王子，便因為無意中看見父王在喝酒，遭到砍殺，被剁成幾段示眾。雖然國王所為，可能是因為一種迷信或巫術，但根本上還是為了保持王權的神祕色彩。

帝王相貌引起的歷史爭議

因為皇帝的臉不能隨便看，就容易弄出「相貌問題」，在中國歷史上，這樣的問題尤其多，有的至今爭論不休。

如秦始皇嬴政到底長得什麼樣子，史學界爭議頗大。《史記．秦始皇本紀》（卷六）記載：「秦王為人，蜂準，長目，摯鳥膺，豺聲，少恩而虎狼心，居約易出人下，得志亦輕食人。」

「準」，即古代相書中所言的鼻子，從記載中看，嬴政鼻梁並不完美，有缺陷，眼睛細長，說話聲音怪異，是一個五官比例不協調，相貌醜陋的雞胸男人。有人因此戲言，中國封建社會的第一位皇帝，是帝王中的第一醜。

但北宋李昉等人主編的《太平御覽》中記載又有所不同，稱嬴政是「虎口」、「日角」、「隆鼻」、「大目」，這樣說來他又是高鼻梁，大眼睛，相貌堂堂的帥哥級男人了。

因偶然的原因，筆者多年前曾跟著鄉下的算命先生作過一段時間的調查，粗知唐舉、皇甫玉、袁天罡諸史上相術名流的故事。有三種骨相之人可貴為帝王，一是「朝天伏羲骨」，二是「日月龍虎骨」，三是「擎天玉柱骨」。這其實是古代算命先生的玄虛之說，如「朝天伏羲骨」，顧名思義，是中華傳統文化東方大帝的伏羲氏長相。被算命先生一神化就是「奇骨貫頂」，開國帝王的長相。現實有這樣面相的人很多，就是方面大耳型，毛澤東自嘲的「大中華臉」應該是此類型（這麼一聯繫也真有點意思）。

從中國古代傳統的面相原理來看，「虎口」之人與「龍口」之人均為帝王相：「虎口闊大有收拾，須知此口必容拳，若然不貴且大富，積玉堆金樂自然。」可見，嬴政的相貌不是醜，而是奇，貴不可言。

另一個與秦始皇一樣，給後世留下嚴重「相貌疑雲」的帝王是明太祖朱元璋。有史學家稱他是下巴奇長、耳朵肥大、滿臉麻點的醜陋、猥瑣男人，朱元璋才算是中國帝王中的第一醜；但有的人稱朱元璋是五官超格、相貌超俗，乃大富大貴的罕見帝王之相。

朱元璋畫像造假的民間傳說

朱元璋流傳在世的畫像版本眾多，目前外界能見到的畫像主要集中於這兩類：一醜一俊，即帥哥朱元璋與醜男朱元璋。到底哪種版本才是朱元璋的真實面貌？這也是一個歷史謎團。

筆者手裡收集到了可能是迄今最齊全的朱元璋畫像，既有宮廷的，也有民間的，版本達十六種之多（本書僅展示七種），有的相貌很滑稽，十分新鮮。其中，有不少是筆者從南京明孝陵博物館藏品中看到的。

過去給帝王畫像，就像現在國家領導人有專門的攝影師一樣，也有御用畫師。民間有一個流傳極廣的朱元璋畫像故事：說是朱元璋稱帝後遍召丹青高手給自己畫像。第一個進宮的畫師十分認真，畫得維妙維肖，栩栩如生，和真人一樣。朱元璋看到自己醜陋的形象，頓時大怒，把畫師拖出去斬了。

第二個吸取了教訓，自作聰明，把朱元璋畫成美男，一表人材，五官端正，相貌堂堂。朱元璋一看這哪是自己啊，明明是在唬曨他，自然畫師難逃一死。

朱元璋民間畫像一

朱元璋民間畫像二

朱元璋民間畫像三

第三個是聰明人，揣摩出了朱元璋的心思，追求「神似」：臉型描摹得與真人差不多，其他部位跟著感覺走，就如現在給新郎新娘拍婚紗照，處理得模棱兩可，說是也是，說不是也不是。結果朱元璋看到自己滿臉仁慈，一副帝王之相，龍顏大悅。不用說，畫師獲賞，免予一死，被放回了家。

朱元璋宮廷畫像

這段「民間故事」真偽成為歷史之謎。不過，裡面透露出一個資訊，朱元璋的相貌確實異於常人，可能與秦始皇一樣，是不合比例，五官失調。「愛美」之心人皆有之，何況講究威儀的帝王朱元璋！所以朱元璋暗示畫師造假的可能是存在的。

朱元璋或醜或美的歷史成因

以上傳說也說明一個問題，朱元璋對自己的畫像要求極其嚴格，絕不允許不滿意的作品流出。既然如此，民間為什麼會有這麼多版本流傳下來？有一種原因不可忽視，就是朱元璋殺人如麻，除了殘害忠良，還得罪了不少文人，文人懷恨在心而藉此洩恨，於是根據傳說中的描述，故意誇張其面部缺點，醜化朱元璋，把本來相貌就一般的皇帝畫得更加糟糕了。

但這理由並不很確實，因為朱元璋是漢人，是他趕走掘陵盜墓，姦婦淫女，無惡不作的外族，推翻了給民間帶來無盡痛苦的元朝，至少老百姓應該很尊敬他的，怎麼可能允許這種醜化大救星領導者的畫像流傳下來？再說，明朝的典章是很嚴厲的，當年到朱元璋孝陵前割豬草都可能被逮起來的，這種畫放在家裡，那該是什麼罪？別說畫，想都不敢想！

問題只有一個，就是後人，特別是清人所為。自西元一三六八年朱元璋在應天（南京）稱帝，到一六四四年李自成的農民起義軍攻破北京城，明思宗朱由檢煤山被逼上吊自縊，歷二百七十七年的大明王朝結束，清王朝開始了。清王朝是滿族人的政權，一六三六年清太宗皇太極將後金政權易名而來。

西元一六四四年清世祖福臨趕走李自成，遷都北京後，清朝在好幾個時期或輕或重，有步驟地開始「篡改運動」。為了統治的需要，甚至連《明太祖實錄》這些書，都安排文人「修飾」，從文字上醜化前朝，歌頌大清萬年江山。

可以想見，在這種背景下，本來民間就傳說相貌怪異醜陋的朱元璋，就很難逃脫被「惡搞」的結局了。一個王朝都倒下了，開國皇帝能不被嘲弄嗎？

朱元璋真相應該是這樣的

從目前來看，除了一兩幅外，絕大部分版本都是明亡以後民間所繪，有的版本極不嚴謹，如把朱元璋的皇冠繪成了秦漢制式（畫像四），和秦始皇、漢武帝戴的是一樣的，顯然是一幅搞笑畫作。

朱元璋民間畫像四

還有將朱元璋的下巴畫得大如饅頭，從生理角度講，這是不可能的，除非得怪病。如果這種長著奇怪下巴的畫像真是明時之作，那只有一種解釋，就是當時確實把朱元璋的奇異相貌當成帝王奇相來理解了；或是朝廷有意授權畫師，通過障眼法來愚弄臣民。

從歷史上看，在出生、相貌上故弄玄虛，也確是帝王美化自己的一個常用小把戲。如《明實錄》記載：朱元璋是晚上出生的，生下後紅光滿地，房裡異常發亮，鄰居以為朱家失火了。實際上這怎麼可能呢！說紅色滿地倒是真的，因為其母生他時大出血了。

朱元璋宮廷畫像（「標準像」，老年）

還有，朱元璋與哥哥葬父時說是遇到暴雨，於是放下包裹在蘆席裡的父屍，進廟裡躲雨，結果雨停了，奇事也出現了，屍體所在地方自起墳頭，於是就傳出了朱元璋葬父葬到出真龍天子的風水寶地上了。朱元璋稱帝後專門在鳳陽的「中都」修築了皇陵，將父母的連棺材也買不起的土墳頭，改建成帝王陵，至今尚存。所以，不排除後世或朱元璋本人有意為大明開國皇帝，從相貌上尋找天意的可能。

民間一直認為，朱元璋患過天花而不死，留下了一副麻臉，加上他的下巴可能稍長，額骨稍凸，時人可能覺得太醜了，御用文人則正好附會說這是帝王奇相：「下輔學堂地閣朝，承漿俱滿是官僚。如教中輔來相應，必坐樞庭佐舜堯。」一般地閣（下巴）飽滿就是官相之人，而朱元璋地閣雄奇，妙不可言，貴不可測，自然是帝王的好命了，相貌異於常人。

文人美飾帝王在歷代都這樣，翻開二十四史，每個帝王在文人的筆下都是天子相。如上文曾提到的漢高祖劉邦，本來就高鼻梁長鬍鬚之男子，但《漢書．高帝紀》稱：「高祖為人，隆準而龍顏，美鬚髯，左股有七十二黑子。」連身上的黑痣都成了貴處。面對朱元璋一臉仁慈、那張現保存於北京故宮，並為南京閱江樓等多個明朝景點懸掛的「標準像」（見左下圖，標準像，中年），有不少人覺得與真人不相符，是假的，相信長著怪異下巴的畫像與真人最接近。

朱元璋到底長得怎麼樣，醜不醜，現在誰也說不清，成了一段歷史疑雲。但我推測是不會醜到哪裡的，不然在濠州起事的土財主郭子興，怎麼可能把義女馬秀英嫁給一個要錢沒錢要長相沒長相的窮和尚？

再說，相貌會遺傳的，朱元璋生有朱標、朱棣等二十四個兒子，這麼多「龍種」當中為什麼沒有一個人肥耳、大下巴，與他長得相似？從明諸帝的畫像來看，均無此長相啊，相反都與朱元璋的標準像差不多。

所以說，真實的朱元璋與標準像不會差得太遠。有朝一日，如果朱元璋的陵寢孝陵地宮被打開了，找到其遺骨，用現代電腦三維復原技術處理一下，真相就會大白了，一切OK！

朱元璋宮廷畫像（「標準像」，中年）

朱棣與四位女子的混亂關係

朱棣是個有故事的人。他的生母之謎，唬弄世人六百年，也爭論了六百年。多少年來，有幾種聲音在史學界一直沒有斷過：第一種聲音，朱元璋是朱棣他爹，馬皇后是朱棣他媽；第二種聲音，朱元璋是朱棣他爹，馬皇后不是朱棣他媽；再一種聲音，朱元璋不是朱棣他爹，馬皇后也不是朱棣他媽，朱棣爹媽都是蒙古人。

朱棣的生母到底是誰？這裡就來聊聊這個百談不厭卻都無突破的老話題，讓讀者瞭解一下爭議背後的真相。

近來筆者翻閱了一下相關史書，質疑朱棣為「妃生」而非「后生」，即是庶出而非嫡出的最有力的文字證明，集中地指向《南京太常寺志》一書。書中所載孝陵神位：「左一位淑妃李氏生懿文太子、秦湣王、晉恭王，右一位妃生成祖文皇帝，是皆享於陵殿，掌於祠官，三百年來未之有改者。」就是這句話，朱棣的生母之謎橫生。

《南京太常寺志》說得對嗎？如果對，為什麼朱棣本人不承認這種事實？綜合相關史料，筆者發現朱棣的生母到底是誰確實複雜，但總離不開這樣「四個女人」：

一、朱元璋的髮妻馬秀英。
二、高麗（今朝鮮）女子妃李氏。
三、元順帝妃洪吉喇氏。
四、蒙古女子翁氏。

她們與朱棣之間的關係都是一種說不清道不明的關係。那麼，這四個女人中，到底誰才是朱棣的真命母后？

第一個媽媽：皇后馬秀英

稱朱棣的母親為馬皇后，最為廣泛。

在清人朱好陽編纂的《歷代陵寢備考》中有記載：「后生懿文太子、泰王樉、晉王棡、成祖周王。」這裡說得十分清楚了，朱棣為朱元璋與馬皇后所生的第四個兒子。

這一說法，來源於明朝當時的史書，如《太祖實錄》、《太宗實錄》、《靖難事跡》、《玉牒》等。《靖難事蹟》中有相同的文字：「高皇后生五子，長懿文皇太子，次秦湣王樉，次晉恭王棡，次上，次周定王。」朱棣更是親口說過，他的母親是皇后馬秀英，「每自稱曰：『朕高皇后第四子也』」。

但也有祕史稱，馬皇后根本就沒有生育能力，一世無子，正史上記載的包括太子朱標、燕王四子朱棣在內，幾個兒子都是別人所生。馬皇后採用了過去皇家最慣常的手法，把別的妃子所生育的孩子據為己出，是一齣明版「狸貓換太子」。這種說法，為朱棣的生母之謎平添了一份神祕。

第二個媽媽：朝鮮女子李氏

稱李氏為朱棣生母，不少人很相信，認為證據很充分。

《南京太常寺志》有這樣的文字：「孝陵祀太祖高皇帝、高皇后馬氏。左一位淑妃李氏，生懿文太子、秦湣王、晉恭王；左二位皇妃，生楚王、魯王、代王、郢王、齊王、蜀王、谷王、唐王、伊王、潭王；左三位皇貴妃，生湘獻王、肅王、韓王、沈王；左四位皇貴人，生遼王；左五位皇人，生甯王、安王；右一位碽妃，生成祖文皇帝。」

太常寺為皇家機構，《南京太常寺志》自然算是皇家文字，其記載應該有很高的真實性和可信度。

明人沈玄華在《敬禮南都奉先殿紀事十四韻》中有：「眾妃位東序，一妃獨在西。成祖重所生，嬪德莫敢齊。」因此，包括當代著名歷史學家吳晗先生在內，都深信朱棣的生母為「碽妃」李氏。

朱棣宮廷畫像

碽妃，為高麗（現在的朝鮮）選送給朱元璋的女子。此說法見民國學者陳作霖《養和軒隨筆》：「予幼時遊城南大報恩寺，見正門內，大殿封閉不開。問諸父老，云：『此成祖生母碽妃殿也。妃本高麗人，生燕王，高后（馬皇后）養為己子。遂賜（碽妃）死，有鐵裙之刑，故永樂間建寺塔以報母恩。』與史志所載皆不合，疑為讕言。後閱朱竹垞跋《南京太常寺志》，云：『長陵系碽妃所生』。復見談遷《棗林雜俎》，述：『孝慈高皇后無子，即懿文太子（朱標）及秦、晉二王，亦李淑妃產也。乃僅齊東之語，不盡無稽也。』」

朱元璋處死李氏，是因為朱棣。當時李氏尚未到預產期，朱棣便急急出生了，是個早產兒。朱元璋遂懷疑李氏與人私通，給自己戴了綠帽子，龍顏大怒，賜碽妃「鐵裙」之刑。這樣，碽妃活活被折磨死了。

朱棣知道自己的生身之事，在皇袍加身後，於永樂十年，即西元一四一二年在南京重建大報恩寺塔，以報答生母碽妃。但這些記載都是後人所寫，真實性無人能保證。

與馬皇后「狸貓換太子」手法如出一轍，朱棣也來了一個障眼法，建塔的名義「以報答朱元璋和馬皇后的養育之恩」。在當時，大報恩寺塔常年大門緊閉的，屬「禁地」，以保守這個驚天祕密。有人悄悄進去過，發現裡面供奉的真是碽妃像。

但事實上朝鮮向中國稱臣送貢女是在西元一三六五年，而史學上明確記載，朱棣生於一三六〇年，其時朱棣已五歲了，難道朱棣是她從朝鮮帶來的？顯然是不可能的，根據這種推測，朱棣生母是李氏的說法也不合理。

第三個媽媽：元順帝妃洪吉喇氏

這個說法，可上溯到朱元璋沒有稱帝前。

在至正年間，朱元璋跟隨郭子興起兵反元，郭子興病死後，朱元璋取而代之，南征北伐，先占領集慶（現在的南京），後又攻下大都（現在北京）。元順帝見大勢已去，遂棄大都，退守蒙古。朱元璋入城後親臨元順帝後宮，看到落難人群裡有一位美女，姿容嬌美、眉目含情，頓時引起朱元璋的注意，遂收她為妃子。

這個女子即元順帝的第三位妃子格勒德哈屯，她是元順帝洪吉喇托太師的女兒。

故事到此複雜了：早在朱元璋攻占北京之前，洪吉喇氏已懷孕七個月，元順帝出逃時，不方便帶上，讓朱元璋白白地撿了一個女人和一個兒子。兩個月後，洪吉喇氏生下一個男小子，此即朱棣。

據說，當時朱元璋心中知道此子非己子，並不想認這個兒子，但看到朱棣相貌不凡，朱元璋就喜歡上了。況且，說自己的後宮女人生了其他男人的孩子，傳出去可是一樁天大的皇家醜聞，朱元璋也不得不認這個兒子了。

民間對這種說法傳得神乎其神的，而朱棣與其他幾個兄弟相貌長得確實不一樣，一點也不像麻臉朱元璋（朱元璋相貌疑雲，見上篇），這也加大了這種猜疑，民間據此稱朱棣是蒙古人。但史上記載，大都失守是至正二十八年，即西元一三六八年，而朱棣生於至正二十年，即一三六〇年，時間相差七、八年呢！因此，這種說法也最不合理，朱棣生前也從未承認過。

之所以出現這種情況，是民間在罵朱元璋和朱棣。前者殺人如麻，不仁；後者則是非法當上皇帝的，用今天的話來說，是通過軍事政變上台的，不孝。

第四個媽媽：蒙古女子翁氏

與洪吉喇氏一樣，翁氏也是蒙古女子，也是元順帝的妃子。但民間之所以還有翁氏一說，可能是「洪」、「翁」譯音上的相似而以訛傳訛。這裡就先姑且算翁氏是第四個媽媽吧！

劉獻廷所著《廣陽雜記》稱：「明成祖，非馬后子也。其母翁氏，蒙古人。以其為元順帝之妃，故隱其事。宮中別有廟，藏神主，世世祀之，不關宗伯，有司禮太監為彭恭庵言之。余少，每聞燕之故老為此說，今始信焉。」

用大白話來說，就是朱棣不是馬皇后生的兒子，他的母親是蒙古人翁氏，因為曾是元順帝的妃子，所以史書上不方便提這事。但朱棣沒有忘記這位蒙古生母，而是在宮中另外建廟，供奉她的牌位，讓世世代代紀念她。

劉獻廷為清朝人，他的文字，就如筆者現在這文字一樣，僅是自己的觀點。況且，他的依據是來源於北京一帶的坊間傳言（「每聞燕之

宮女（壁畫）

故老為此說」），而且是小時候聽說的，你說這能相信嗎？

另有一說，出自民國學者王謇的《孤廬雜綴》。書中記載：「往余幼從吳夢軏師恩同遊，師告余曰：『克金陵時，官軍得明成祖御碣於報恩寺塔座下，其文略謂：成祖生母為翁吉剌氏，翁故為元順帝宮人。生成祖，距入明宮僅六月耳。明制：宮人入宮，七月內生子者，需受極刑。馬后仁慈，遂詔翁以成祖為馬后所生。實則成祖生日，距懿文太子之生，僅十月稍強也。翁自是遂抑鬱而歿，易簀前，以己之畫像一幀，授成祖乳母，且告以詳，命於成祖成年就國後告之。成祖封燕王，乳母如命相告。於是，成祖始知己之來歷，乃投袂奮起，而靖難之變作矣！』」王謇所記也是「聽來的」，老師是聽曾國藩的幕僚馮桂芬說的。這麼「據說」顯然不足為憑。

朱棣的身世為何這麼亂？

朱棣的生母到底是誰？現在的情況來看，馬皇后和碽妃李氏最有可能。比較一下馬、李二人，朱棣還應該是馬皇后所生，因為碽妃的情況與洪吉喇氏、翁氏一樣，在時間上有破綻，生育時間與朱棣的年齡對不上的。

但有人提出反對，說是在朱棣沒有奪位之前，他是妃生的沒有人提出異議。但在他通過政變取得皇位後，情況變了。篡位本來就是一件大逆不道之事，如果自己是妃生子，那就等於承認是庶出，而不是馬皇后生嫡出。

在有嫡子的情況下，庶子是沒有資格承繼大位的，即皇位實行嫡長子繼承制。所以，朱棣為掩人耳目，把自己標為嫡出，以證明自己的資格是可以當皇帝的，就授意史官，有意將事情搞混，以掩人耳目。

為什麼民間會有那麼多傳言，朱棣是元順帝之妃所生？這與當時他篡位有直接關係，當時他的行為是不得人心的，說是元妃所生，不就在罵他不是漢人的種嗎？

在民國時期即有多名學者考證過，明史中有不少文字都改動過，與史實不符。特別是，稱朱棣為馬皇后所生的官方記載，都被做過手腳了。本來應該是最權威的《明史》等典籍，是清人萬斯同編纂，他也給明史「抹黑」，好多東西都被改得面目全非，以討好清廷，但這給後代史學研究帶來了極大的困難，留下許多歷史懸念。

目前史學家認定朱棣為庶出的唯一「官方檔」，也是最權威紀錄，來源於明代《南京太常寺志》。但據考證，這書也被人做過手腳了，據說「槍手」是康熙三十九年（西元一七〇〇年）的進士、清朝保和殿大學士張廷玉。

孝陵內碽妃的牌位為什麼「獨向西」，有兩種說法，一是朱棣和朱允炆這對叔侄在爭奪皇位的「靖難之役」中弄亂的，二是朱彝尊《靜志居詩話》所說：明南都太廟，嘉靖中為雷火所焚，嘉靖年間，孝陵前的供殿讓雷擊中，發生火災，在神位重新擺放，有可能弄錯了。

不過，順便說一句，朱元璋名下有一、二十個兒子，都稱是他本人的「作品」。對此，筆者表示懷疑。

據說朱元璋有占人妻室的愛好，以顯自己是男人，有能耐。除了把元順帝的妃子搞進自己的皇宮，在打敗老對手陳友諒時，也將其妻闍氏納為妃子。闍氏當時已有身孕，不久就生了一個陳友諒的遺腹子，朱元璋一直當作自己的兒子，還將他封在長沙，為潭王。史學家稱這是以訛傳訛，與朱棣生父是元順帝的說法一樣無稽。但無風不起浪，裡面肯定有故事。

遊湖賞荷圖（清陳枚）

第三篇
深宮私情解密

皇帝選妃入宮「體檢」祕聞

能進入後宮給皇帝當妃子的女人並不多。皇帝有權精選全國女孩中的精華入宮為其服務。被選中的女孩入宮前都要接受嚴格的身體檢查。皇家會對其年齡、生理、心理等各方面情況進行瞭解、測試。

體檢時，每一道程序都十分仔細。容貌姣好，身材秀長，生理上更容不得有半點瑕疵，即便皮膚上長了一顆小黑痣，都會被淘汰掉。

採選女孩年齡下限最低十一歲

對採選進宮的女子，首先在年齡上有明確的要求。東漢時要求十三歲以上，二十歲以下。但各朝要求不盡一致。三國時吳主孫皓要求十五、六歲簡閱；南北朝時北齊要求年十四歲以上，二十歲以下；明太祖朱元璋時則要求十五歲以上，二十歲以下，最小不能低於十三歲。

中國男人似乎都有一種處女情結，這就是過去常說的「老牛吃嫩草」性心理。一般說來，十三歲以上是女孩子月經初潮前

中國的男人都有處女情結

後，正是花季年齡，這個年齡段的女孩符合皇帝的心態。

但也有把採選女孩的年齡下限定在十一歲的，明世宗朱厚熜便幹過這種事情。雖有朱元璋的「十五歲以上」祖令限制，但是變態的朱厚熜根本不考慮。《明會要》記載：明穆宗朱載垕在隆慶三年（西元一五六九年）便選三百名十三歲至十六歲的民間淑女進宮，這還算正常的。朱載垕的前任、明世宗朱厚熜則徵選十一歲至十六歲淑女入宮，而且選過多次。據說，朱厚熜是聽信道士之言，目的是採女孩初潮時的經血煉製壯陽丹服用。有的女孩未到自然來月經的時候，便施催經術，強行採經血。

需要說明的是，採選宮妃是大面積的。但具體到個別的現象，年齡則不必考慮。只要有姿色的，皇帝看上的，連寡婦都可選入後宮。如對接收、籍沒而來的宮妃，就不會有年齡的限制，「情人眼裡出西施」，只要皇帝喜歡就行。

正式進宮前進行「全面體檢」

很顯然，採選時對女孩的年齡要求，僅是最基本的條件，但不是主要條件。容貌和人品才是評判的兩個主要尺度。容貌指的是生理條件，而人品則是主觀的東西。通常情況下，皇帝對妃子的生理條件特別在意。

皇帝的妃子進宮要不要體檢？答案當然是肯定的。

東漢光武帝劉秀當政時，派朝中大臣下去幫他物色後宮。《後漢書．皇后紀》（卷十）記載：

（劉秀）遣中大夫與掖庭丞及相工，於洛陽鄉中閱視良家童女，年十三以上，二十以下，姿色端麗，合法相者，載還後宮，擇視可否，乃用登御。

這裡的「擇視可否」，就包含體檢程序。當時，凡是被相中的女孩都是有姿色的，最後統統用車子拖到後宮裡進行挑選。挑選後，還要再來一番擇選，主要進行生理檢查，看其是否是處女，生理上是否有缺陷，挑出最最漂亮的女孩供皇帝御幸。

體檢要不要脫衣服？答案當然也是肯定的。裸體檢查要檢查哪些方面？從史料記載來看，乳房的大小，對稱情況應該是一個常規專案，而陰道的形狀、陰毛的濃淡、腋毛的多少，肛門是否有痔瘡，也是不可忽視的環節。古代男人認為，腋下無毛或少毛的女孩是上品，這樣的女孩最受寵。而如果生有痔瘡，肯定是要被淘汰的。或許有讀者會問，負責體檢的是不是太監？是的，是有經驗的女太監，即宮中女官。

漢桓帝皇后「裸檢」經過

《漢雜事祕辛》是一本描寫漢代宮闈祕史的古人筆記，書中記錄了東漢桓帝劉志皇后梁瑩當初進宮時的「裸檢」情況。雖然有人考證是明人楊慎委託漢人所作，但還是有一定價值的，茲抄錄如下：

建和元年四月丁亥，保林吳姁以丙戌詔書下中常侍超曰：「朕聞河洲窈窕，明辟思服，擇賢作儷，隆代所先。故大將軍乘氏忠侯商所遺少女，有貞靜之德，流聞禁掖。其與姁並詣商第，周視動止，審悉幽隱，其毋諱匿，朕將采焉。」

姁即與超以詔書趨詣商第，第內。食時，商女女瑩從中閣細步到寢，與超如詔書周視動止俱合法相。超留外舍，姁以詔書如瑩燕處，屏斥接侍，閉中閤子。

時日晷薄辰，穿照蜃窗；光送著瑩面上，如朝霞和雪豔射，不能正視。目波澄鮮，眉嫵連卷，朱口皓齒，修耳懸鼻，輔靨頤頷，位置均適。

姁尋脫瑩步搖，伸髻度髮，如黝髹可鑒。圍手八盤，墜地加半握。已乞緩私小結束，瑩面發赬，抵攔。

姁告瑩曰：「官家重禮，借見朽落，緩此結束，當加鞠翟耳！」

瑩泣數行下，閉目轉面內向。姁為手緩，捧著日光，芳氣噴襲，肌理膩潔，拊不留手。規前方後，築脂刻玉。胸乳菽發，臍容半寸許珠，私處墳起。為展兩股，陰溝渥丹，火齊欲吐。此守禮謹嚴處女也！約略瑩體，血足榮膚，膚足飾肉，肉足冒骨。長短合度，自顛至底，長七尺一寸；肩廣一尺六寸，臀視肩廣減三寸；自肩至指，長各二尺七寸，指去掌四寸，肖十竹萌削也。髀至足長三尺二寸，足長八寸；脛跗豐妍，底平指斂，約縑迫襪，收束微如禁中，久之不得音響。

姁令推謝皇帝萬年，瑩乃徐拜稱皇帝萬年，若微風振簫，幽鳴可聽。不痔不瘍，無黑子創陷及口鼻腋私足諸過。臣妾姁女賤愚憨，言不宣心，書不符見，謹祕緘昧死以聞。

上面這段文字的大概意思是，劉志聽說大將軍梁商的女兒梁瑩人長得漂亮，品行也好，便欲納其為皇后。劉志派女官吳姁來到梁府瞭解情況，觀察梁瑩的走路姿勢。後來要求對梁瑩進行裸檢，梁瑩起初不肯，吳姁拿出了皇帝的聖旨，才同意。吳姁到她的閨房內，把門關死，將梁瑩脫得一絲不掛。

吳姁先讓她裸體搖步走，再讓她掀起自己的秀髮，露出耳根。接下來，吳姁又摸了她的身子，一對乳房不大不小。又檢視了她的肚臍眼、陰部、肛門，證實是處女，未生痔瘡。最後還不忘檢查她的嗓子，讓她喊「皇帝萬年」，以檢查聲帶。當時，梁瑩讓吳姁體檢得面紅耳赤，不時用手遮擋私處。

這種裸檢與現代選美決賽前的「內部過場」有相似的地方。不同的是，現代選美不要脫光，著比基尼三角褲即暴露無遺，避免了一絲不掛的尷尬。

雍容華貴的後宮女子

明熹宗朱由校選妃子祕聞

「裸檢」是皇家祕密，作為一種制度，一直存在於各朝宮妃採選過程之中。《漢雜事祕辛》所記未必是東漢時宮妃選拔的實情，紀曉嵐筆下卻彌補了一份遺憾。

在楊慎所處的明代，女子入宮前體檢也極其嚴格，甚至到了苛刻的地步，連一根體毛都要看仔細。清代文人紀曉嵐所著的《明懿安皇后外傳》中，詳細記下了明熹宗朱由校選妃子的全過程。

張嫣是河南祥符縣人，天啟元年，朱由校十六歲，到了大婚的年齡。明朝皇帝十六歲大婚，這也是明太祖朱元璋定下的規矩。當時，由司禮監秉筆劉克敬任總管婚事，先期在國內挑選出了一批年齡在十三歲至十六歲的女孩。官方當時發了路費，讓她們的父母親自陪送到京城備選，於當年的正月集合。當時送達京城的女孩有五千人，張嫣也在其中。

初選時，僅從外表上大概檢查了一下，由太監負責。一百名一組，按年齡大小站好。太監從她們面前走過，高一點的，矮一點的，胖一點的，瘦一點的，全都不要，這樣被刷去了一千人。

第二天，進行五官檢查，仍由太監負責。與頭一天那樣，百名一組站好，細看每一女孩的耳、眼、嘴、鼻、頭髮、皮膚、腰圍、肩寬等，有一地方不合格者，哪怕身上長顆黑痣，都要淘汰。又讓女孩報家門，聽其聲音如何，是不是結巴子。這樣，又刷去了兩千人。

第三天，借用工具測量身體是否符合比例，看其氣質如何。凡是手腕粗短的，腳趾肥大的，舉止輕浮的，都不能過關。這樣，再被刷去一千人。

第四步，「裸檢」。餘下的一千名女孩全部召入宮中，以備後宮之選。由年

韓熙載夜宴圖

老的女宦官帶到密室，摁摁乳房，查看長得挺不挺；聞聞腋下，有沒有狐臭。最後摸遍全身，試試長得是否發達。這樣，又刷去了七百人。

第五步，長期觀察，重在性情。三百名精選下來的女孩留在宮中生活一個月，以觀察其生活習性、說話態度、智力高低，人品如何。前面的四道程序重在觀察「體」，這一關重在「德」和「智」。選出了德、智、體全都優秀的女孩五十名，最後全部當上了朱由校的妃子。

由五千人，最後選出了五十人，這麼算來，正是俗話說的「百裡挑一」。有明一朝，估計都是採用如此「淘汰法」，選出宮妃的。

皇帝選妃並非皇帝說了算

朱由校的妃子選出來了，程序並沒有結束，還要從五十人中挑選出一位天下女人的表率，中宮娘娘：皇后。

挑選皇后也費了一番周折，太監和司禮監秉筆是無權決定的。於是請出剛攝太后寶座的先帝寵妃昭妃出來「面試」這五十人。昭妃逐一面談，並要她們寫字、算數、吟詩、作畫，以測試她們的文化素質。最後精選出了張嫣、王氏及段氏三人。

昭妃再對三人進行體檢。她命有經驗的女宦官再次帶三人到密室中，按前面說的方法觀察，把所見報告給昭妃。

當時宮官報給昭妃有關張嫣的情況是：

是時，后年十五，厥體頎秀而豐整，面如觀音，色若朝霞映雪，又如芙蓉出水；鬢如春雲，眼如秋波，口若朱櫻，鼻如懸膽，皓齒細潔，上下三十有八，豐頤廣顙，倩輔宜人；領白而長，肩圓而正，背厚而平；行步如青雲之出遠岫，吐音如流水之滴幽泉；不痔不瘍，無黑子創陷諸病。

昭妃把體檢情況如實告訴了朱由校。朱由校重新召見張嫣、王氏及段氏三人到自己的住處。當時朱由校的乳母客氏也在場，客氏年已三十歲，卻打扮得十分嬌豔。朱由校被迷惑，封她為「奉聖夫人」。客氏發現，朱由校心儀張嫣，便皺起了眉頭說，張嫣才十五歲便長得這麼豐滿，將來大了，身材會發胖，沒有風情。客氏認為王氏不錯，婀娜多姿。

朱由校對客氏尊重，不好意思當面反駁，便請光廟趙選侍決斷。趙選侍知道朱由校的意思，稱：「三人皆姝豔絕倫，古之昭君、玉環不能過。若論端正有福，貞潔不佻，則張氏女尤其上也。」最後，定下張嫣為皇后，封王氏為良妃，段氏為純妃。張嫣後來果然是位母儀天下的女人。朱由校死後守寡，新皇帝朱由檢的後宮總管、內侍（大太監）陳德潤欲與張嫣結為「對食」（夫妻），遭張嚴辭拒絕。朱由檢知道後，發配陳德潤到南京孝陵種菜，真的成了「菜戶」。李自成攻陷京城後，張嫣自縊殉國。

當然，對嬪妃體檢的具體標準和要求，還可能因為皇帝個人的喜好而改變，但有一點是，宮妃的採選並不是皇帝說了算，皇帝只是「消費者」。

給皇帝當老婆是職業行為

古代中國長期流行一妻多妾制，普通家庭，也會有「大老婆」、「小老婆」之分，皇帝的後宮就甭說了，有明顯的等級制度。《禮記》中所謂的后、夫人、嬪、世婦、御妻，即是西周時周天子後宮內對不同等級宮妃的稱呼。

皇帝的宮妃都是有明確分工的，並不是僅陪皇帝睡覺，給皇帝當老婆還是一種職業行為。

妃子浴嬰圖

皇帝的後宮「定人定崗」

秦國的後宮制度是中國封建皇帝後宮之表。史載，秦王後宮中最高級別是王后，等同於後來的皇后。「次稱夫人，又有美人、良人、八子、七子、長使之號」。嬴政建立秦帝國後，中國帝王的後宮規模開始擴大，與政體相對應，建制也越來越完善。

漢承秦制，又增設了不少稱號。至漢武帝時，共分為十四個等級，增設了婕妤、娙娥、傛華、元使；至漢元帝又新置了昭儀。後代還有不少稱號，但總括來說未超過十四等級。

《北史．后妃傳》（卷十三）上詳細列出了北魏皇帝後宮設置情況，雖然這是個短命的小朝廷，但後宮建制齊全，代表了古代帝王後宮的全貌。從中發現，每一名宮妃都有相應的稱呼，「定人定崗」，也可以說成是「因人設崗」。

全錄如下，供閱讀參考：

內命婦依古制有三夫人、九嬪、二十七世婦、八十一御女。又准漢制置昭儀，有左右二人，比丞相。其弘德、正德、崇德為三夫人，比三公。光猷、昭訓、隆徽為上嬪，比三卿。宣徽、凝暉、宣明、順華、凝華、光訓為下嬪，比六卿。正華、令側、修訓、曜儀、明淑、芳華、敬婉、昭華、光正、昭寧、貞範、弘徽、和德、弘猷、茂光、明信、靜訓、曜德、廣訓、暉範、敬訓、芳猷、婉華、明範、豔儀、暉則、敬信為二十七世婦，比從三品。穆光、茂德、貞懿、曜光、貞凝、光範、令儀、內范、穆閨、婉德、明婉、豔婉、妙范、暉章、敬茂、靜肅、瓊章、穆華、慎儀、妙儀、明懿、崇明、麗則、婉儀、彭媛、修閑、修靜、弘慎、豔光、漪容、徽淑、秀儀、芳婉、貞慎、明豔、貞穆、修范、肅容、茂儀、英淑、弘豔、正信、凝婉、英範、懷順、修媛、良則、瑤章、訓成、潤儀、寧訓、淑懿、柔則、穆儀、修禮、昭慎、貞媛、肅閨、敬順、柔華、昭順、敬寧、明訓、弘儀、崇敬、修敬、承閑、昭容、麗儀、閑華、思柔、媛光、懷德、良媛、淑猗、茂範、良信、豔華、徽娥、肅儀、妙則為八十一御女，比正四品。

北魏自開國皇帝拓拔珪「始立中宮」，但「餘妾或稱夫人，多少無限」。因各個皇帝的性慾強弱不同、好色程度有別，人數或多或少，如「武成好內，並具其員，自外又置才人、采女，以為散號。」

漢最低階宮女可養活十四口人

為何後宮等級要設置得那麼詳細，詳細到每個人？原因是，給皇帝當老婆是一種「職業行為」，每年她們還會有俸祿（年薪制），也有的按月拿薪水（月薪制）。

既然「發薪水」，就要講等級，「年資」、「各妃的受寵程序」、「貢獻大小」就有講究，不可能人人都是一樣的，因此後宮比較朝臣的設置，定出不同官品的宮妃，領不同的俸祿。

從北魏皇帝後宮的設置情況來看，北魏仿漢制，設左右昭儀，官品相當於當時的丞相；三夫人，則位比三公。上嬪比三卿，下嬪比六卿；依次類推，「二十七世婦，比從三品」、「八十一御女，比正四品」。

以漢朝公職人員的薪酬制度為例：丞相居百官之首，俸祿最高，幫佐天子，助理萬機，俸祿最高「金印紫綬，秩俸萬石」。後宮昭儀等同丞相，但實際上，昭儀拿的年俸並沒有丞相多，為四千兩百斛。

中國古代常用的計量單位有龠、合、升、斗、斛等，「石」與「斛」，是古代同一級別計量單位的不同叫法。十斗為一斛（石）。據《漢書．律曆志》（卷二十一）記載：漢時「二十四銖為兩。十六兩為斤。三十斤為鈞。四鈞為石。」

這麼說來，一石為當時的一百二十斤，昭儀的四千兩百斛，則相當於五十萬四千漢斤。但各個朝代「斤」的具體重量並不相同，與現代的「斤」也不一致。宋代科學家沈括在《夢溪筆談・辯證一》（卷三）中有記錄，「今人（宋朝人）乃以粳米一斛之重為一石。凡石者，以九十二斤半為法，乃漢秤三百四十一斤也。」

宋代一斤相當於現代一點二八市斤，則宋時一石九二點五宋斤，相當於現代一百一十八斤四兩。如果漢代昭儀的年俸放在宋代，就是四十九萬六千四百四十斤。但漢斤僅約等於零點二七宋斤，約等於現代零點三四市斤，漢昭儀的實際年俸折合現代十七萬四千一百八十二市斤。

不過，現代有學者考證，秦漢時的一石稻穀，僅合現代二十七斤；但就照這標準算，漢昭儀的年俸也達到了十一萬三千四百斤，相當可觀。

漢代最低一階的宮女保林的年俸也有一百九十二斛，相當於現代五千一百八十四斤，這份薪水也很高了，以人均一天一斤糧來算，一個宮女一年便可以養活十四口人。而昭儀一年則可養活三百一十口人。

明孝靖皇后畫像

皇帝還會給宮妃發「獎金」

年俸是宮妃們的正常「薪水」，早期是實物供給制，發給稻穀、生活用品。唐以後，特別是明清時期，則多以貨幣形式支付為主，發金子、銀子，即所謂「發元寶」。

在清朝，後宮日常開支統稱為「內廷經費」。從脂粉錢這類化妝品開支，到冬天取暖買炭的「烤火費」，都一一列明、配給。

據乾隆七年編纂的《國朝宮史》記載：清朝後宮的年俸分九等，分別是皇太后、皇后、皇貴妃、貴妃、妃、嬪、貴人、常在、答應。皇太后的年俸最高，每年黃金二十兩、銀二千兩。

餘下相應的是，皇后銀一千兩、皇貴妃銀八百兩、貴妃銀六百兩、妃銀三百兩、嬪二百兩、貴人一百兩、常在五十兩、答應三十兩。處於不同等級的宮妃，年俸的差別很大，這也是歷朝都存在的現象。

清妃的年俸除了銀子以外，她們還能得到大量包括綢緞、貂皮等在內的貴重物品。以「妃」為例，除三百兩銀子的年俸，每年還能得到：

蟒緞一匹、織金一匹、妝緞一匹、倭緞二匹、閃緞一匹、金字緞一匹、雲緞四匹、衣素緞二匹、藍素緞一匹、帽緞一匹、彭緞三匹、宮紬一匹、潞紬二匹、紗四匹、裏紗五匹、綾五匹、紡絲五匹、杭細五匹、棉納五匹、高麗布五匹、三線布二匹、毛青布十匹、深藍布十匹、粗布三匹、金線十絡、絨五斤、棉線三斤、木棉二十斤、裏貂皮十、烏拉貂皮二十。

逢年過節、產子、祭祀、生日等特殊日子，還有另外的「例錢」收入。如在北宋時便有「節料錢」，即遇到節日時發給的費用，這就是例錢的一種。

在清朝，宮妃們過生日時都會得到禮物。如皇后的生日，皇帝會「恩賜金九十兩、銀九百兩、上用緞紗等四十五匹、蟒緞九匹、緞九匹、寧綢九匹、宮綢九匹、紗九匹、春綢九匹、綾九匹」。

生孩子、孩子滿月，皇帝也都會發紅包：「恩賜皇后銀一千兩、幣三百端；皇貴妃銀五百兩、幣二百端；貴妃銀四百兩、幣一百端；妃銀三百兩、幣七十端；嬪銀二百兩、幣四十端；貴人銀一百兩、幣二十端；常在銀一百兩、幣二十端；答應銀五十兩、幣十端。」

平常每月也會發給「零用錢」，有時陪得皇帝開心，還會獲得額外的獎金性質的「紅包」，如上好的衣料、珠寶，這些額外的收入，統稱「賜俸」。

清皇太后每天供給一頭豬

因為有年俸，皇宮的開支很大。但相比起來，年俸、賜俸還不算最大的開支，眾多嬪妃的日常生活費、房間用品配置，才是開支的重頭。《國朝宮史》記載：在清朝，「妃」的房間杯盤碗這類配置超過三十種：

銀茶甌蓋一、銀匙一、銀鑲牙箸一雙、銀茶壺一、銀銚一、銀束小刀一、銅蠟簽四、銅剪燭罐一副、銅簽盤四、銅舀一、銅簸箕一、錫茶碗蓋二、錫茶壺四、錫銚三、錫火壺三、錫坐壺二、錫噴壺一、錫唾盂二、鍍金鐵雲包角桌一、鍍銀鐵鑷一、黃地綠龍瓷盤二、各色磁瓷二十、黃地綠龍瓷碟四、各色瓷碟八、黃地綠龍瓷碗四、各色瓷碗三十、黃地綠龍瓷鐘二、各色瓷鐘十二、瓷缸一、漆盒二、漆茶盤二、羊角手把燈一。

這其中並不包括奢華的寢具用品。每天的食物配置也花樣繁多：

豬肉九斤、陳粳米一升三，合五勺、白麵三斤八兩、白糖三兩、核桃仁一兩、曬乾棗一兩六錢、香油六兩、豆腐一斤八兩、粉鍋渣八兩、甜醬六兩五錢、醋二兩五錢、鮮菜十斤、茄子八個、黃瓜八條、白蠟二枝（各重一兩五錢）、黃蠟二枝（各重一兩五錢）、羊油蠟二枝（各重一兩五錢）、紅籮炭（夏五斤，冬十斤）、黑炭（夏二十五斤，冬四十斤）、雞鴨共十隻（每月）、羊肉十五盤（每月）、六安茶葉十四兩（每月）、天池茶葉八兩（每月）。

一個妃子一天光豬肉就要供給九斤，如果是更高級別的，如貴妃、皇貴妃、皇后、皇太后，每一級費用都要翻倍，皇太后每天要供應一頭豬。最低級別的答應，每天還要供豬肉一斤八兩。可見，供養一名妃子每年要花多少錢。

但相對來說，清後宮的開支並不算大，清妃每天吃的也並不怎麼精細，葷菜以豬肉為主。如果往前推，有的朝代就驚人了。隋煬帝有一次下揚州時，隨同宮人多達十萬，每人一元一天，還要十萬元生活費呢！

明宮妃化妝品年費銀四十萬兩

上面說的是嬪妃的薪水，服侍她們的太監、侍女的開支都還未說。如清朝，七品級的太監月俸在四至五兩銀子之間，以三千名太監來說，每月發給太監的薪水超過一萬兩銀子。

由於後宮俸祿是一筆龐大的開支和經濟負擔，所以要進行後宮「立法」，以達到少支出的目的。據《國朝宮史》反映，明代後宮開支巨大，「有明之季，脂粉錢歲至四十萬兩，內用薪炭，巧立名色，靡費更甚」。明代後宮僅化妝品的費用，每年就要花去四十萬銀子，可想而知其他的開支了。

有鑑於此，清朝皇家制定了一套嚴格的後宮經費使用制度，「我聖祖仁皇帝鑑往規來，禁浮返樸，垂為誡諭，家法昭然」。

以前國力強盛年代，後宮規模可能很大，如唐玄宗宮妃有四萬人，有條件養活那麼多老婆嘛！實際上，即便在唐玄宗時代，後宮開支也讓他感到沉重。唐玄宗是怎麼養活那麼多宮妃的？首先是國家財政支出，再是建自己的「小金庫」，讓太監、爪牙下去搜刮民財，明朝中後期的皇帝也這麼幹過。

《舊唐書．食貨志》（卷四十八）記載：為了養活後宮成群美妃，唐玄宗便想方設法弄到錢，「開元中，有御史宇文融獻策，括籍外剩田」。就是檢查戶籍以外的隱瞞土地，結果僅此一項便多收稅幾百萬貫。有個叫王鉷的自薦要給唐玄宗查徵稅，王鉷生錢有方，每年「進錢百億」，實際都是變相剝削來的。搜刮來的這麼多錢到哪去了？史稱「供人主宴私賞賜之用」，這裡的「人主」就是唐玄宗，搜刮來的巨額款項，全讓他花在後宮上了。

需要說明的是，各個朝代後宮的年俸不盡相同，並非每一朝的妃子都有這麼高的待遇。如東漢劉秀當皇帝時，天下剛定，財政欠豐，後宮的俸祿就可憐了。《東漢會要．內職》記載：只有皇后和貴人被授印封號，而美人、宮人、彩女等低級宮妃，並無地位和品級。有爵秩的貴人，年俸也不過數十斛稻穀。至於其他宮妃，僅是逢年過節時給點賜俸。

慈禧太后出行

皇帝的妃子多了也養不起

國力下降、敗落時，後宮的規模就很小了。妃子多了，皇帝也養不起哪！

宋時宮妃月俸很高，宋仁宗趙禎當皇帝時，宮人的月俸一度高達一萬兩千貫。寶元年間，西部邊境戰事吃緊，不斷受到西夏的侵擾，軍事調動頻繁，財政經費也同時吃緊，趙禎只好在後宮嬪妃身上摳錢用，養不起了。

《宋史．食貨志．會計》（卷一百七十九）記載：當時天章閣侍講賈昌朝進言，江湖一帶每年運送到京城的糧食有六百餘萬石，三分之二用在軍餉，剩下的三分之一則被閒人消費了，商議節省開支。右司諫韓琦建議，要節約開支，先從皇宮開始，可見後宮嬪妃都是「閒人」。

有的朝代，皇帝還會拖欠薪水，給的是「口頭支票」。遇到國事危急時，還要捐款，給皇帝當老婆也是不容易的。如趙禎，在軍費困難一直無法解決的情況下，只好接受諫議，削減後宮賞賜，「減皇后至宗室婦郊祠半賜，著為式；皇后、嬪御進奉乾元節回賜物皆減半，宗室、外命婦回賜權罷」。皇后、嬪妃每人捐助五個月的俸祿，彌補軍費不足。

有時遇到國家財政收入下降、年景不好，皇帝只好找個理由，比如陰陽失調，後宮陰氣太重，把宮妃釋放遺散。唐文宗太和年間，「出宮女千人」；宋仁

古人化妝圖

宗時，「前後出宮人幾百人」。唐憲宗更乾脆，一下把自己的後宮放出兩百車人，讓她們出宮後隨便嫁人。

後宮女人「紅杏出牆」實錄

皇帝家裡妻妾成群，除了沒有性能力的小皇帝，皇帝們總體來說都是荒淫的。但他們對後宮女人防範卻是異常嚴格的，一旦發現不檢點，輕者削封罰俸，打入冷宮，重者被處酷刑「風流死」，下場淒慘。

但帝王家的女人是不是都能守身如玉，做個好女人？非也，女人也有七情六慾。但相對來說，皇家女人紅杏出牆更隱蔽，同時也因為身居特殊位置，外面一時也很難知曉。

第一個合法消費男色的女人

著名的女皇帝、唐高宗李治的皇后武則天，是中國後宮女人中最浪漫的一位。作為唐太宗李世民的妃子，武則天通過「出家」改變身分，再下嫁「兒子」李治，本來就是一樁錯亂的愛。在當了皇帝後，武則天男寵多多，薛懷義（馮小寶）、張易之、張昌宗、沈南謬，

後宮佳麗

這些據說陽具超比例粗大、且精力過人的美男、猛男，先後上了這位女皇帝的香榻。

武則天到底消費過多少「男色」？史書上並無確切記載，這種事情是不能上典章的，但她以國家權力，讓男色消費合法化，卻是真實的，開創了皇家先例，建立了中國古代第一個也是唯一一個「男後宮體系」。換句話說，武則天是中國古代第一個合法消費男色的女人。

男皇後宮佳麗三千，女皇的閨中密男也不會少。除了薛懷義這樣專職的供其享受的男妃外，還有「兼職」的朝臣、近侍，如柳良賓、侯祥雲等，也都曾是武則天的面首。據說，有不少處男因在床上表現欠佳，不能讓女皇帝滿意、滿足，而被武則天處死，神祕地「消失」了，以致於有了武則天「洎乎晚節，穢亂春宮」的史界定論。

武則天選「男妃」祕聞種種

武則天消費男色的手段與男皇選妃子一樣：「採選」，派專人給她物色可意男人。《舊唐書．張行成傳》（卷八十二）中透露了這個祕密，「天后令選美少年為左右奉宸供奉」，但此舉遭意識傳統的朝臣諫反。

其中有這麼兩位「女選官」表現出色，其一是太平公主。太平公主可不是別人，乃武則天的親生女兒。薛懷義、張易之、張昌宗等就是太平公主自己先「試用」，感覺滿意之後，才送給母親的，合演了一齣中國歷史上「母女共夫」的風流。

另一著名的「女選官」是上官婉兒。上官婉兒時為宮中女官，後成為中宗李顯的宮妃，受封「婕妤」。李顯是武則天的兒子，上官婉兒就是武則天的兒媳婦了。兒媳婦給婆婆物色面首，可稱古今女人男色消費現象中的又一奇絕豔聞。

武則天選男寵還有一套心經，據說她從男子的外表特徵上便可看出其性能力之高低，如果男子的鼻大梁直，其陽具亦頗雄壯，長得粗長，床上功夫自然不會太糟糕。

除了「選拔」外，武則天的男寵還有「推薦上崗」。推薦有「自薦」和「他薦」兩種方式，在武則天的男色消費過程中，兩種方式的「薦」都存在，說白了都是「拉皮條」。如男寵之一侯祥雲，便是自薦上了武則天的床，《舊唐書．張昌宗傳》（卷八十二）記載：「左監門衛長史侯祥雲陽道壯偉，過於薛懷義，專欲自進堪奉宸內供奉」。另外還有父親推薦兒子的，這是「他薦」的一種。如柳良賓便是他父親推薦的：「上舍奉御柳模自言子良賓潔白，美鬚眉」，此無異於「拉皮條」。

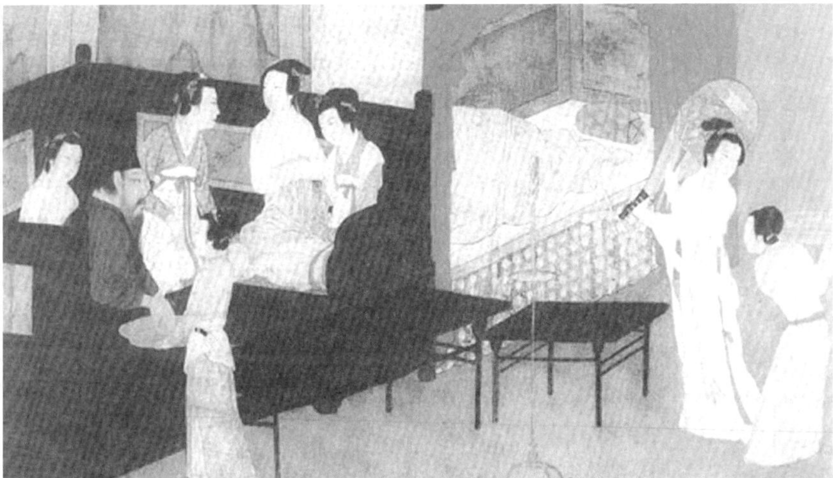

古代後宮奢侈的夜生活

愛上男性生殖器的女人

說到「他薦」，不能不提一個人：嫪毒。嫪毒是中國歷史上第一位皇帝嬴政母親趙姬的情人，也是中國歷史上最早有確切文字記載的有特異性功能的男人。《史記・呂不韋傳》（卷八十五）對嫪毒被推薦經過有較詳細之記載：

> 始皇帝益壯，太后淫不止。呂不韋恐覺禍及己，乃私求大陰人嫪毒以為舍人，時縱倡樂，使嫪以其陰關桐輪而行，令太后聞之，以啖太后。太后聞，果欲私得之。呂不韋乃進嫪毒，詐令人以腐罪告之。不韋又陰謂太后曰：「可事詐腐，則得給事中。」太后乃陰厚賜主腐者吏，詐論之，拔其鬚眉為宦者，遂得侍太后。太后私與通，絕愛之。

這段話的關鍵意思是，嫪毒的陰莖很厲害，勃起後可以把車輪轉動起來。一直與太后有染，私通在前的呂不韋看到嬴政慢慢長大了，而太后性慾卻不見減退，心裡害怕，擔心如此下去東窗事發，便暗暗地把奇男嫪毒招到家裡，打算推薦給太后。太后聽說後果然淫興頓起，心中大樂，恨不得一下弄到身邊，呂不韋乘機把嫪毒推到了太后的床上。

但一個健全的大男人是不能擅自進入後宮的，呂不韋出了一個餿主意，給嫪毒做了假割生殖器的「腐刑」，成為太監，便可堂皇地出入後宮了，這也是嫪毒是宦官一說的由來，實際他一天太監也未做。

太后也暗中買通主刑的小官吏，僅把嫪毐的小鬍子拔光了事，以掩人耳目。有人認為，也許趙姬真的愛上了嫪毐，正確地說，應該是趙姬愛上了嫪毐的生殖器。

嫪毐能上始皇帝老娘的床，並將她肚子搞大，給嬴政生了兩位同母異父的弟弟，顯然是呂不韋有意推薦的結果。醜事敗露後，嫪毐受了車裂之刑，秦始皇用四輛馬車，拴著他的四肢，將其分屍，趙姬所生的兩個「小雜種」也遭秦始皇捕殺，這是後話。

與「保健醫生」通姦的皇后

「選拔」和「推薦」，是古代有權有勢女人實現男色消費的兩種途徑，還有一種方式是「偷」。

這裡的「偷」與一般的偷有所不同，也與《西廂記》中崔鶯鶯悄悄翻牆頭與張生約會的「偷」有別。古代男人的經驗之談，稱妻不如妾，妾不如妓，妓不如偷。這裡的「偷」是勾引，上層女人的「偷」明顯不同，簡直是變相搶男人。

「偷」最拿手的女人，當是晉惠帝司馬衷的皇后賈南風。司馬衷為晉武帝司馬炎的次子，天生一個弱智。但癡人有癡福，司馬衷有天子命，九歲即被冊立為皇位繼承人，成為中國歷史上最蠢的一位皇太子。

司馬衷蠢，皇后不蠢，司馬衷能當上皇帝就是賈南風這個女人的功勞。但蠢丈夫遇到聰明的妻子是幸，也是不幸。賈南風有手腕讓丈夫當皇帝，也有辦法讓自己「性福」一生。賈南風生育不行，卻生性風流，性慾濃烈得可怕。

弱智的司馬衷難解風情，夫妻生活過得相當無趣。這種情況下，多情多慾的女人該怎麼辦？給牆外的男人送媚眼啊，即所謂紅杏出牆！但賈南風的媚眼卻沒有男人願意接受，也不敢接。因為她長得太難看了，是中國歷史上「經典醜女人」之一。

賈南風如何醜？借用她公爹晉武帝語，「醜而短黑」。換成今天的話來說，就是身矮腰粗，又黑又醜。而且，賈家門風不好，妒賢忌能，人丁不旺。賈氏比司馬衷大兩歲，還是「姊弟配」，成婚那年，賈南風十七歲，司馬衷十五歲。據《晉書．惠賈皇后傳》（卷三十一）記載：晉武帝當時並不同意這門親事，無奈皇后喜歡。

成了太子妃後，賈南風醋意大發，容不得別的女人沾染司馬衷。司馬衷喜歡上哪個女人，那個女人就招災。賈南風自己不能生育，自然見不得別人懷龍種，發現便施變態之刑：「妃性酷虐，嘗手殺數人。或以戟擲孕妾，子隨刃墮地」。

當上皇后後，賈南風膽子更大了，妒與淫一起來，長期與她的「保健醫生」、太醫程據通姦，此即史書所記載的賈氏「亂彰內外」一說。「程醫生」長得高大威猛，善解女人意，頗得賈南風的歡心。但一

《虢國夫人游春圖》（唐張萱）

個程據哪能滿足天天山珍海味女人的性飢渴？賈南風便開始「偷男人」。

發明「黑車」專運美男進宮

賈南風是如何「偷男人」的？史載，她常派後宮老婦幫她到大街上尋找獵物。一旦相中，老媽子便想方設法誘男子上專車，將之悄悄帶進宮裡，供賈氏「消費」。這種專車有講究，四邊包裹嚴實，男子進了車廂內後，便將車簾拉下，並把車門鎖死，人坐在裡面黑乎乎的，什麼也看不見。當時坊間俗稱：「坐黑車」，後被引申為男人吃軟飯、以肉體陪侍女人的專用名詞。

「坐黑車」的下場是很可怕的。凡是坐了賈南風「黑車」的男子，一般都不可能活著回來。賈南風在玩夠之後，為防洩密，這些男人都會被她祕密處死。因為這個，京城附近帥哥失蹤事件驟增，搞得人心惶惶。

但有一個例外，一名在洛陽附近縣政府當捕盜的小頭目，不僅沒有被處死，還獲贈了大量的財物，只因他把賈南風服侍得很舒服，人又帥，賈氏才不忍心殺他。

由於小頭目得到的這筆意外之財非同尋常，乃宮中之物，惹出了大麻煩。當時，皇家安全人員懷疑那男人的東西是從宮中偷來的，便把他抓起來審問，他供述了情況，「聽者聞其形狀，知是賈后，慚笑而去，尉亦解意賈氏」，賈南風淫亂一事這才留下了一個活口。

此事並非源於野史，正史有記載。出處見《晉書．惠賈皇后傳》：

洛南有盜尉部小吏，端麗美容止，既給廝役，忽有非常衣服，眾咸疑其竊盜，尉嫌而辯之。賈后疏親欲求盜物，往聽對辭。小吏云：先行逢一老嫗，說家有疾病，師卜云宜得城南少年厭之，欲暫相煩，必有重報。於是隨去，上車下帷，內簏箱中，行可十餘里，過六七門限，開簏箱，忽見樓闕好屋。問此是何處，云是天上，即以香湯見浴，好衣美食將入。見一婦人，年可三十五六，短形青黑色，眉後有疵。見留數夕，共寢歡宴。臨出贈此眾物。

第一個開口要面首的女人

在古代，上層女性男色消費還有一種途徑，就是「索要」。顧名思義，就是直接開口，向有權勢的男人要男子，南北朝時期宋廢帝劉子業的妹妹山陰公主便是通過這種手段實現的，成為這方面的第一人。

山陰公主名叫劉楚玉，和劉子業是親兄妹，嫁與駙馬都尉何戢。劉楚玉不僅濫淫，還亂倫，竟然與劉子業在宮中過起了夫妻生活，多日不回家。更有出格的事哩，她竟然公開提出置面首，即蓄養供她玩弄的男寵。

宮樂圖（唐）

《宋書・前廢帝本紀》（卷七）有這樣的記載：「山陰公主淫恣過度，謂帝曰：『妾與陛下，雖男女有殊，俱托體先帝。陛下六宮萬數，而妾唯駙馬一人。事不均平，一何至此』。」這句話的意思是：「我與你雖然男女有別，但同是一個爹生的，你卻擁有六宮上萬女人，而我只有駙馬一個男人，這對我不公平。」這劉子業亦昏，讓妹妹這麼一說，「乃為主置面首左右三十人」，一下子賞賜了三十個年輕貌美的男子給妹妹。據查，靠生殖器謀生男人的專稱「面首」一詞，就是這麼來的。

後宮女人當尼姑也不老實

老皇帝死後，新皇帝一般會讓被寵幸過的嬪妃出家為尼，在青燈下度過殘年餘生。如武則天，當年即被發送至長安感業寺，削髮為尼。新皇帝這樣安排，其實是古代後宮管理的手段之一。

但這些過慣了宮中生活的女人，如何能守得住身子？六慾難淨。武則天與李治重溫舊夢，一開始就是在感業寺內交歡的，後來才被召入宮。

北魏楊炫之撰著的《洛陽伽藍記》，記述了後宮女人進「瑤光寺」當尼姑後的情形：

> 瑤光寺，世宗宣武皇帝所立……椒房嬪御，學道之所，掖庭美人，並在其中。亦有名族處女，性愛道場，落髮辭親，來儀此寺，屏珍麗之飾，服修道之衣，投心

八正，歸誠一乘。永安三年中，爾朱兆入洛陽，縱兵大掠，時有秀容胡騎數十人入瑤光寺淫穢。自此後頗獲譏訕。京師語曰：「洛陽男兒急作髻，瑤光寺尼奪作婿。」

瑤光寺是一座皇家寺院，孝文廢皇后馮氏、宣武皇后高氏、孝明皇后胡氏等後魏皇后，還有大量的妃嬪、貴婦人，都選擇在此寺出家。但瑤光寺後來卻成了「性愛道場」，這些上層女人雖然不乏自願者，但大多數是失寵女人或不幸的未亡人，不得不進入尼庵苦度餘生，但她們在寺內不會安分，生活相當奢侈，並不下於在宮中光景。由於沒有了後宮禮制的約束，這些有過性生活的女人當了尼姑後反而更為放縱，成為真正的浪女。

這些貴族尼姑都有專人服侍，僕婢們

豪華後宮

的任務之一便是到外面給她們尋找「獵物」，在洛陽街頭尋找到猛男帥哥後，便偷偷送進寺內陪他們的女主人睡覺，供其淫樂。這倒與司馬衷皇后賈南風的所為差不多，區別是一個是為一個女人服務，一個為一群女人服務。

當時有幾十名兵匪聽說寺內尼姑淫蕩，竟然闖進去「找女人玩」。這些出家女人不守婦道，也忘記了「出家人不殺生」的僧道，男子被玩弄後都會被滅口。女人真的如老虎，能吃人了。當時，不斷有良家男子離奇失蹤的傳聞，有的人家擔心出事，只好把男孩打扮成女孩，「洛陽男兒急作髻，瑤光寺尼奪作婿」一說，就是這麼來的。

最後需要點出的是，與女色消費一樣，古代女人男色消費也有的是出於延年益壽的動機。像武則天那類老女人的男色消費，除了享樂，還希望從處男、壯漢們身上獲取精液，吸收陽氣，永保青春活力。但這種說法，更像玩男人的一個藉口！

皇帝如何防止宮妃遭性騷擾

皇帝的後宮是個女兒國，怎麼保證那麼多妃子守身如玉，不紅杏出牆，避免被性騷擾，的確是一個很現實的問題，更重要的是，此事關係皇家血統是否純正。也關係到自己是否被戴綠帽子的問題，當然更是一個講究技巧性的問題。

其實，解決這個問題的辦法很簡單，也很古老：把在後宮服務的男人的生殖器割了。再是使用女官。

清太祖諭旨閹割家奴

為了避免嬪妃「出牆」，被性騷擾，硬是把生理正常的男人的生殖器割去，人為造出了第三種性別：不男不女。這大概是中國古代男人的一大發明，也算是人類自身發展史上的一大怪事。但在過去，並沒有人會覺得奇怪！

皇宮裡那些過去被割去生殖器的男人，稱呼不少：閹人、寺人、老公、中官、宦官、無根人等等，但最流行的說法是「太監」。這是唐高宗李治當皇帝時留下的，李治時改殿中省為中御府，啟用宦官充任太監、少監，「太監」一說由此而來。

把生殖器割掉，以防男人騷擾自己的宮妃，這是僅埋在皇帝心底裡的想法。但清太祖努爾哈赤卻把它說出來了，天命六年（西元一六二一年）七月初四那天，努爾哈赤下了一道諭旨，提醒諸王貝勒。大意是：「你們家中所蓄養的家奴，應該趁他們年幼時就將他們閹割了，這樣他們的父母可以因此而獲得富貴。不然的話，這些家奴長大後，往往與府中的婦女私通，一旦事情洩露，就會被處死。所以，如果你們現在不忍心對他們施以閹割，從長遠來看，卻正是害了他們。」努爾哈赤這段話記在《滿文老檔》（卷四）裡。此段話大概也是古代帝王避免自己戴綠帽子，最公開的說法。

可能是吸取明朝宦官亂國的教訓，清朝對太監的管理極其嚴格。順治曾在交泰宮、內務府、慎刑司立「鐵牌」，明示太監不能干政、出京。宦官的品級不能逾四品。「鐵牌」明處是杜絕宦官干政，內裡則有意警告他們不要在後宮胡來。

實際上，真正把後宮弄髒的，恰恰是這些皇帝以為可靠的太監們。沒有生殖器，可以用假陰莖這類代用性工具啊。明武宗朱厚照當政的大太監劉瑾，使用代用性工具行樂，結果用力過猛、時間過長，竟然把一名宮女弄死在床上。

慈禧太后四十八歲懷孕傳聞

由於有努爾哈赤的「祖訓」，清朝後宮太監的人數比明朝少了許多，最多時也不過三千六百人，民間所謂「夠不夠，三千六」就是這意思，而明朝多時過萬。清宮實際使用人數還低於此數，有記錄的乾隆朝太監近三千人，嘉慶朝兩千六百三十八人，光緒朝一千九百八十九人，到清帝宣統退位時，宮內太監不足一千人。

雖然有「祖訓」，太監的勢力在清朝並未得到有效控制，慈禧太后垂簾聽政年代問題最多，安德海、李蓮英、小德張都曾官至二品。安德海還因暗出京城，被山東巡撫丁寶楨斬了首。

說到安德海、李蓮英、小德張，這三位清末當紅太監，又離不開宮妃「紅杏出牆」的話題。

慈禧太后本是咸豐皇帝的妃子：蘭貴人，後升為貴妃。咸豐死後，蘭貴人的兒子、六歲的載淳繼位，此即同治皇帝。此時，出生於西元一八三五年的慈禧太后年僅二十八歲，正是正常女人情慾最旺盛的年齡。她深陷後宮，為情所急。後來想到了身邊的太監，畢竟他們當過男人啊！安德海、李蓮英們受寵，便有這層原因。

清宮太監多多，臉蛋長得漂亮、身體雄壯的不少，慈禧為何獨鍾情安德海、李蓮英？據說是因為他們身上還有生殖器的根子，「淨身」並不徹底。據宮人回憶，平時慈禧與安德海在皇宮內成雙出入，儼然夫妻。他倆散步時，其他人只能不遠不近地跟著，靠近不得的。安德海最後被斬山東，與慈禧的放縱有直接關係。

安德海死後，慈禧一度情緒低落，這時李蓮英又出現了。有「佛見嘉」外號的李蓮英最拿手的絕活是給女人梳頭，年僅四十就戴假髮的「老佛爺」慈禧正需要這樣的太監。而更重要的是，李蓮英「淨身」也不徹底，據傳兩人經常談論、學習「養生之道」至深夜。

慈禧太后喜歡看戲，特別是淫戲。李蓮英深知慈禧太后的意思，時常會留下男戲子，帶到慈禧宮內「聽賞」，讓他到太后的床上「演戲」。

慈禧的緋聞不少，光緒八年，琉璃廠一位姓白的賣古董商幸於慈禧。在宮裡住了一個多月以後被放出來，介紹人就是李蓮英。據說慈禧因此懷孕，慈安太后知悉後召禮部大臣，問廢后之禮。事情洩密後，慈安當夜猝死，傳是被慈禧毒死的。

此事見清文廷式《聞塵偶記》，所記並不可信。光緒八年是西元一八八三年，時慈禧已四十八歲，這個年齡懷孕的可能性不大。但無風不起浪，慈禧淫亂民間一直有不同版本的傳聞，如李蓮英還曾給慈禧介紹過一個飯店的小夥計。

太監的生殖器會重新「發芽」

皇帝把男人的陰莖割了，本意是想斷絕後宮之亂，但麻煩往往就出在太監的身上。如果淨身不徹底，太監與普通男人並無多少區別，也會有性慾、性功能的。傳言慈禧與安德海、李蓮英「有一腿」，便是這麼回事情。

過去，男人淨身有兩種機構，一是官辦的，清朝的淨身機構是管理後宮事務的內務府下面的「慎刑司」；再是民間的「職業淨身所」。當然，也有家庭作坊式的。

淨身的風險很大，死亡率很高，只有百分之四十左右能活下來。若不是走投無路，一般人家不會做這種「斷子絕孫」的事情。

清朝民間的「職業淨身所」頗專業，手術時痛苦和死亡率都較低，所以很有生意。清代光緒年間，京城有兩家比較出名，主人一叫「畢五」，一叫「小刀劉」，清宮中不少太監都「產自」這裡。因為輸送的太監品質好，管道穩定，兩位「刀兒客」還被賜授七品頂戴，成了縣級「淨身師」。

父母送孩子去淨身，還要給「刀兒客」支付五六兩銀子的「淨身費」。去勢前不吃不喝，得把屎、尿排淨。去勢時則將被淨者綁在「手術床」（有時就是門板做的）上。那時不會有麻醉藥，也有說會在生殖器上抹些麻醉神經的東西。動刀前有時會讓淨者喝點北京二鍋頭這樣的高度白酒，以麻痺一下神經；再是分散注意力，例如在其眼前懸一把刀，與其說話聊天，以吸引注意力。待其感覺到疼時，生殖器已讓割去了。

淨身時衛生條件很差，一刀子下去，血流如注，人一下便疼昏死過去了。「刀兒客」使用的刀子在火上烤一下，就算消毒了。而止血的方式則是將刀子烤紅，烙在刀口處，讓其結痂，或是敷上藥末（有時就是香灰）止血。然後抬到密封的小房子，在其身下鋪上一層草灰，吸收血水、失禁的尿液，一個月後傷口癒合才能出來。

術後要將一根細管（有時是大麥稈製成的）插進排尿管內，防止新肉長出堵塞尿道，不然會尿脹死。如果發現真的堵死了，還要再割一次，受二茬罪。有不少太監身上常有尿騷味，多是淨身手術做得不好，割得不到位，或是過頭了，導致小便失禁。

後宮佳麗（唐寅）

由於人體器官都有重新生長的可能，重新「發芽」。所以，即便入宮後當了太監，每年也要「體檢」一次，即所謂「驗淨」。一旦發現長出了，就要再割，杜絕「發芽」，以免禍患後宮。但有經驗有頭臉的太監往往會想辦法逃避「驗淨」，甚至使用祕方促進生殖器生長。

如在明代便出現太監吃童男腦子的傳聞。《萬曆獲野編．食人》（卷二十八）記載：「近日福建抽稅太監高采謬聽方士言：食小兒腦千餘，其陽道可復生如故。乃遍買童稚潛殺之。」所以，很難保證太監都是無根之人。

安德海、李蓮英、小德張都是圖慕財富，自己把自己給閹了。但因為是「自閹」的，便存在割不淨的可能性。當然，不排除陰莖是重新長出來的，或是買通慎刑司主管留下來的。買通主管這事情史上是存在的。秦始皇母親趙姬的面首嫪毐，當初便是冒充太監進宮的，趙姬與呂不韋合謀，花錢打點一下「腐刑」的主管，僅將嫪毐小鬍子拔掉了事，而保留陰莖。

太監去勢除了上面所說的「割法」，還有如劁豬、牛一樣的「騸法」，僅剖開外腎（陰囊）去其睾丸，陰莖尚存，雖然不能勃起，但形狀還是存在的，性交時還可以「意思意思」。這樣的太監，皇帝也不放心，明朝後便禁止這樣的閹人進入後宮。

皇帝竟然要求朝臣也閹割

皇宮是嚴禁其他男人擅入的，當然過夜留宿更是不可能（除當值太監一類人物）。皇帝不只防止外面男人進入，對自家男人管得也嚴。

在後宮中，能夠在裡面過夜的並不只是皇帝一個男人，還會有皇子。但皇子小時一般跟著母親住，一旦成年，立即驅出，住進自己的宮裡，或是到自己的封地去。留下的成年皇子只有一個接班人：皇太子，但也被嚴格限制在「東宮」，除非特召，平常不得越雷池半步。

此外，御醫、衛兵、特召大臣等，也可能進入後宮。這些人，也是皇帝盯防的對象。如御醫，便很可怕，歷史上並不鮮見御醫與嬪妃通姦的現象。如晉惠帝司馬衷時的御醫程據，便長期與皇后賈南風保持不正當的男女關係，司馬衷是個又蠢又傻的皇帝，被自己的老婆騙過了。

嬪妃是皇帝的私有財產，連自己的老子、兄弟、兒子都不得覬覦的，朝臣當然更不例外了。中國歷史上有一個皇帝突發奇想，把當官的都閹了，不就安全了嗎。而且，沒有了生殖器也會全心全意為皇家服務。這個皇帝便是五代十國時期南漢後主劉繼興。南漢統轄今廣東、廣西一帶，始主劉岩本是唐清海節度使劉隱之弟。兄死弟繼，劉岩繼任節度使後乾脆稱帝當皇帝。劉繼興便是劉岩的孫子。

南漢的皇帝似乎都很荒唐，劉繼興的父親、中宗劉洪熙疑心病也很重，只相信太監宮妃，後因吞服丹藥中毒死亡，僅活了三十八歲。劉繼興繼位後有過之而無不及，「宦官治國」想法更強烈，想當官竟然要先閹割。

《新五代史．南漢世家》（卷六十五）記載：「至其群臣有欲用者，皆閹然後用。」意思是，以至於有想任用的人，都要先割去生殖器後才被使用。這大概是中國歷史上僅有的一件「騙人政治」醜聞了。

因為有這樣的「國策」，有想當官的男人便主動把自己的生殖器割掉，更多的男人則是迫不得已才這麼幹的。如考中功名的讀書人，想被起用，只有被閹。這種情況造成的後果很嚴重，南唐的官場滿眼都是太監，後來宋太祖趙匡胤的兵打過來，連個像樣的男人都找不到，只好束手被俘。

史書對這種「國策」出臺的前因作了交代，「至（劉繼興）尤愚，以謂群臣皆自有家室，顧子孫，不能盡忠，惟宦者親近可任」。但這絕不是「尤愚」（特別蠢）的問題，劉繼興是一個很荒淫的皇帝，他不應該不知道帶生殖器臣子上朝，對其後宮也是一個威脅。

女太監管不住後宮嬪妃

既然男人是威脅，甚至連安德海、李蓮英這樣的大太監都能弄亂後宮，起用女人來管理後宮，便是帝王們一個明智的選擇了。於是，在傳統的宦官制度下，又出現了女官制度：女太監。

現代的女子是「半邊天」，在古人則完全無地位可言，出來做官的更是鳳毛麟角。而獨在後宮內女人可以

明代皇后服裝

清代皇后服裝

做官，這或許應該感謝帝王對男人的嚴防，不然根本輪不到女人當官的份兒。

女官，民間俗稱女太監，漢代有名的才女班昭、宋代女進士林妙玉、唐代女校書薛濤、明朝女能人萬貴兒，都曾是宮中女官。女官存在的歷史很長，記錄三千年前周代禮制的《周禮．天官》中，便有《女史》一節：「女史，掌王后之禮職。掌內治之貳，以詔后治內政，逆內宮，書內令。」周代共設女史八人。

漢代有女御長、宮長、中宮學事史等；唐代更完善，有尚宮、尚儀、尚服、尚食、尚寢、尚功等「六尚官」，還有司記、典記、掌記……女官超過兩百名；宋代有司宮令、六尚書、二十四司、司正、彤史等；明朝女官制度比唐宋還完備。

女官完全不同於宮妃，相貌不是主要的，進宮並不是給皇帝當妃的，初衷不是與皇帝發生性關係。如明代，不少女官是從民間找來的年三十歲以上，四十歲以下的寡女。女官的任務很雜，有的掌管文印、記錄皇帝起居，性交情況、宮妃懷孕情況都要記下來；有的負責打掃衛生；有的則負責給皇帝傳授性技巧、給皇太子進行性啟蒙。當然，如果皇帝一時性起，看上了女官，性交也無不可，有的甚至成為皇妃。

但是女官再多，也管不了皇帝的後宮，宮妃不

宋仁宗皇后像

檢點的事情朝朝都有，女人的心是管不住的。朱元璋的後宮管理很嚴，哪怕是聽說哪位宮妃有問題都要處死，郭寧妃、李賢妃、葛麗妃都在捕風捉影後被處死，裝在一個柳條筐裡亂葬在野外。但朱元璋的後宮還是不時傳出宮妃與人有染的消息，其寵愛的胡妃便是在後宮下水道出現死嬰後被疑心病重的朱元璋活活杖殺，後來證實是冤死。

北魏時胡太后便強迫男人與自己私通。《梁書．楊華傳》（卷三十）記載：「華少有勇力，容貌雄偉，魏胡太后逼通之，華懼及禍，乃率其部曲來降。」胡太后苦戀楊華不能自拔，特作《楊白華歌辭》，「使宮人晝夜連臂蹋足歌之，辭甚淒惋焉」：

陽春二三月，楊柳齊作花。
春風一夜入閨闥，楊花飄蕩落南家。
含情出戶腳無力，拾得楊花淚沾臆。
春去秋來雙燕子，願銜楊花入窠裡。

宮妃做出如胡太后這般出格的行為，應該是完全可以理解的。那麼多女人，卻只有一個男人，當然滿足不了衣食無憂，生理正常女人的性慾，如果年輕守寡，那日子更難熬。後宮因此出現了不少女同性戀人。明世宗朱厚熜時，一名妃子空房孤寂，便讓兩名宮女假扮男裝，與床上嬉玩。恰巧讓朱皇帝撞見了，結果，兩名宮女立即遭杖殺。

有的人明知太監不管用，是個假男人，也願意與他碰成「對食」、「菜戶」，做一回夫妻。

在明朝，這樣與太監「私通」的後宮女人不在少數。有一次，明成祖朱棣因此怒殺宮女，臨死前，一個宮女對著朱棣罵道：「你自己陽痿，人家才與太監私通的，何罪之有？」

確實，要想後宮平安無事，少出黃色笑話，最好的辦法只有解放後宮，解放人性，僅靠嚴防死守是行不通的！

《搗練圖卷》描繪宮中婦女加工白練，依次為搗練、織修與熨平

晚清「第一女人」如何過年

春節，是天下華人同慶的日子。

但過年時的講究也很多。在民間，過年時要說吉祥話，如吃餃子時不能說是餃子，而要說是「元寶」，以討個吉利。有的地方還不讓潑汙水，要「聚財氣」，地上再髒也不掃，避免把財神掃走，祈願新年發財。

老百姓過年有禁忌，過去，帝王家過年規矩亦多。從晚清「第一女人」慈禧過年的故事中，可以看出帝王家春節期間的種種講究。

親自動手做糕餅

曾在宮裡服侍過慈禧太后的德齡公主（西元一八八六年至一九四四年），在隨丈夫定居美國後，用英文寫成了回憶錄《我在慈禧身邊的兩年》（《Two years in the forbidden city》），用專章講了宮裡過年的情況，對晚清「第一女人」慈禧過年的細節作了頗為詳細的紀錄。

大年三十前一星期，慈禧就開始「放假」了，不再處理國事。國印封置，直到來年再拿出來用。從德齡的回憶中可以看出，貴為天尊、過慣衣來伸手飯來張口生活的慈禧，過年時會如普通家庭主婦那般，要親自動一動手，做糕餅就是一項。糕餅是備新年祭祀用的，慈禧顯得很虔誠，「第一塊糕餅要由太后親自來做」。

當慈禧說要開始做餅時，大家都跟她走進一間專為做餅而設的房裡。餅是將麵粉、糖和酵母混合起來，揉成麵糰，然後再上鍋蒸，能跟麵包一樣發起來。誰做的餅發得最厚，誰就被認為是神最喜歡的，運氣一定最好。

慈禧做的餅發得最高，大家都向她祝賀，她自己也很高興。後來她又命身邊每人都做一個，結果大家做的都不如太后的好。慈禧真的做得最好？不是，是宮妃、侍女有意做不好，討慈禧高興。

帝王家也要「過祭灶」

百姓人家的「祭灶」，宮裡也要過。慈禧很看重過祭灶，偶爾還會和下人說個笑話。德齡回憶，「糖果預備好後，我們立刻將這些東西擺在專為敬灶神而設的桌子上。太后扭身對大廚說：『當心，灶神就要到天上報告一年中你偷了多少東西，馬上就要降罰於你的』。」

過年貼「福」字是百姓人家必不可少的內容，慈禧也挺當回事情的。慈禧還有一大愛好，喜歡寫

秋庭觀繡（清陳枚）

「福」字送給大臣幕僚，這或許也是她攏絡人心的一種手段。

祭灶後第二天一大早，慈禧便會來到大殿，其時大張的紅黃綠各色紙早已預備好放在案上，她拿起一支大筆，在紙上書寫「壽」「福」字。一「福」值千金，能得到慈禧親手寫的字，自然是一份莫大的榮耀。但這些字卻不一定全是慈禧手寫的，德齡回憶，「寫累了，就讓宮妃或文書代寫」。

喜歡臣子送份年禮來

慈禧很喜歡過年，除了熱鬧外，還可收到很多貴重的年禮，這些後來都成了她的陪葬品。西元一九二八年七月，軍閥孫殿英掘開慈禧的清東陵，盜得了大量的珍寶，極受慈禧青睞的大太監李蓮英嗣長子李成武，在其《愛月軒筆記》中對這些陪葬珍寶有詳盡的記述，對陪葬品的數量和價值都有說明。

光是置放在慈禧腳兩邊的翡翠西瓜，就值白銀二百二十萬兩。這麼多的珍寶不少來自她過壽和過年節時收受的禮物。

慈禧對送她的年禮很在乎，會一件件看，喜歡的就留下來用，不用的就鎖進庫內，也許再不去看上一眼了。這些禮物包括細小的用品、珠寶、綢緞，甚至還有衣服，應有盡有。慈禧二十八歲與慈安一齊「垂簾聽政」，至她七十四歲死去，執掌大清江山長達半個世紀，每年過年要收到多少禮物？有時一年就能收到滿滿幾個房間。

因為禮物太多，慈禧設有專門的收藏間，這就是「鎖在庫內」一說的由來，德齡就管過這個「倉庫」。慈禧地宮中陪葬品價值白銀億兩，有不少人對此一直感到疑惑，哪來那麼多珍寶？看到這應該明白一點了吧！

袁世凱拍馬送珠寶袍

慈禧很在乎年禮，臣子則把送年禮看作是巴結晚清「第一女人」、引起她青睞的絕佳機會。

袁世凱做直隸總督時送給慈禧的年禮是一件十分奢華的黃緞袍，這件事外人很少知道。怎樣的奢華？上面用各種顏色的鑽石、珍珠鑲成一朵牡丹花，葉子是綠寶石的。慈禧一眼就看中了袁世凱送的禮物，喜歡得不得了。德齡透露，新年第一天，慈禧就穿到了身上，但因為鑲滿了寶石，太重了，穿起來可能不是太舒服，後來就收藏了起來。有一次，慈禧要接見一位外交官，德齡勸她穿上這件衣服，慈禧沒有採納，可能就是太重的原因。

實際上，袁世凱可能根本就未把這年禮當件衣服送啊，不過是把珠寶鑲到衣服上，比直接送珠寶更巧妙而已，慈禧竟然還穿了一天，真有她的。這件「寶衣」後來也應該進了慈禧的地宮陪葬。

《十景圖詠》乾隆作品欣賞

袁世凱是個很會送禮的人，他審時度勢，拍馬有方，有的官員卻忽視了這一點，禮雖重卻不稱慈禧的意。比如，慈禧如果有了，再送類似的，她就不會覺得稀罕。德齡姐妹倆與母親送一些他們從法國帶來的鏡子、香水及各式化妝品，這些都是當年國內看不到的稀罕物，慈禧十分高興。

就在同一年春節，知道慈禧喜愛珍珠的兩廣總督與袁世凱一樣，也送了份極為貴重的禮物，是四袋上好的珍珠，每袋至少有千粒，大小一樣，式樣相同。德齡透露，慈禧已有許多珍珠，對這個禮物沒太在意，只說了一句：「還好！」可見過年送禮也不能隨便送的，得動腦筋，得注意受禮對象的喜好，否則花了大錢可能還不落好。

慈禧有極強的虛榮心，除了臣子要給她年禮，皇帝、皇后和宮妃們也不例外。但相比大臣送珍寶什麼的，慈禧對家人、身邊人送的禮物，更看重親情的含量，所以多是些親手做的東西，比如鞋、手帕、圍巾、手套之類。丫頭、太監們，往往送一些糕餅點心之類的東西。

「老佛爺」除夕擲骰子

慈禧是大清朝的「老佛爺」，平時上下就是圍著她一個人轉，順從她的旨意，過年了則更是。

大年三十的一大早，慈禧要去敬神和祭祖。下午兩點，要行「辭歲典禮」，在皇后的帶領下，宮妃、家人、侍從等依等級高下排列成行，一齊向太后叩頭。

禮儀結束後，慈禧要出點「血」，給每個人一只紅緞做成的繡金小錢袋，裡面放著一些壓歲錢。

現在大年三十，大多數人家都會圍在電視機前看電視節目「守歲」，過去沒有電視，百姓之家就是打打牌，擲擲骰子，或是出去聽聽村戲、說書什麼的。帝王家在這一夜內容自然要豐富多了，還會有通宵的娛樂活動，相當於「春節晚會」。

但慈禧除夕比較喜歡的活動是擲骰子。德齡回憶：「沒有一個人想上床睡覺。太后提議我們玩骰子，給每人賞一些錢，多的達二百兩。她讓我們用心點，贏錢才好。我們當然是極用心的，生怕贏了太后的錢。」但玩夠了，慈禧「開心一刻」就到了，會把她自己贏的錢都放到地上，讓大家都來搶，以此取樂。於是宮女下人都一擁而上，拚命搶奪，讓慈禧開心。以後幾天，慈禧都會玩「撒錢」的遊戲，有錢「搶」，大家也開心。

讓兒媳陪著聽「淫戲」

天快亮時已是大年初一了，撐了一夜的慈禧肯定累了，會回房休息。在她醒後，宮女會捧著幾盤代表平安的蘋果，幾盤代表長壽的青果，表示更新的蓮心，到慈禧的房間，討她的歡心。慈禧見了高興，也要對大家說幾句祝福的吉祥話。這時候，大家都要站在旁邊，等她梳洗完畢，向她拜年。之後，大家才會給皇帝和皇后拜年。

慈禧最喜歡聽戲，而且最喜歡聽的是淫戲。為這，大太監安德海特地在西苑建造了一座精巧絕倫的大戲樓，供慈禧看戲。還專門召集了一班梨園子弟，排演戲劇，尤其是在淫戲方面下大功夫，博慈禧一樂。

有時候戲太下流，連陪聽的皇后（兒媳婦）都覺得坐不住。大年初一，戲自然是少不了的，根據慈禧的意思，會在宮內的院子裡臨時搭一個戲臺。慈禧一般坐在靠近客人和宮妃用的走廊附近，當然包括皇帝皇后在內，家人、身邊人都要陪她看戲。

而在這一天，慈禧也會有百姓人家老奶奶的仁慈，一改平日的威嚴。德齡就感受過一回，她回憶：「朦朧中，我感到有個東西掉到了我嘴裡，就猛地醒了過來。睜眼一看，原來是一片糖，我馬上就吃掉了。走到太后身邊，太后問我糖好吃不好吃，又讓我不要睡，多玩上一會兒。太后這麼高興的樣子，我還從沒見過呢！她開起玩笑來，簡直就像個孩子，讓人沒法相信這就是以前那個令人敬畏的太后。」

一直到傍晚時分，初一大戲才差不多唱完。這時，慈禧會即興表演，她讓太監們奏樂，親唱幾首小曲過把戲癮，宮女們也跟著她唱了起來。正在興頭的慈禧又命太監唱，太監自然唱得很專業，但卻難為了平時只知道「喳」的太監，根本就不會唱。老佛爺的話誰敢不

慈禧太后

從，只得扯開鴨嗓嚎上幾句。這麼一來戲劇效果就出來了，不只慈禧笑了，大家都笑了，滿堂喝彩。

看來，不論是普通的百姓之家，還是高高在上的帝王家，過年圖的就是一個字，「樂」。而慈禧，除了一個「樂」，還藉機積攢到了大量的陪葬品。

第四篇

帝王的非正式死亡

以身殉國：皇帝的自殺現象

在中國的古代歷史長河中，帝王將相不計其數。僅封建朝代，從始皇帝嬴政，到末皇帝溥儀，有名有姓的皇帝超過四百位，至於自己宣布稱王稱霸的就更多了。

按理說，一位帝王就應該有一座帝王陵，但實際上，陵寢數量總數與帝王總數是不一致的。原因很簡單，其中不少帝、王並非正常死亡。每一次宮廷政變，每一次王朝更迭，每一次江山分裂，就意味著血流成河，就會有人死於非命。

中國帝王非正常死亡原因主要有四類：一自殺、二他殺、三縱慾，四服丹藥。這裡聊「自殺」。自殺方式主要有自刎、上吊、投水、自焚、服毒等五種。

自刎：一度是自殺殉國的首選

所謂刎，就是割脖子；自刎，就是自己把自己的脖子割斷，這是早年帝、王們自殺的主要方式之一。

大明王朝的開國功臣之一劉基所著的《述志賦》稱：「種霸越而滅吳兮，終刎頸於屬鏤」。屬鏤，是中國歷史上很著名的一把寶劍，吳王曾賜予伍子胥自刎用，與越王勾踐一樣出名。

當初越大夫文種用計使夫差殺了伍子胥，吳滅亡後，勾踐難容功臣，文種也未能好好地活下去，勾踐以同樣方式令他用屬鏤自刎，劉基嘆息的就是這件事情。

這是史上很典型的「自刎案例」，當然這不是發生在帝王身上。在中國古代早期的帝、王中，選擇這種自殺方式的比較多，最著名的當數項羽的「烏江自刎」。

這位生前不可一世的「西楚霸王」，雖然最後未能當上皇帝，但以這種「霸王的方式」結束楚漢之爭，還是頗為英雄的，一直為後輩世人推崇，廣受稱道。

當時項羽的軍隊被劉邦打敗，潰逃至垓下，即今安徽靈璧縣境內。當時軍情危急，劉邦的漢軍把垓下圍了起來，「四面楚歌」。在這種情況下，愛妾虞姬和項羽訣別，先行自盡。項羽率軍連夜突圍至烏江亭，烏江亭即晉初的和州烏江縣。當時亭長勸他東渡淮河，項羽放棄了，拔劍自刎。西漢司馬遷所著的《史記．項羽本紀》中是這樣記述的：

烏江亭長檥船待，謂項王曰：「江東雖小，地方千里，數十萬人，亦足王也。願大王急渡。今獨臣有船，漢軍至，無以渡。」項王笑曰：「天之亡我，我何渡為！且籍與江東子弟八千人渡江而西，今無一人還，縱江東父兄憐而王我，我何面目見之？縱彼不言，籍獨不愧於心乎？」乃謂亭長曰：「吾知公長者。吾騎此馬五歲，所當無敵，當一日行千里，不忍殺之，以賜公。」乃令騎皆下馬步行，持短兵接戰。獨籍所殺漢軍數百人。項王身亦被十餘創。顧見漢騎司馬呂馬童，曰：「若非吾故人乎？」馬童面之，指王翳曰：「此項王也。」項王乃曰：「吾聞漢購我頭千金，邑萬戶，吾為若德。」乃自刎而死。

從這段記述中，可以看到，項羽自刎前的場面確實是相當悲壯的。自殺前還斬殺劉邦的兵士幾百人，身上也被砍了十幾刀，死時年僅三十一歲，稱項羽為古今自殺帝、王中「第一條漢子」，並不為過。在項羽自殺後，其頭也讓漢將王翳割了下來，提到劉邦處討封賞，王翳因此被封侯。

中國封建史上的第二位皇帝胡亥，也是採取自刎的方式殉國的。當時，宦官趙高把持秦政。陳勝、吳廣開始起義，天下大亂。胡亥對隱瞞真相的趙高十分不滿。本就有篡位之心的趙高策動政變，派女婿閻樂帶領上千人，謊稱抓捕盜賊，直闖胡亥的行宮。在這種情況下，胡亥抽劍自刎。胡亥遭此結局，也是活該。其在位時殘殺手足、濫捕黎民，天下讓他搞得一團糟，不然也不會有陳勝、吳廣的起義，自然也就不會有項羽、劉邦楚漢相爭。

西楚霸王

自縊：最常見的自殺殉國方式

上吊，這種自殺方式大概是中國人最喜歡，也是最常見的結束生命方式之一。相比自刎，不見刀光劍影，顯得文明、溫和一些，留有全屍。所以，不論民間，還是宮廷，欲自殺時多會想到這種方式。

朱元璋死後，要求沒有生育過的嬪妃全部殉葬，結束嬪妃生命的手段就是令其自縊。當時讓嬪妃們好好吃了一頓飯後，把她們集中到一處行刑房，逼其站到設有機關的木床上，讓她們將頭伸入綾帶結中。大太監一聲：「準備好，上路啦！」站在床邊的小太監就抽掉她們腳下的底板。想不到，明末帝朱由檢的殉國方式竟與朱元璋的嬪妃一樣，也是自縊。

比起前任熹宗朱由校、光宗朱常洛、神宗朱翊鈞等，思宗朱由檢算得上是一位好皇帝，其力挽狂瀾之志，救大明江山於不敗的帝王氣概和急切心情，頗令史學家感動。

朱由檢生於萬曆三十八年（西元一六一〇年），到自殺時的一六四四年，生年僅三十五個春秋。自十七歲開始當皇帝，在位十八年，可以說朱由檢每一天都在為朱姓搖搖欲墜的江山寢食難安。但國運不濟、龍脈受阻，最終讓滿族人奪走了江山。

清人張廷玉主編的《明史》本紀第二十四《莊烈帝

煤山自縊的明末代皇帝朱由檢

二》記述：「是夕，皇后周氏崩。丁未，昧爽，內城陷。帝崩於萬歲山，王承恩從死。」張廷玉的文筆比起司馬遷來，顯然不是一個級別的，記述乾巴巴的，不像司馬遷把項羽的「烏江自刎」寫得那麼有現場感，催人淚下。

敲響朱由檢喪鐘的是李自成，而不是清世祖福臨（即清朝「定都北京第一帝」順治皇帝）。西元一六四四年三月十九日，李自成攻入北京。危情之下，朱由檢早朝時親自擊鼓喚群臣上廷，商議對策，竟然無一臣前來。朱由檢知道大明氣數盡了，遂決意自盡殉國，之前已進行了自殺前的各項準備。

十八日夜，安排太子慈烺、三子定王慈燦、四子永王慈煥逃離。之後令母、妻、女諸女眷自盡，張太后（熹宗的皇后，朱由檢的嫂子）、周皇后先行了斷，後砍死了寵妃袁貴妃。為避免公主留世受人凌辱，又砍殺女兒。邊砍邊哭：「女兒，妳為什麼生在帝王家啊？」結果幼女昭仁公主被砍死，長女長平公主被砍斷臂膀。在完成這一切後，朱由檢來到宮後的煤山，尋思自盡。當時煤山上有棵歪脖子老槐樹，朱由檢走到樹前，解下自己的腰帶，掛在樹上吊死了。

朱由檢年譜記載很簡單，稱：「十九日凌晨，自縊於禁苑煤山。」僅十二個字。陪朱由檢一塊死的是老太監王承恩，也以同樣方式吊死在朱由檢對面不遠處。朱由檢上吊的老槐樹西元一九四九年後仍在，甚為可惜的是，這一活文物在「文革」中被紅衛兵毀掉了，現槐樹為後栽。

雖然張廷玉的《明史》寫的沒有司馬遷《史記》好，但也記下朱由檢臨死名言：「朕涼德藐躬，上干天咎，然皆諸臣誤朕。朕死無面目見祖宗，自去冠冕，以髮覆面。任賊分裂，無傷百姓一人。」

朱由檢將此話寫在自己的衣襟上，表其殉國心志。因為這話，朱由檢成了中國封建末帝中獲評價最高人，連奪他江山的清人都很感動，要責罰那棵老槐樹為「罪樹」，用鐵鏈鎖起來「治罪」。後來清朝以「帝體改葬，令臣民為服喪三日，謚曰莊烈湣皇帝，陵曰思陵」。

實際上，朱由檢死後是很慘的，屍體放在煤山上多少天都沒有人問事，據說都腐爛了。還是一個叫趙一桂的人，花錢掘開崇禎十五年，即朱由檢死前三年下葬的田貴妃的墓穴，將其與周皇后歸葬其中。好可憐，一代帝王的最後歸宿，竟是自己的妃子墓。清朝後以「帝體改葬」，名其墓為思陵，也不過是做個姿態而已。

投水：殉國捐軀的又一種選擇

選擇這種方式並不為歷代帝王看好，因為中國人講究死要全屍，投水後屍體就沉水底了，雖然屍體全了，但成了魚蝦的美食，屍體都見不到了，哪還叫全？但這種方式的自殺成本幾乎沒有，上吊還要有一根繩子，投河什麼也不需要，一頭栽下去就行。

十三世紀三〇年代，就發生過一次大規模的「集體投河自殺」事件。由範文瀾主編的《中國通史》第六冊「遼夏金部分」（蔡美彪、周清澍、朱瑞熙、丁偉志、王忠等執筆）也記述了這件事。天興三年（西元一二三四年）正月初九，南宋與蒙古兩股大軍攻入末帝完顏守緒所在的蔡州城，當夜，完顏守緒傳位於完顏承麟。次日宋軍攻入，完顏守緒見金將亡，「自縊於幽蘭軒」。這個時候，督軍的宰相完顏仲德對諸將說：「皇帝已死，我還怎麼作戰。我不能死於亂兵之手，要去投汝水殉國。諸君善自為計吧。」說完，完顏仲德投汝水自殺。

見此情形，諸將都說：「宰相能死，我們就不能嗎？」孛術婁室、元志、王山兒、紇石烈柏壽等，及軍士五百餘人都紛紛投河自殺。南宋與蒙古人聯合進攻，滅掉金國後，自己也未能免亡國的命運。完顏守緒當年早看到這種結果，曾派員到南宋議和。當時蒙古軍力最強，金國希望南宋與他們一塊「抗蒙」，否則金國不存了，南宋離滅亡也就不遠了，但南宋拒絕了金國的遊說。果然，在金國滅亡四十五年後，即西元一二七九年，南宋讓蒙古人滅了。

南宋末帝叫趙昺，是度宗趙禥的兒子，生於西元一二七一年，死於一二七九年，在位兩年，年僅八歲。這個小皇帝連年號都沒有，自然也無謚號。但因為投海殉國，讓他在中國帝王中小有名聲。在忽必烈的蒙古軍隊（此時已叫「元軍」了）勢如破竹，打過長江後，南宋實際已不存在了。

西元一二七六年，元軍兵臨臨安城下，謝太后帶著權相賈似道擁立的小皇帝恭宗趙顯，打開城門投降。趙顯被俘北去，死無所終。與趙顯是兄弟的益王趙昰、衛王趙昺逃出。國不可一日無君，包括中國歷史上著名愛國將領文天祥在內的群臣，復擁七歲的趙昰為皇帝。元軍乘勝進擊，南宋朝廷搬到了現在的福建省會福州。趙昰在逃亡途中病死了。

西元一二七八年，陸秀夫、張世傑再立八歲的衛王趙昺為皇帝，移駐南海邊的厓山。一二七九年正月元軍進攻厓山，宋、元兩軍在這裡展開了最後一場較量，此即著名的「厓山之役」，戰鬥十分慘烈。南宋組織了二十萬之眾的軍民進行保衛戰，不習慣海戰的元軍要攻下厓山是很困難的。但抵抗二十多天後，因海水漲潮、後援缺乏、元軍誘降等「天、時、人」原因，元軍得手。二月初五，戰至傍晚，南宋諸軍大潰。當時風雨驟起，昏霧障目，咫尺不相辨。在這種情況下，上演了一齣千古絕景：「陸秀夫負趙昺赴海死」。

小皇帝跳海，寧死不屈的南宋軍臣，也紛紛跳進了無際的南海碧濤之中，追尋小主子去了，史稱義也。南宋的滅亡似乎有一種宿命，忽必烈是至元八年，即西元一二七一年定國號為元的，亡國之君趙顯和趙昺都生於這一年，結果一個被元俘去了，一個被逼投海了。

自焚：選擇在烈火中永生

選擇這種自殺方式，是需要一番勇氣的，要承受痛苦的煎熬。中國帝王中如此視死如歸者並不多，比較有名的是李從珂、朱允炆兩位皇帝。

李從珂生於西元八八六年，死於西元九三六年，是五代十國時期後唐的末帝。原姓王，時人稱王阿三，為後唐明宗李亶的養子。其皇位是從李亶第三子、閔宗李從厚的手裡取得的，其部下殺了李從厚後，李從珂當了皇帝。後大將石敬塘造反，叛變後唐，裡通外國，勾引來契丹兵。

西元九三六年底十一月，石敬塘的軍隊攻入都城洛陽，李從珂將堆滿柴草的玄武門樓燃著，最後城焚人亡。石敬瑭還算有點良心，從餘燼中找到的李從珂臂骨、大腿骨，以王禮安葬。李從珂無謚號，史稱後唐廢帝。

朱允炆是明朝的第二位皇帝建文皇帝。他是朱元璋的嫡長孫，太子朱標的兒子。如果不是因為父親朱標意外病死，或許朱允炆就不會有這個火光之災。但歷史是不允許「如果」的，朱允炆自焚，或許也是命吧！造成朱允炆自焚事件的責任人是他的四叔朱棣，即後來的明成祖。

朱元璋死後，知道自己的兒子可能會給新皇帝惹麻煩，於是遺詔諸藩王不要進京（南京）奔喪。《明史．太祖本紀》記載：「帝遺制，『朕膺天命三十有一年……諸王臨國中，毋至京師。諸不在令中者，推此令從事。』」而且據說，朱元璋臨死時給朱允炆留下了一個鐵匣，讓他危急時刻打開。

根據朱元璋的遺詔，朱允炆從速辦了朱元璋的喪事，將其歸葬東郊的孝陵。考慮到各地藩王對中央政權的威脅，兵部尚書齊泰和大常卿黃子澄出計策，剝奪各路藩王的兵權，朱允炆採信，遂著手「削藩」。此舉對於剛登基的朱允炆來說，是非常必要的，但有點早了。政權未穩，操之過急，結果給朱棣找到了起事的理由：一是父親死了連一面都未見著，二是「清君側」。實際上，朱棣本來就計謀篡位，朱允炆此舉正好成全了朱棣：「靖難之災」出現了。

建文四年（西元一四〇二年）六月，燕王朱棣攻破應天府。朱棣兵到內城時，宮內燃起了熊熊大火，原來朱允炆放火自焚了。朱棣兵過長江已到城外時，朱允炆希望不要自家人打自家人，派員前去求和，有話好說。但事已至此，這話等於白說，朱棣未理。看到大勢已去，朱允炆下令焚宮。據說，火起後朱允炆與皇后攜手跳入大火之中，眾妃嬪侍從等也先後蹈火殉葬。

朱棣進入後宮後，找了三天，都不見朱允炆的下落。後來，依宮人指點，從火灰裡扒出了一具已燒焦的屍體，稱是朱允炆。但屍體分不清男女，朱棣懷疑有詐。於是，朱棣派人到處尋找追殺，太監鄭和出海就是其中的一路人馬。因為這原因，中國歷史上最偉大的航海壯舉，「鄭和七次下西洋」誕生了，也是意外之傑作了。

有人稱，朱允炆自焚實是假像。清朝文人呂世安即持此觀點，在其所著《二十四史演義》裡即稱，朱允炆出家做和尚了。當朱棣的大軍攻入內城時，朱允炆派人取出藏在奉先殿的鐵匣子。打開一看，裡邊有三張度牒，三件僧衣、一把剃頭刀、金十錠、遺書一封。書中囑讓他從位於太平門的鬼門出城，其他人則從水關御溝走。

朱允炆出了鬼門後，見早有一和尚在等他，原來是接他出家的，命該續上朱元璋的前世未盡佛緣。上述所言，實際上是民間傳說，並不見正史記載。所以，朱允炆的下落誰也弄不清，此事成了中國歷史上最具懸念的謎案之一。

因為生不見人，死不見屍，朱允炆也是明帝中唯一沒有陵寢的皇帝。

服毒：並非情願的一種選擇

毒殺這種方式，從世界範圍內來說出現的都比較多，可以保留全屍，痛苦時間短暫。但服毒其實並不是中國帝王首選的結束生命方式，有的似乎還不太願意接受。如，東晉末帝司馬德文就不太喜歡。

司馬德文生於西元三八五年，是孝武帝司馬曜的兒子，安帝司馬德宗的弟弟。東晉末年，中國社會動盪不已，世象雜亂。時大將劉裕最有野心，於西元四一八年派人將司馬德文的哥哥司馬德宗勒死了。後扶植司馬德文上臺，史稱晉恭帝。

西元四二〇年六月，劉裕露出了真面目，擬好詔書，逼司馬德文禪位於他。司馬德文禪位後，劉裕降之為「零陵王」，歷一百零四年的東晉就此滅亡了。

司馬德文禪讓後，劉裕仍不放心，於次年，即西元四二一年九月，讓兵士用被子把司馬德文活活悶死了。劉裕本是逼其服毒自盡的，已派人到秣陵，送給司馬德文一瓶毒酒。但司馬德文稱，「人凡自殺，轉世不能再投人胎」為由，拒絕服毒，此事史稱「秣陵鴆殺」。

司馬德文被劉裕悶死時僅三十七歲，後葬於沖平陵。有意思的是，當時送毒酒的大臣張偉，見司馬德文不飲，不忍弒舊主，但又無法向劉裕交代，乾脆自己飲毒酒自殺了。

西晉時著名的「白癡皇帝」司馬衷之死，據傳即服毒自殺的。但他服毒一事比較蹊蹺。司馬衷是晉世祖司馬炎的第二個兒子，生於西元二五九年，九歲被立為太子，司馬炎在西元二九〇年死後由他繼位。

司馬衷之愚笨在中國帝王中是很出名的，也鬧出過好多笑話。《晉書．惠帝本紀》記載：「當時天下饑荒，餓死了好多人，有臣子告訴他，他竟然覺得不可想像，稱：『何不食肉糜？』因為太蠢，當年司馬炎要廢掉他，因楊皇后的強烈反對未果。」

晉武帝司馬炎

司馬衷的出名除了愚笨，還因為他有一位著名的醜皇后賈南風。賈南風皮膚很黑，眉間長痣，身材粗短，而且性格不好，妒忌心特重，特別糟糕的是她喜歡男色，淫得讓人無法理解。司馬衷當了皇帝，賈南風就成了皇后。為了把控住司馬衷，她不讓其他嬪妃沾邊，但自己卻公開與太醫偷情，還到處找年輕英俊的面首供自己淫樂。因為司馬衷愚蠢，賈氏專權，無惡不作，設計廢掉太子司馬遹，就是其中一惡。

司馬遹是司馬衷與當年才人謝玖所生。謝玖為屠夫的女兒，雖然出身低賤，但長得漂亮。司馬衷被立為太子後，司馬炎讓她去陪寢，好讓蠢兒子知道床邊風情，留下龍種。誰想，謝玖真的懷孕了，生下的孩子就是司馬遹。

有意思的是，司馬遹都三、四歲了，司馬衷竟然不知道自己有兒子，也真夠蠢的。賈氏不能生育，又想除掉司馬遹，便抱妹妹的孩子謊稱親生，欲立她的假兒子為太子。

西元二九九年，賈南風讓喝醉後不知東西南北的司馬遹抄了一份文字：「陛下宜自了。不自了，吾當入了之。中宮又宜速自了。不了，吾當手了之。」這「陛下」就是司馬衷，「中宮」即賈南風。

賈南風便將司馬遹的「親書」呈給司馬衷看，有人要奪其皇帝寶座，司馬衷不蠢了，如此逼皇帝、皇后自殺的太子怎麼能留？結果太子司馬遹被以謀反罪廢掉，遣至許昌。次年，賈南風又追殺司馬遹，派宦官孫慮帶著太醫配好的毒藥至許昌，逼司馬遹服毒自盡。司馬遹不從，孫慮趁他如廁時，從後面「以藥杵椎殺之」，司馬遹死時僅二十三歲。

賈南風的惡行引起了司馬諸王的憤怒，導致了「八王之亂」。在政變中，司馬衷被誘食毒餅而亡，後世多稱是「八王」之一的司馬越所為。但司馬衷到底是怎麼服毒的，誰人所使，史書上交代並不詳細，也有保留意見。《晉書》稱：「後因食餅中毒而崩，或云司馬越之鴆。」

上述五種方式為史書上常見。實際上，帝、王們主動結束自己生命，以身殉國的手段遠不只這些。但有一點要注意，現代人動輒的「跳樓」，卻少見於史，大概是因為古代沒有摩天大樓吧！

血染皇宮：奪權殺戮現象

翻開《二十四史》，通讀一遍下來，最大的感受就是一個「殺」字。可以這麼樣講，中國的改朝換代史，就是一部以「殺」字為主線的血腥史。帝王馬上得天下，結果往往是刀下失龍椅。或父子手足相殘，或皇親國戚謀逆，或亂臣閹黨加害，或外族他姓侵略……。

開國皇帝非正常死亡比較少見

有學者統計，從嬴政建立天下一統的秦朝起，到清滅亡，大大小小的皇帝有四百九十多位。實際上，如果不算五代十國、西域小國這類的小朝小廷皇帝，才兩百出頭。但這些帝王的平均年齡，估計下來僅在四十歲左右，短得出奇。穿有綢緞華服，食有山珍海味，宿有太監侍寢，出有車輦代步，病有太醫把脈，衣食住行，樣樣豐足，這樣令人羨慕的生活條件，卻沒有得到理想的壽命，令人唏噓。

從帝王世系表中粗略地統計了一下，長壽的帝王，七十歲以上（含七十歲）的皇帝，算上五代十國、遼、西夏等帝王在內，總共十六個人，僅占四百九十多位帝王的百分之三多一點。以年齡大小來排列，分別是：

帝王	年齡	在位	陵墓
漢武帝 劉徹	七十歲（西元前一五六至西元前八十七年）	五十五年	茂陵
唐高祖 李淵	七十歲（西元五六六至六三五年）	九年	獻陵
遼道宗 耶律洪基	七十歲（西元一〇三二至一一〇一年）	四十七年	慶陵（附葬聖宗耶律隆緒陵）
西夏仁宗 李仁孝	七十歲（西元一一二四至一一九三年）	五十四年	壽陵
東吳大帝 孫權	七十一歲（西元一八二至二五二年）	二十四年	蔣陵
明太祖 朱元璋	七十一歲（西元一三二八至一三九八年）	三十一年	孝陵
楚武信王 高季興	七十一歲（西元八五八至九二八年）	五年	無
前蜀高祖 王建	七十二歲（西元八四七至九一八年）	十六年	永陵
唐玄宗 李隆基	七十八歲（西元六八五至七六二年）	四十五年	泰陵
楚武穆王 馬殷	七十九歲（西元八五二至九三〇年）	二十四年	無
元世祖 忽必烈	八十歲（西元一二一五至一二九四年）	三十五年	起輦谷
吳越太祖 錢鏐	八十一歲（西元八五二至九三二年）	二十六年	無
南宋高宗 趙構	八十一歲（西元一一〇七至一一八七年）	三十六年	永思陵
武周女皇 武則天	八十二歲（西元六二四至七〇五年）	十六年	乾陵（與唐高宗李治合葬）
南朝梁武帝 蕭衍	八十六歲（西元四六四至五四九年）	四十八年	修陵
清高宗 弘曆	八十九歲（西元一七一一至一七九九年）	六十一年	裕陵

從中可以看出，這十六位帝王中，有三位是算了虛歲，如按周歲來算，劉徹、李淵、耶律洪基只有六十九歲；八十歲的僅六位，以弘曆，即慣稱的乾隆皇帝年歲最高，接近九十歲，加上四年的太上皇，可以看作是中國封建帝王中在位實際時間最長的一位皇帝，達六十五年。

值得注意的是，十六人中有十二人是「開國皇帝」，這個現象很有意思。從史實記載看，這些長壽皇帝多不是非正常死亡，壽終正寢為多，開國皇帝被他殺的較為少見。當然裡面也有例外，大唐開國皇帝李淵，便疑似是其兒子唐太宗李世民所害。

中國最小的皇帝到底是哪一位？

在中國歷史上，「小皇帝」現象比較突出。離我們最近的一位小皇帝，是清朝末代皇帝溥儀。

■宣統帝溥儀（西元一九〇六年至一九六七年）

光緒三十四年（西元一九〇八年）十月二十一日，三十八歲的德宗載湉病死（史學界懷疑是中毒，次日慈禧太后死亡）。載湉無子，侄兒溥儀哭著被大臣擁上了天子寶座，成為中國封建帝王中最後一位皇帝。

整個清朝，也是中國統一王朝中「小皇帝」最多的一個朝代。除了溥儀，還有（從後往前推）：

■德宗載湉（西元一八七二至一九〇八年）

五歲登基，在位三十四年，死後葬崇陵。十八歲時親政，光緒二十四年（西元一八九八年）六月二十一日「戊戌變法」失敗後，被慈禧幽禁於中南海瀛台。

■穆宗載淳（西元一八五六至一八七五年）

六歲登基，在位十四年，死後葬惠陵。慈禧與恭親王奕訢發動政變，將載淳的八大輔政肅順、載垣、端華等「八大王」或處死，或革職，或遣戍，兩宮太后慈安、慈禧「垂簾聽政」。

■聖祖玄燁（西元一六五四至一七二二年）

八歲登基，年號康熙。玄燁享年六十九歲，在位六十二年，為中國封建帝王中在位時間最長的一位。死後葬景陵。順治十八年（西元一六六一年）正月，世祖福臨死亡。年幼的玄燁得以嗣位，由索尼、遏必隆、蘇克薩、鼇拜「四大臣」輔政。十四歲時親政。

■世祖福臨（西元一六三八至一六六一年）

六歲登基，在位十九年。死後葬孝陵。崇德八年（西元一六四三年）九月，太宗皇太極病死。在皇權執不下的情況下，各親王妥協，擁中立年幼的福臨為帝，多爾袞為皇父攝政王。福臨是清入關定都北京後的第一位皇帝，十三歲時多爾袞死去，開始親政。

乾陵章懷太子墓墓道東壁《狩獵出行》

但清朝上述的五位「小皇帝」都活到了成年，年壽最小的載淳也活到了十九歲。這些小皇帝並不小，僅是繼大位時年幼。

如果要說小，未成年即告夭折的，才是真正意義上的小皇帝。從歷代帝王世系年表中可以查到，年壽在十八歲以下未成年的「小皇帝」，有二十多位。

其中，十歲以下的，大約有七位：

■兩歲皇帝

壽命最短的皇帝只在人世間活了十一個月，他就是東漢的殤帝劉隆。劉隆生於西元一〇五年，年號「延平」，但吉祥的年號未能讓他延年益壽，也未保其平安，第二年劉隆就死了。劉隆也是中國歷史上即位年齡最小的一位皇帝，登基時才三個月。而在位時間也極為短暫，只有八個月。史書上稱他年壽兩歲，是連頭連尾算的，實際上，還不到一歲。如果要評中國封建帝王中的第一小皇帝，非劉隆莫屬。

劉隆是接穆宗劉肇（西元七十九至一〇五年）的皇位。劉肇，即漢和帝，體弱多病，二十七歲那年冬天，即元興元年（西元一〇五年）十二月，劉肇病死於京都洛陽章德前殿。劉肇有陰氏、鄧氏兩位皇后，但都未給他生下龍種。其他嬪妃生產後，子也多夭折。因為這個原因，劉肇生前未能立上太子。

劉肇死後，鄧皇后將由宮女所生、為避邪而養在宮外的劉隆接了回來。當時，還有一位八歲的皇子劉勝，但劉勝有先天性疾病，不便迎立，只有選劉隆。其時劉隆剛過了「百日」，連話也不會說，娘也不會叫，就當上了皇帝。只可惜他沒有帝王命，娘奶都未吃夠就死了。雖然人生苦短，但劉隆死後享受了帝王之尊，還以帝禮歸葬於康陵。

■三歲皇帝

中國歷史上有生卒記載的帝王中，倒數第二位最小的皇帝也出在東漢，活到了三歲，他就是孝沖帝劉炳。劉炳生於西元一四三年，死於西元一四五年，死後葬懷陵。劉炳在位五個月，是漢順帝劉保的兒子，母親是虞貴人。

建康元年（西元一四四年），劉炳被立為太子。劉保死後，劉炳於當年八月登基，改年號為永憙。西元一四五年正月，劉炳死於玉堂前殿。關於他的死因，有說是病死，有說是外戚梁冀毒死，反正死因不太正常。

■七歲皇帝

這是元朝小皇帝，名叫懿璘質班，即史上的寧宗。懿璘質班是元朝倒數第二位皇帝，他死三十六年後，朱元璋滅掉了元朝，明王朝興起。懿璘質班生於西元一三二六年，死於一三三二年，七歲。懿璘質班是明宗和世瓎的次子，被封為鄜王。史上傳說，明宗是被弟弟、文宗圖帖睦爾於一三二九年八月毒死的。至順三年（西元一三三二年）八月，圖帖睦爾死去。臨終前，為了表明自己的清白，遺詔給皇后卜答失里，立懿璘質班為皇帝。

不少人認為，當了八十三天皇帝的袁世凱，是中國帝王中在位時間最短的一個，實際上不是，在小皇帝中這個座次應該是懿璘質班的。懿璘質班十月即位，十一月死去，實際在位時間四十三天，比袁世凱少了整整四十天（大皇帝中，明光宗朱常洛因「紅丸案」而死，在位僅一個月）。如果要評小皇帝之最，懿璘質班也是最合適的候選人。懿璘質班死後，與忽必烈一樣，採用祕葬制，葬於皇家陵區起輦谷。

■八歲皇帝

在中國帝王中，「八歲皇帝」是北朝北齊國幼主高恒。高恒生於西元五七〇年，死於西元五七七年，八歲，與劉隆、劉炳、懿璘質班一樣，高恒在位僅一個月。由於是亂世小朝廷，死後連陵也沒有。

高恒是西元五七七年正月以皇太子即帝位的，當月，北周攻陷了都城鄴（今河北臨漳西南），高恒出逃時被俘，當年十月被賜死。其父高緯傳位於高恒時才二十二歲，卻自稱太上皇，北周抓到後，還封他為「溫公」。後與兒子高恒一道被賜死，北齊滅亡。雖然時間很短，但高恒還有年號「承光」。

■九歲皇帝

「九歲皇帝」有兩個。一個是東漢孝質帝劉纘，另一個就是在前文〈以身殉國：皇帝自殺現象〉中提到的南宋最後一位小皇帝趙昺。還有一個是北朝周靜皇帝宇文闡。

東漢是盛產小皇帝的朝代，劉隆、劉炳之外的小皇帝是劉纘（西元一三八年至一四六年）。劉纘是東漢第九位皇帝，於西元一四五年即位，在位不到一年，謚號孝質皇帝。劉纘接的是漢沖帝劉炳的皇位。劉炳三歲早夭後，身為漢章帝劉炟玄孫的劉纘，由梁太后與大將軍梁冀立為帝。

劉纘其時為八歲，即位後改元「本初」。史書對劉纘的評價還是不錯的，劉纘雖然年幼，但聰明伶俐，看不慣梁冀的專橫跋扈。曾當著朝臣的面說梁冀，「此跋扈將軍也」，令梁冀不悅。後梁冀讓人在餅裡下毒，將剛過完九歲生日的劉纘毒死。劉纘死後葬靜陵。順便交代一下，劉纘死後，梁冀如法炮製，又立十五歲的劉志為帝，史稱桓帝，同為小皇帝的劉志未為迷惑，後誅殺了梁冀。

南宋也是盛產小皇帝的朝代。趙昺，南宋第九位皇帝，也是末帝，是第六位皇帝度宗趙禥的小兒子，端宗趙昰的親弟弟。趙昺生於西元一二七一年。在位兩年，死後無陵。趙昺當皇帝是抗元名臣陸秀夫一手策劃的，還給他起了年號「祥興」。在此之前，陸秀夫已擁立了另一位小皇帝，趙昺的哥哥趙昰為帝，死後廟號端宗。趙昰六歲當皇帝，比趙昺還小一歲，在元軍進逼的逃亡途中病死，僅十一歲。陸秀夫再立了趙昺。趙昺死時很悲壯，祥興二年（西元一二七九年）二月，元軍進攻厓山，南宋失守。在趙昺可能被俘的情況下，陸秀夫對趙昺說，「德祐皇帝辱已甚，陛下不可再辱」，毅然背著小皇帝赴海殉國。其時，趙昺虛歲才九歲。

值得一提的是，德祐皇帝是南宋恭帝趙㬎，也是位小皇帝。趙㬎生於西元一二七一年，與趙昺同年。趙㬎、趙昰、趙昺是親兄弟三個，同是度宗趙禥的兒子。趙㬎三歲於臨安（今杭州）即位當皇帝，六歲時被元軍俘獲後北去，不知所終，所以正史帝王世系年表中在他的終年一欄，是「？」問號。關於趙㬎的結局，一說是至元二十五年（西元一二八八年）忽必烈賜令他西藏出家，到至治三年（西元一三二三年），被元英宗碩德八剌賜死。另一說，他在西藏出家後成了佛學大師，五十四歲圓寂。

北朝時北周靜皇帝宇文闡死時也只九歲。宇文闡生於西元五七三年，六歲即位，在位三年。宇文闡當皇帝與北齊幼主高恒有點相似，西元五七九年二月，其父宇文贇、北周宣皇帝自稱天元皇帝，當太上皇，宇文闡以太子即位，年號大象，後易為大定，史稱靜帝。因為年紀小，由宣帝皇后楊氏的父親楊堅輔政。楊堅欺負外孫，總攬朝政，自封隋王。西元五八一年二月，楊堅覺得當王不過癮，乾脆代周稱帝，立國號隋，廢了宇文闡。三個月後宇文闡死了，葬恭陵。

從上面可以看出，凡是小皇帝頻出的朝代，包括清朝在內，政局多是動盪不穩當的，東漢、南宋、南北朝，無不是中國歷史上最糟糕的年代，社會混亂，饑荒連年，人吃人的事情多有發生。

而這些小皇帝，當年根本就不知「天子」為何物。不要說天子了，他們連人子都難有命享。像劉隆那樣，連話也不會說，乳臭未乾，如何當皇帝？所以，小皇帝出現的年代都是不幸的年代，是國家和民族的災難季節！

在位皇帝慘遭殺戮的十三種原因

在中國歷史上，帝王殺人是很出名的。一個人犯罪不只是一人遭殃，而是全家，有的是全族，最重的是誅九族，一塊掉腦袋。用殺人如麻來形容帝王的殘暴是比較貼切的。這樣的帝王很多，每一個王朝的開國之君，幾乎都是當朝的第一殺人王，是屠夫。如朱元璋，就是歷史上著名的殺人皇帝、鐵腕皇帝。

但是，任何事情都是辯證的，殺人者在殺人的同時，自身亦危機四伏，時時有掉腦袋的凶險，甚至連最不會殺人的宮女，都可能聯合起來殺皇帝。如明朝的第十一位皇帝朱厚熜，差點就讓楊金英、蘇川藥、楊玉香、王槐香等十多位宮女給勒死，因為宮女操作時太緊張，不會殺，朱厚熜才倖免一死。所以，他殺在帝王非正常死亡紀錄中的比例是相當高的。我大概統計了一下，有超過六十位大大小小皇帝是這樣死掉的。這些被他殺的皇帝起因各異，式樣也是五花八門。這裡以「凶手」為主線，根據相互之間的關係，發現大概有如下十三種皇帝「殺法」：近臣殺、宦官殺、子殺、叔殺、父殺、母殺、妻殺、兄弟互殺、祖母殺、外公殺、岳父殺、兵殺、俘殺。

一、近臣殺

這種殺法叫犯上作亂，過去叫弒，也是中國歷史上最為常見的現象之一，特別是早期王朝中，臣子不臣要弒殺皇帝的，例子多不勝舉。十六國時期、南北朝時期、五代十國時期，還有各朝的後期，都是「臣弒君」的重災期。殺一個皇帝比砍一個草寇還容易，更方便。

漢少帝劉辯（西元一七五至一九〇年），西元一八九年四月當了皇帝，結果九月就被廢了。當時是奸臣董卓當道，董卓廢劉辯為弘農王。次年派郎中令李儒酖，將劉辯毒死。可憐啊，劉辯死時虛歲才十六歲。之後，他的弟弟劉協（西元一八一至二三四年），被董卓擁立為皇帝，追諡劉辯為「弘農懷王」，史稱廢帝，或少帝。死後被草葬。

十六國時漢系隱皇帝劉粲，是昭武帝劉聰之子。先是以皇太子身分總攝朝政，西元三一八年七月正式即帝位。但當年九月，剛當了兩個月皇帝的劉粲，即讓掌管兵權的大將軍、錄尚書事靳准殺掉了。當時情況是，靳准將發動政變，想聯合重臣王延。王延不從，被靳准綁了回來。靳准遂下令政變，衝入皇宮抓住劉粲，立刻誅之。

所有劉姓皇族也跟著遭殃，男女老幼，一個不剩，全被殺了。靳准又掘開劉聰的宣光陵、劉淵的永光陵進行報復。劉聰剛葬一年，屍體尚未完全腐爛，靳准一刀砍下了他的頭顱。但靳准也沒有好下場，被滅西晉的第一功臣劉曜追殺。劉曜被太保呼延晏等擁為皇帝後，改漢為趙（史稱前趙），立即將靳氏一家斬盡殺絕。一報還一報，劉曜又被後趙始主所殺。

十六國時期，大部分皇帝都是被手下謀殺的，所以，才有那麼多小國小朝出現。唐昭宗李曄（西元八六七至九〇四年）、末帝李柷（西元八九二至九〇八年）均為其臣子朱全忠所殺。朱全忠原名朱溫，本是黃巢部將，西元八八二年叛變，舉兵降唐。唐朝廷授朱溫右金吾大將軍、河中行營招討副使，還賜名全忠，後授為梁王。

但朱全忠並不忠，擁兵自重，權慾薰心，一直企圖篡唐自己當皇帝。天復四年（西元九〇四年），先是逼李曄遷都洛陽，同年八月，朱全忠將李曄殺了。但他不敢馬上就當皇帝，而是拐了一個彎，就立李柷為帝，過渡一下。

李柷當了三年皇帝後，朱全忠等不及了。西元九〇七年正月，朱全忠強迫李柷禪位於他，這樣聽起來名正言順，是李家讓位給他的。三月，李柷正式降下御札，辭去大唐皇帝。當了皇帝後，朱全忠第一件事是改名字為朱晃，以「去唐化」。並改年號為開元，國號大梁。以汴州為都，稱東都，以唐東都洛陽為西都。中國封建社會的鼎盛朝代大唐王朝正式謝幕了，由此進入了很糟糕的「五代十國」時期。史稱朱全忠為後梁太祖，六十一歲死去，葬宣陵。

李柷被廢時是十六歲，被朱全忠降為濟陰王，趕往曹州，並派重兵看著他。朱全忠仍不放心，開平二年（西元九〇八年）二月二十一日，送去毒酒，將年僅十七歲的李柷鴆殺。這時的朱全忠倒表現起臣子的孝心了，謚李柷這位未成年皇帝為「哀皇帝」，並以王禮葬於濟陰縣定陶鄉（今山東定陶縣），名溫陵。值得一提的是，朱全忠這個皇帝才當了六年，就讓兒子朱友珪給殺了。這在「子弒父」中再說。

二、宦官殺

這也是中國帝王遭他殺中常見的一種現象，也是最具傳統性的一種皇帝殺法，幾乎每朝都能找到這樣的案例，禍起太監干政。為什麼稱「宦官弒主」是傳統殺法呢？因為從中國第一位皇帝秦始皇嬴政起，就是這種殺法。

中國封建第一朝的三位皇帝嬴政、胡亥、子嬰，有兩位都是宦官給做掉的，執行人就是太監趙高。嬴政希望嬴家永遠做皇帝，遂自稱「始皇帝」。實際上，秦朝是中國歷史上最為短暫的王朝之一，自西元前二二一年始，至西元前二〇六年止，頭尾都算才十六年。嬴政西元前二四七年繼父莊襄王子楚王位，時年才十三歲。秦王政二十六年（西元前二二一年）滅六國而統一全國，秦王政改稱始皇帝，定都於咸陽。秦始皇三十七年（西元前二一〇年），嬴政死於巡行途中，地點在邢州平鄉縣沙丘（今河北省邢台平鄉）。當時他在沙丘官平台（行宮寢室）養病，但死得很突然，終年五十歲。正史記載嬴政是病死，但不少學者認為是他殺，已故學者朱星即持此觀點，認為嬴政死於宦官趙高發動的一場政變。當時太子是扶蘇，嬴政無意傳位給後來的秦二世胡亥。趙高擔心扶蘇繼位對己不利，於是利用第五次出巡，胡亥隨行之機，謀劃了這場政變。

嬴政死後，胡亥順利繼位。但他也沒有免掉被宦官玩弄的命運，為趙高所害。秦二世三年（西元前二〇七年）八月，劉邦攻下武關後，趙高恐誅罰及身，與其婿閻樂等人密謀，乘二世在望夷宮齋戒之機，詐詔發兵圍宮，逼令二世自刎。趙高企圖篡位自立，百官不從，遂立二世之子子嬰為秦王。但趙高未得好死，同年九月被子嬰誅殺，夷三族。這之後，「宦官弒主」就多了起來。如唐敬宗李湛即為宦官所殺。

李湛（西元八〇九至八二六年），為唐穆宗李恒長子，初封鄂王，徙景王，長慶二年被立為太子，西元八二五年即位。李湛貪圖安逸，好女色，寵信宦官而荒於國政。還迷信道士，小小年紀就企圖長生不老。曾派宦官往湖南、江南等地採藥。寶曆二年（西元八二六年）十二月，宦官劉克明等發動政變，殺死毫無防備的李湛。當時，李湛夜獵還宮，入室更衣時殿上燭光忽然熄滅。燈黑殺人時，劉克明立即動手。李湛死時十八歲，僅當了兩年皇帝，葬莊陵。

唐文宗李昂（西元八〇九至八四〇年）則險些被宦官誅殺。李昂是穆宗次子，李湛死後，宦官王守澄擁立李昂承繼大位，於西元八二七年登基，即位前被封江王。李昂與李湛同年，但執政風格與李湛不一樣，勵精圖治，志在中興唐室。雖然為宦官所立，卻討厭宦官，親自導演了一齣「甘露之變」，欲滅殺仇士良等為首的宦官。

大和九年（西元八三五年）十月二十一日，李昂在紫宸殿舉行早朝時，金吾大將軍韓約奏報左金吾杖院內石榴樹上夜降甘露。文宗命仇士良、魚志弘等率領全體宦官前去察看，欲藉機剿滅這批宦官，讓仇士良察覺。李昂遭宦官挾持，險些被宦官殺了。計謀不成，李昂牢牢被宦官把控。後一病不起，憂憤而死。時年僅三十二歲。葬章陵。

三、子殺

這在過去也叫弒。弒父與弒君一樣是天下第一罪，大逆不道。那弒當皇帝的老爸，就是罪大惡極了。但儘管有君為臣綱，父為子綱的規矩在那，君要臣死，臣不得不死，父要子亡，子不得不亡，封建倫理秩序極其嚴格，違反常倫之事卻時常發生。特別是帝王家裡，這種封建倫理秩序是亂糟糟的，兒子把老子殺死了，自己當皇帝的事情實在不鮮見。

廣在民間流傳的當是荒淫皇帝楊廣（西元五六九至六一八年）弒父案。隋的開國皇帝楊堅（西元五四一至六〇四年）是奪了八歲的外孫宇文闡的皇位，時間是西元五八一年二月，廢靜帝宇文闡，自立隋。楊廣是楊堅的次子，封建慣例是皇儲「立長不立幼」，當皇帝本來沒有他的份，太子本是其老大楊勇。但楊廣是挺有心計的人，也有本事，在父皇面前既老實又孝順。使計稱太子希望皇帝早死，楊堅聽了大怒，在西元六百年廢楊勇為庶人，立楊廣為太子。但後來楊堅發現上了楊廣的當，決定復立楊勇，結果事未成，卻要了自己的命。

西元六〇四年七月，楊堅患重病，楊廣認為當皇帝的機會來了，欲提前奪權，不料洩密，為楊堅知曉。更讓楊堅惱火的是，楊廣竟然調戲自己寵愛的女人、輩分上是他母親的宣華夫人陳氏。楊堅立即決定廢楊廣，傳位於楊勇。結果此事走漏了風聲，當晚楊廣先下手，將楊堅毒死在仁壽行宮的病榻上，得繼皇位，史稱隋煬帝。隋煬帝未得好死，到了西元六一八年三月，讓禁軍將領宇文化及等人縊死在揚州，這是後話。

另一起有名的「子弒父」案主角是唐太宗李世民。李世民（西元五九九至六四九年），是中國帝王中頗有作為頗有影響的一位好皇帝，但這位好皇帝承繼大位時也是不擇手段。武德九年（西元六二六年）六月，李世民在宮城玄武門發動兵變，將太子李建成、齊王李元吉及其他皇子皇孫全殺了，史稱「玄武門兵變」。

在這種情況下，李淵只得於六月七日立李世民為太子。兩個月後，李淵禪位李世民，從此過著所謂的太上皇生活，實際與軟禁無異。貞觀九年（西元六三五年）五月李淵死了，葬獻陵，謚「高祖神堯大聖大光孝皇帝」。李淵的死，當時就有人懷疑是讓李世民謀殺掉的，但史學界對此一直有爭議。

不過，李淵當上皇帝，開創大唐王朝時的手段，也是不光彩的。大業十三年（西元六一七年），李淵進入長安，奉楊廣的孫子、只有十四歲的楊侑為帝，史稱恭帝，自己也得封唐王。此時隋煬帝楊廣被叛軍囚禁在揚州，被遙尊為太上皇。次年五月，李淵逼楊侑禪位於他，自立為帝，這才有了大唐一朝。

五代十國時期後梁的郢王朱友珪（西元？至九一三年），也是殺了父親、梁太祖朱全忠當上皇帝的。皇帝多好色，朱全忠亦然。朱全忠原配張氏死後，性慾難禁。但他看上的女人卻是

「窩邊草」，自己的兩個兒媳婦，結果當了「扒灰皇帝」。

朱全忠特別喜歡次子朱友文的妻子，在二兒媳的煽動下，乾化二年（西元九一二年）六月，病重中的朱全忠擬立次子朱友文為太子。聽到此消息，三子朱友珪不幹了，當夜造反。朱友珪闖進朱全忠的臥室，一刀結束了老子的性命，篡位成功。

友珪的母親原為亳州妓女，朱友珪非嫡出。他的行為，老二朱友文沒有急，張氏所生的嫡出老四朱友貞看不下去了，以討逆為名殺了朱友珪，當上了皇帝。朱友貞的結局也不吉，龍德三年（西元九二三年），後唐始主李存勗攻入後梁都城開封，危情之下，朱友貞沒有勇氣自殺，而是選擇了他殺，命令部將把自己搞死了，這也堪稱史上一奇了。

上面說了，開國皇帝非正常死亡的比較少，正史上有明確記載被他殺的是西夏第一代皇帝李元昊。李元昊（西元一〇〇三至一〇四八年），是党項族人，父親李德明受宋封為大夏國王。北宋仁宗趙禎當政時的明道元年（西元一〇三二年），李德明死了，李元昊以太子身分嗣位。景祐四年（西元一〇三八年），李元昊稱「吾祖」（皇帝），國號大夏，定都興慶府。殺李元昊的不是別人，是太子寧凌噶。

李元昊稱帝後，還是很想有所作為，也取得不俗的政績。但他晚年沉湎酒色，好大喜功，導致朝廷腐朽，最後眾叛親離。直接給他引來殺身之禍的是一個「色」字。與唐玄宗李隆基、後梁太祖朱全忠一樣，他看上了自己的兒媳婦，霸占太子的妻子為「新皇后」。西元一〇四八年，寧凌噶進宮行刺了李元昊。李元昊死時四十六歲，廟號景宗，諡號武烈皇帝，葬泰陵。顯然，這起「子弒父」案更多地表現為「父子情殺」，事實也是。但寧凌噶未能當上皇帝，皇位讓李元昊與沒藏氏私通所生的李諒祚順利拿走，寧凌噶成了宮廷鬥爭的犧牲品，後以弒父之罪被處死。

南朝時文帝劉義隆，西元四二四年即位，被太子劭殺掉。

清聖祖玄燁，即康熙皇帝，疑為四子雍正所殺。玄燁（西元一六五四至一七二二年），這位八歲即位的小皇帝，是大清帝王中最有作為的一位皇帝，開創了「康乾盛世」，也是中國歷史上在位時間最長的一位皇帝，前後六十二年。死後葬景陵。玄燁之死疑因甚多，死前皇位爭奪激烈。最後，胤禛靠舅舅科隆多的權勢，與年羹堯之兵力，得皇位，史稱雍正皇帝。正史稱，胤禛系是玄燁遺詔繼位，民間則傳，是謀殺玄燁所得。

四、叔殺

傳統帝王承繼制是「立長不立幼」、「傳嫡不傳庶」。即使皇帝哥哥死了，弟弟也是不方便當皇帝的，除非特殊。如宋太宗趙光義，就是嗣太祖趙匡胤皇位（但趙光義也有篡位的疑雲）。由於傳統的皇位承繼制度的存在，叔叔只有覬覦的份，由此也導致了宮廷悲劇。

如明成祖朱棣，即是這樣的「叔叔」。太子朱標死後，朱元璋曾動過立朱棣為太子的打算，但考慮到不能亂套，最後還是確立了朱允炆的皇太孫地位。朱棣不甘心，發動靖難兵變，逼得剛當了五年皇帝的朱允炆宮中自焚（一說出家當和尚，不知所終）。

十六國時期的小皇帝張玄靚就是被他叔叔給殺掉的。張玄靚（西元三五〇至三六三年），字元安，十六國時期前涼國君主，桓王張重華的小兒子。前涼和平二年（西元三五五年），威王張祚被殺，張玄靚被宋混、張琚推為大將軍、涼州牧、西平公，恢復東晉建興年號。東晉興元三年（西元三六三年），左右政局的叔叔張天錫發動兵變，派兵入宮殺了張玄靚。張玄靚時年僅十四歲，死後被張天錫諡為沖王。

五、兄弟互殺

兄弟如手足。但在皇儲「立長不立幼」、「傳嫡不傳庶」的承繼制下，與叔叔輩一樣，做弟弟的也往往與皇位無緣，即便再有才能，也鮮有可能繼大位。這種制度往往造成手足之間互相殘殺，導演又一齣人倫悲劇。

十六國時，漢皇帝劉淵死後，太子劉和即位。結果弟弟劉聰不甘心，把哥哥劉和殺了，自己當了皇帝。

五代十國時期南漢系殤帝劉玢（西元九二〇至九四三年），西元九四二年，父高祖劉岩死後嗣位。結果第二年被其弟弟晉王劉洪熙殺了，年僅二十四歲。劉洪熙當上了皇帝，史稱中宗。劉玢被殺後，劉洪熙諡之為殤帝，無陵。

與南宋相對峙的金國皇帝、閔宗完顏亶（西元一一一九至一一四九年），是太祖完顏阿骨打的嫡孫，十七歲時當了皇帝。從小與他一起長大的庶出哥哥完顏亮（海陵王）有了想法：「他能當皇帝我為什麼不能？」遂起謀逆之心。皇統九年（西元一一四九年）十二月，完顏亮祕密潛入宮中，與侍臣一道，將完顏亶揮刀砍死了。完顏亶死時三十一歲，葬於思陵。

六、母殺

俗話說，虎毒不食子。但在至高無上的皇權的誘惑下，善良的母性也會扭曲變形。中國歷史上的「毒母」不少，如西漢第一皇后呂雉、大唐第一皇后武則天，大清第一皇后慈禧，都是狠毒女人。母親把當皇帝的兒子殺掉的史上有記錄：

南北朝時期的北朝北魏獻文帝拓跋弘（西元四五四至四七六年），七歲時以皇太子嗣位，生母李貴人被賜死，由時為皇后的馮氏養大。當了十二年皇帝後禪於太子元宏，自稱太上皇。拓跋弘後被「養母」馮太后用毒酒鴆殺。死時二十三歲，葬於雲中金陵。

母親殺兒子可能有傳統的。還是南北朝時期北朝北魏，肅宗元詡（西元五一〇至五二八年），為武宗元恪的第二個兒子，六歲時以皇太子身分嗣位。但母親、太后胡充華權力慾很強，以元詡年幼為由臨朝。後來，乾脆把自己的兒子毒死了，與馮太后的養母身分相比，這可是親生母親啊。元詡死時十九歲，剛剛成年，如此母親，不稱是最毒有失公道。死後，胡太后還發了一點母性，將其設陵安葬，陵名定陵。

七、妻殺

有當皇帝的老公應該是女人最風光的事情，自己可以當皇后，用今天的話來說是「第一夫人」。但也有不安分的，如民婦般要弒親夫。唐中宗李顯就是被自己的妻子韋皇后殺死的。

李顯（西元六五六至七一〇年），高宗李治與武則天所生，一生的天子之運不順。李治死後，二十八歲的李顯以皇太子嗣位，武則天臨朝稱制，自稱聖神皇帝，改國號為「周」。李顯被廢為廬陵王，遷房州（今湖北十堰市），過著軟禁一般的生活。聖曆二年（西元六九八年）被召還東宮，復立為太子。神龍元年（西元七〇五年）宰相張柬之乘武則天病重，擁李顯復位，重復國號唐。

本想李顯就此可以平安當皇帝了，但妻子韋皇后不能安分守己。李顯與韋皇后的感情確實很好，當年被廢就是因為口出亂語，稱假如韋皇后的父親韋玄貞願意，可以將天下給他。武則天以此為藉口將他廢黜。李顯重新當了皇帝後，對韋皇后信任有加，如當年李治視武則天一般，允許她同參朝政，還將老岳父封王。但韋皇后不滿足，想學婆婆武則天，過過女皇帝癮，這麻煩就來了，做出了比武氏更狠的事情。

景龍六年（西元七一〇年），韋后被指後宮淫亂，擔心李顯追究，遂與安樂公主一起，把毒藥包進餡餅裡，殺死李顯，臨朝攝政。後來，侄子、臨淄王李隆基（睿宗李旦之子，後來的玄宗）將嬸娘韋皇后誅殺了。李顯前後在位共八年，被殺時五十五歲。葬定陵。

八、父殺

過去老子殺兒子可以不算犯罪。但在中國歷史上，有父親把當皇帝的兒子殺掉的罕見記載，畢竟父皇的地位相對來說是牢固的。更多現象是，皇帝老子把太子殺了，也就是說殺準皇帝。這個舉例很多，就不多說了。

不過有件「兒皇帝」的事情想說一下。在五代十國時期，漢人帝王中有一個很丟人的小皇帝。即當時的北漢（西元九五一至九七九年）第二任皇帝、睿宗劉鈞，竟然稱遼主為父皇帝，自然，遼則稱之為兒皇帝。

劉鈞（西元九二六至九六八年），十五歲時嗣父劉旻位，竟然也當了十五年的「兒子皇帝」，四十三歲死去。最後是否為「父皇」所殺，還是疑點。劉鈞死後連兒子也沒有，養子劉繼恩嗣位，僅當了六十多天皇帝就被人殺了。

九、祖母殺

傳統的親情是「隔代親」，祖孫之情往往勝過父子、母子之情。但奶奶殺掉皇帝孫子的並不是沒有，這事發生在呂雉身上。

呂雉（西元前二四一至西元前一八〇年），是西漢開國之君劉邦的原配皇后。劉邦死後，他們八歲的兒子劉盈當上了皇帝，史稱惠帝。劉盈年幼，讓呂雉掌握了大權。西元前一八八年，只有二十一歲的劉盈據說在驚嚇之中死了。呂后便立一個少帝，再臨朝稱制八年。少帝是什麼身世？劉盈無子，為了不讓皇權落入他人之手，呂雉就將一位宮女所生的孩子抱進宮，對外謊稱是劉盈和他的皇后所生，是自己的孫子。

劉盈的皇后是呂雉的親外孫女，即呂雉大女兒魯元公主的女兒。呂雉做事很絕，在少帝大了後，把少帝的生母，就是那個宮女也給毒死了。漸漸懂事的少帝知道奶奶殺了自己的母親，心裡不高興，口出怨言。結果這讓呂雉很擔心，感到少帝不聽話不保險，乾脆把少帝毒死，另立同樣年幼的常山王劉義為帝，自己繼續干政。

十、外公殺

按照道理，就是再選皇帝，也不能有外公的份，一般人想也不會想的。但在西元五八一年的時候，偏偏就發生了這樣的一件事情，外祖父把皇帝外孫給殺了，自己當了皇帝。

這個「狼外公」就是前面提到過的隋開國之君、高祖楊堅。楊堅（西元五四一至六〇四年），是南北朝時期北朝北周宣帝宇文贇的老丈人，即皇后楊氏之父。西元五七九年二月，宇文贇自稱天元皇帝，讓位只有七歲的太子宇文闡，史稱靜皇帝。由於宇文闡年幼，讓楊堅當輔臣，輔佐朝政，封他為莊大相，假黃鉞，進爵隋王，總攬朝政。

楊堅這還不滿足，西元五八一年二月，直接把宇文闡給廢了，逼外孫禪位，封其為介公，三個月後宇文闡死了，葬於恭陵，北周就此滅亡。四十一歲的楊堅自立國號隋，就此中國有了歷三十八年的隋朝。隋朝與第一個封建王朝秦朝很相似，也歷三代而亡，君王多未得好死。楊堅六十四歲時，被兒子楊廣殺了，死後葬太陵。

十一、岳父殺

與外祖父的關係一樣，作為岳父的外戚也是與當皇帝不搭界的。但在西漢末年，讓王莽逮住了一個機會，把女婿殺了，過了二十三年的皇帝癮。

王莽（西元前四十五至西元二十三年），漢平帝劉衎的岳父。西元前一年，二十五歲的漢哀帝劉欣死了。劉欣無子，時為重臣的大司馬王莽說服自己的姑姑王太后，迎立只有九歲的劉衎為帝，史稱平帝。為了加強自己的地位，再次遊說太后，要劉衎娶自己的女兒為媳婦，也就是立她為皇后。只有十二歲的王氏遂與劉衎成婚，王莽當上了「國丈」之後，女婿劉衎不滿王莽的獨裁，矛盾加深。王莽遂限制其行為，強化控制，連他的母親衛姬都不讓見，還將劉衎的舅舅一家殺掉，阻止其他外戚勢力的形成，以免威脅自己。劉衎心中更加不滿，王莽越發擔心日後難以控制局面，索性毒死小女婿，立兩歲的劉嬰為帝。僅有十四歲的女兒成了皇太后，這大概也是中國歷史上年齡最小的皇太后了。在這種情況下，太皇太后王氏只好讓王莽代天子朝政，稱「假皇帝」或「攝政皇帝」。

攝政三年之後，西元八年，五十四歲的王莽直接廢了劉嬰，自立為帝，改國號「新」，史稱「王莽篡漢」。王莽也因此成了中國封建帝王中第一位通過篡位當上皇帝的人。

從歷史的發展來看，王莽當皇帝顯然比乳臭未乾的劉嬰合適，西漢後期王莽也為穩定劉家天下作出了貢獻。當了皇帝後，王莽進行了一系列改革，史稱「王莽新政」。但也引起了貴族勢力的強烈不滿。加上對邊防處置失策，國內賦役繁重，刑政苛暴。又遇黃河改道，天災加人禍，政局動盪。天鳳四年（西元十七年）赤眉軍、綠林軍起義。地皇四年（西元二十三年）綠林軍攻入長安，混亂中王莽被殺，新朝滅亡。

十二、兵殺

帝王多是馬上得天下，兵士在打江山的過程中，是絕對主導力量。從本質上來說，兵權即皇權，皇權即兵權，沒有軍隊想當穩皇帝是不可能的。但兵士可以幫自己打天下，也能讓自己成了馬下冤鬼，被兵弒的皇帝也很常見。

隋煬帝楊廣就是被部將宇文化及所殺。楊廣（西元五六九至六一八年），高祖楊堅的次子，又名楊英，西元五八一年封為晉王，在南下滅陳和抵禦北方突厥的過程中，立下大功，為楊堅賞識，在太子楊勇被廢後當了太子。西元六〇四年七月，三十六歲的楊廣謀殺了楊堅，當上皇帝。楊廣是中國歷史上出名的荒淫皇帝之一。繼位後，他大興土木，每月役使兩百萬人營建洛陽。又用了約一億五千萬人工開鑿「京杭大運河」，供其去揚州作樂。當年，自洛陽到江都（今江蘇省揚州市），共設置了四十多座行宮，身邊的美女如雲，整日花天酒地。由於無止境的徭役和兵役，加上碰到災年，民眾不滿其統治，紛紛起義，最後，楊廣帶著蕭皇后和大批宮女美人，逃到了江都。

大業十四年（西元六一八年）三月三日，其禁衛軍兵變，右屯衛將軍宇文化及傍晚時殺入宮中。楊廣與蕭皇后出逃被捉，叛軍要取其頭顱，楊廣選擇服毒，稱要留全屍。服毒未成，被兵士勒死，滿足了他留全屍的願望。死後草葬於江都宮，遺跡至今尚存。

金國皇帝、海陵王完顏亮也遭遇了與楊廣一樣的結果。正隆六年（西元一一六一年），海陵王與南宋作戰敗逃途中，被自己的部下殺死了，終年四十歲，當了十三年皇帝。海陵王屍體運回來後始葬北京九龍山金帝陵區內，後被遷出草葬。

十三、俘殺

中國歷史上，堂堂一國之君被外族捕俘的不是一個人兩個人，最著名的就是明英宗朱祁鎮了，於正統十四年（西元一一四九年）在土木堡之戰中被瓦剌生俘。但很幸運，朱祁鎮保住了一條命。被放回的朱祁鎮在九年後，竟然還能重新當上了皇帝，但更多的情況下，皇帝俘後都會被殺掉。

另一個被俘名人是宋徽宗趙佶。這個皇帝很有藝術天賦，如果不是當皇帝，應該是史上傑出的文人之一，平生著作極多。存世畫作尚有《芙蓉錦雞》、《池塘秋晚》、《四禽》、《雪江歸棹》、《桃鳩圖》等，如今都成了天價文物，還有詞集《宋徽宗詞》。由於皇帝喜歡舞文弄墨，趙佶當政時文藝繁榮，著名的《清明上河圖》即為此時繪就，敬獻於他。靖康二年（西元一一二七年），趙佶被金兵俘走。被俘後受盡凌辱，宮內女人也都被兵士要求強行發生性關係，或妻或妓。自己的愛妃王婉容也未能保住，被金兵奪走姦汙。後來死於五國城，葬永祐陵。

西晉時湣帝司馬鄴（西元三〇〇至三一七年），西元三一三年十四歲時即位，四年後，匈奴人劉曜進攻都城長安時，司馬鄴出城降順，後被十六國時期漢王劉聰所俘殺。

十六國時期南燕慕容超（西元三八五至四一〇年），西元四〇五年承繼父慕容德皇位。四一〇年南燕為東晉劉裕打敗，慕容超被俘送於建康（今南京）殺掉。南燕僅歷十四年滅亡。

明代仇英版《清明上河圖卷》

十六國時期夏系赫連昌（西元？至四二八年）、赫連定（西元？至四三一年）兄弟倆，先後稱帝，分別當了四年皇帝。先後被北魏生俘。赫連昌被俘後，北魏很客氣，封其為秦王，西元四二八年將他殺了。

南北朝時期北朝北齊系，後主溫公高緯、高恒，是父子關係。西元五七七年，北周攻陷都城鄴（今河北臨漳西南），父子先後被俘，同月被賜死。

上述十三種「殺法」，就是中國古代帝王非正常死亡中「他殺」的十三種現象。當然，實際上遠不只這些，即使上面所提到的，也不全面。最後想說的是，從所有「殺法」來看，最危險的因素往往來自家庭內部、親戚之間，「堡壘最容易從內部攻破」。

成吉思汗死亡謎團

成吉思汗給後世留下的諸多謎團，吊足了無數人的胃口。其中，最具魅力的歷史懸念都是與死有關：一是怎麼死的？二是葬在哪裡？這裡，說說成吉思汗是怎麼死的。

成吉思汗之死：「病死說」

依明太祖朱元璋稱帝當年（西元一三六八年）年底即下詔纂修的《元史》記載：成吉思汗的死因很簡單，病死的：「（西元一二二七年）秋七月壬午，不豫。己丑，崩於薩里川哈老徒之行宮。」

《元史》總編輯、一代大文臣宋廉，僅僅用了二十個字，就交代清了一代天驕「崩」的過程。但，文字看似言簡意賅，實則語焉不詳，因此後世一直想弄個明白，成吉思汗到底怎麼死的。

成吉思汗像

元世祖后圖

關於成吉思汗的死因，大概有五種。其中最正統的，也為更多人知道的，就是《元史》中採信的「病死說」。

蒙古人撰編的《元朝祕史》（卷十四）記載：

成吉思汗既住過冬，欲征唐兀。重新整點軍馬，至狗兒年秋，去征唐兀，以夫人也遂從行。冬間，于阿兒不合地面圍獵，成吉思騎一匹紅沙馬，為野馬所驚，成吉思汗墜馬跌傷，就於搠斡兒合惕地面下營。次日，也遂夫人對大王並眾官人說：「皇帝今夜好生發熱，您可商量。」

「唐兀」，是當年蒙古人對西夏人的叫法；「狗兒年」，是宋理宗寶慶二年（西元一二二六年）。這裡交代一個史實，成吉思汗於西元一二二六年秋天，帶著夫人也遂去征討西夏國。冬季時，在一個叫阿兒不合的地方打獵。想不到他騎的一匹紅沙馬，被一匹野馬驚嚇了，導致成吉思汗墜落馬下受傷，當夜就發起了高燒。一二二七年七月「不豫」，病根即在此。為什麼一次墜馬傷重成這樣？據說是流血太多。

當時，也遂請隨從的將領商議這事怎麼辦，有人建議反正西夏城池都在，一時半也逃走不了，乾脆回去養傷，等好了再來攻打。成吉思汗一生要強，心想如果這樣回去會讓西夏人笑話。也該他魂斷西夏，成吉思汗派員去西夏國探聽情況時，正好西夏一叫阿沙敢不的大臣譏笑他，稱：「有本事你就來過招。」

成吉思汗聽說後，表示寧死不退兵，遂挺進賀蘭山，將阿沙敢不滅了。但此後，成吉思汗的傷病一直未好，反而加重，到一二二七年農曆七月十二（今陽曆八月二十五日）病死了，時虛歲六十七。如果當時成吉思汗回去了，這個病根就不會落下了。

成吉思汗之死：「雷擊說」

「雷擊說」，這種說法比較離奇。出使蒙古的羅馬教廷使節約翰．普蘭諾．加賓尼在其所著文章中透露，成吉思汗可能是被雷電擊中身亡。約翰．普蘭諾．加賓尼當時到達蒙古國時，發現夏天的雷電傷人事故頻發，「在那裡卻有凶猛的雷擊和閃電，致使很多人死亡」。

因為這原因，當地人很怕雷電。南宋彭達雅所著《黑韃事略》記載：「韃人每聞雷霆，必掩耳屈身至地，若躲避狀」。

約翰．普蘭諾．加賓尼為葡萄牙人，出使中國的確切時間是西元一二四五至一二四七年，由教皇諾森四世派遣而來，回去後向教皇提交了題為〈被我們稱為韃靼的蒙古人的歷史〉出使報告。約翰．普蘭諾．加賓尼來時距成吉思汗死亡只有十八年，比馬可．波羅早三十年，記敘並非空穴來風。

成吉思汗之死：「中毒說」

「中毒說」這種說法，來源於《馬可．波羅遊記》。馬可．波羅是十三世紀義大利商人，於西元一二七五年到達中國。其時正是元世祖忽必烈當政時間，他與元朝有過十七年的交往。其在遊記中記敘的成吉思汗的死因：在進攻西夏時圍攻太津（吉州，古要塞）時，膝部不幸中了西夏兵士射來的毒箭。結果可想而知，箭毒攻心，傷勢益重，一病不起。

但民間另有傳說，成吉思汗是「中毒」而死，但卻不是中了西夏兵士的毒箭，而是讓被俘虜的西夏王妃古爾伯勒津郭斡哈屯下了毒，當時這位西夏王妃是趁陪寢之機行事的。

成吉思汗之死：「被刺說」

「被刺說」這種說法與上面說的被俘西夏王妃古爾伯勒津郭斡哈屯有關，是下毒說法的另一種版本。在蒙古民間傳，成吉思汗的軍隊進攻西夏的過程中，兵士俘虜到了很漂亮的西夏王妃古爾伯勒津郭斡哈屯，進獻給成吉思汗。

就在陪寢首夜，這位西夏王妃行刺了放鬆警惕性的成吉思汗。被刺一說，源於成書於清朝康熙元年（西元一六六二年）的《蒙古源流》。此書很珍貴，一百年後，即西元一七六六年蒙古喀爾喀部親王成袞扎布作為禮物，將此書手抄本進獻乾隆皇帝。

乾隆令人將其譯為滿、漢兩種文本，並題書名《欽定蒙古源流》，收入《四庫全書》。應該說，成吉思汗被刺一說是有很高的可信度的。

成吉思汗之死：「生殖器被咬說」

「被咬掉生殖器說」這種說法，既未見於正史，野史也沒有記述，但在蒙古族人中間卻有流傳。

這一風流事件中的「凶手」，也是西夏王妃古爾伯勒津郭斡哈屯這位美麗女人。傳說，這位王妃被獻給成吉思汗後，成吉思汗要她做他的妃子，王妃表面同意了。但不甘受辱，集家仇國恨於一身的王妃在陪寢當天夜裡，借行房時成吉思汗正在興頭之機，將他的陰莖給咬掉了，頓時血流如注。一個長年在外征戰的六十七歲老人，哪遇到過這種事情，又哪經得起這樣的折騰，羞恨交加，遂致病重。因為這是一件發生在帝王身上的特大醜事，就被瞞了下來，對外只稱大汗是墜馬受傷致病重。本來就不想活的西夏王妃，自知成吉思汗不會放過她，跳黃河自盡。

此說荒誕不經，但細分析一下還是有道理。如果成吉思汗真是死於西夏王妃之手，那麼行刺和下毒都是不具備條件的，陪寢時乃裸體，何處藏帶凶器和毒藥？即使帶有凶器和毒藥，作為一個被俘之人也是要搜身的。在這種情況下，兩手空空的王妃最致命的暴力行為自然是「咬」：咬男人的要害處。這個傳說夠得上帝王風流故事中的極品了，真算是「風流死」！

成吉思汗是個「播種機」

在幾十年的南征西進中，每到一地，成吉思汗和他的手下，必奪搶女人，帶著一副生殖器處處留情，後代子孫無數，被史學界戲稱為「播種機」。

據估算，在世界上有一千六百萬的男子與成吉思汗有血緣關係。而成吉思汗對女人如此嗜好，大概是一種「遺傳」。當年，蒙古族有搶人家女人的習慣，把女人看作是一種財物。成吉思汗的母親就是其父親也速該搶來的，在今天看來就太流氓了。

有一次也速該在斡難河邊放鷹，篾兒乞惕人也客赤列都帶著美麗的妻子從旁邊經過。也速該一見少婦的美貌動心了，立即攔下也客赤列都的馬車搶人。見情況不對，本想拚命的也客赤列都丟下妻子逃走了。這個少婦就是成吉思汗的母親、後來的宣懿太后月倫。

成吉思汗的妻子叫孛兒帖，則被其母親前夫所在部落搶過，後來給奪了回來。成吉思汗與孛兒帖的婚姻很有意思。按照當時蒙古族的風俗，也速該便帶九歲的成吉思汗去他母親所在部落「索女」，即給兒子討媳婦。

走到半路上碰到了孛兒帖的父親德薛禪，聽說此事後，再看看成吉思汗面相不凡，是個美少年，德薛禪便對也速該說，家裡有一個年方十歲的小女，希望成為親家，請也速該去看看是否中意。到德薛禪家一看，也速該滿心喜歡。

過了一宿，次日德薛禪要也速該把成吉思汗留下當女婿，也速該同意了，並從隨來的馬中挑了一匹最好的做為定禮。也速該臨走時留下一句話：「我兒子怕狗，休教狗驚著。」一代馳騁疆場的英雄漢子，小時候卻怕狗，這恐怕是很多人不會想到的。就在也速該留下兒子獨自離開的路上，被仇家、塔塔兒人給毒死了。

成吉思汗遭受血光之災的迷信說法

成吉思汗名叫鐵木真，也有稱帖木貞、忒沒真。這個名字本是也速該戰爭對手的名字，《元朝祕史》（卷一）記載：

《西夏王妃供養圖》

「（約西元一一六二年）與塔塔兒廝殺時，也速該把阿禿兒將帖木真兀格、豁里不花等擄來……於斡難河邂難河邊里溫孛勒答黑山下，生了太祖。太祖生時，右手握著髀石般一塊血，生了。因擄將帖木真兀格來時生，故就名帖木真。」《蒙韃備錄》稱，所傳「忒沒真」乃小名爾，初無姓氏，也無名諱。

《元朝祕史》這段記載，成為後世學者研究元史的重要史料。鐵木真出生時也有神奇出現，手裡竟然捏著一塊血塊，血塊如一塊紅色的石頭一樣。因為出生時鐵木真是帶血的，迷信就認為，將來會給人類帶來血光之災。

在搶回妻子孛兒帖的過程中，成吉思汗一下子屠殺了三百多名也客赤列都部落的人。西元一一八三年，只有二十二歲的鐵木真被推舉為「可汗」，靠的就是連年征戰和鐵血統治，抓到對手就殺。鐵木真一生殺人無數，每到一地如割韮菜一般，瘋狂砍人頭。

在隨後的戰爭中，屠城是他慣用的征服手段。有一次，成吉思汗率二十萬大軍征討中亞國家花剌子模，打下鹹海邊的玉龍赤杰時，一下子就殺了一百二十萬人，用這種方法，好多西域、中亞國家讓他滅掉了。

但成吉思汗給人類帶來血光之災時，他自己也沒有逃脫掉。不論是正史所說的墜馬大出血致病，還是民間所傳的被西夏王妃咬掉生殖器流血過多而亡，都沾滿了「鮮血」。迷信會認為，這與他降生時手捏血塊有一種因果。

帝王的「長生不老藥」

皇帝古稱天子，乃天的兒子也。帝王們最大的心願，就是與天齊壽，希望與傳說中的玉皇大帝一樣長生不老，於是專供皇帝服食的仙丹就出現了。

仙丹真的可以使人長生不老？到底是什麼玩意？前一個問題早已被歷史證實，屬無稽之談。而後者，至今是謎，並沒有哪一位研究者能真正清楚，儘管有化學專家在研究論文中稱破譯了「仙丹」的成分，但並無實物或考古發現可以證明之。

秦始皇尋找長生「不老藥」

《史記．秦始皇本紀》（卷六）記載了一件事：「既已，齊人徐市等上書，言海中有三神山，名曰蓬萊、方丈、瀛洲，仙人居之。請得齋戒，與童男女求之。於是遣徐市發童男女數千人，入海求仙人。」

此事發生在秦始皇二十八年，即西元前二一九年。徐市也叫徐福，為當時著名的方士。嬴政（秦始皇）派他帶著數千童男童女去海上尋找仙人，目的就是為了找到「不老藥」，即可保長生不老的仙丹（仙藥）。

但徐市並沒有完成任務，嬴政也並沒有長生不老。秦始皇三十七年（西元前二一〇年）七月，「始皇崩於沙丘平台」。沙丘平台，在今河北省邢台市境內。當時嬴政正出行在外，屬意外死亡，史學界一直懷疑其是被趙高謀殺。

徐市沒有找到不老藥，卻引出極具歷史懸疑的故事，即隨徐市去的數千童男童女，不敢回國，後東渡上了日本島，成了日本人的祖先。此是後話，這裡就不談。

當時，徐市找了好多年也沒有找到仙丹，心裡害怕，不敢回來。他告訴嬴政說，蓬萊那裡有魚怪，靠不上岸。顯然這是徐市的騙人謊話，但嬴政信以為真，還派箭術高超的人去海上射殺。史書上是這樣說的：「方士徐市等入海求神藥，數歲不得，費多，恐譴，乃詐曰：『蓬萊藥可得，然常為大鮫魚所苦，故不得至，願請善射與俱，見則以連弩射之』。」

五百羅漢・應身觀音・周季

古代皇帝服用仙丹的紀錄

徐市沒有找到不老藥，但中國古代方士煉丹現象卻不絕，歷朝歷代的皇帝也都有服用「仙丹」的紀錄。比較著名的有：

《資治通鑑．晉紀二十三》（卷一〇一）：「帝信方士言，斷穀餌藥以求長生。」這裡的「帝」，指晉哀帝司馬丕。司馬丕，廟號為「哀皇帝」。真是號如其人，二十五歲即服食丹藥中毒而死亡。當時，他身邊的人都很反對他服用。「侍中高崧諫曰：『此非成乘所宜為；陛下茲事，實日月之食。』不聽。辛未，帝以藥發，不能親萬機，褚太后復臨朝攝政。」

《資治通鑑．唐紀五十七》（卷二四一）：「上服金丹，多躁怒，左右宦官往往獲罪，有死者，人人自危。」這裡的「上」，是唐憲宗李純。

《資治通鑑．唐紀五十九》（卷二四三）：「初，柳泌等既誅，方士稍復，因左右以進，上餌其金石之藥」，這裡的「上」，是唐穆宗李恒。

《資治通鑑．唐紀六十四》（卷二四八）：「上餌方士金丹，性加躁急，喜怒不常」，「上自秋冬以來，覺有疾，而道士以為換骨」。這裡所指的「上」，是唐武宗李炎。其服食的金丹（仙丹），即為道士所煉。

《資治通鑑．唐紀六十五》（卷二四九）：「時上餌方士藥，已覺躁渴，而外人未知，疑忌方深，聞之，俯首不復言。」這裡的「上」，是唐宣宗李忱。

《明史．世宗一》（本紀第十七）：「八月丁丑，太僕卿楊最諫服丹藥，予杖死。」大臣楊最勸諫明世宗朱厚熜不要服食丹藥，竟然遭杖刑而死。

《明史．神宗二》（本紀第二十一）：「是日，鴻臚寺官李可灼進紅丸」，李可灼進仙丹的對象是明光宗朱常洛……

仙丹的成分包括哪些物質？

帝王們如此迷戀仙丹，那這仙丹到底都是些什麼東西？漢人桓寬所著的《鹽鐵論》中有「仙人食金飲珠，然後壽與天地相保」一說，可見仙丹裡面含有金、銀、珠寶類物質。《神農本草經》的記載更證實了仙丹裡多是一些玉石成分。其中被列為上品的可煉成仙丹的物質有：玉泉、丹沙、水銀、空青、曾青、白青、雲母、樸消、消石、礬石、滑石、紫石、白石英、青石、赤石、黃石、白石、黑石脂、太一禹餘糧、禹餘糧、雄黃等，多達二十一種。

這些物質在今人看來，不過是一些普通的藥用物品，有的甚至有劇毒，但古代的方士卻將之當成祕方，煉製給帝王們服食。

丹沙，是古代仙丹中最主要的成分之一，現代科學證明是一種含有汞這類元素的礦物質。但古人卻視之為寶，《神農本草經》稱，「丹沙味甘微寒。治身體五臟百病。養精神、安魂魄、益氣、明目，殺精魅邪惡鬼。久服通神明不老」。

古代「仙丹」裡的另一味重要成分是「水銀」，即化學物質汞（Hg），有劇毒。嬴政當年營造陵寢時，即在陵中注入水銀以防盜。中國傳統醫學認為，「水銀主治疥瘙痂瘍百禿，殺皮膚中蟲虱」，還將之作為打胎藥來使用。

古代的煉丹術士另有發現，認為水銀能「殺金銀銅錫毒，熔化還復為丹，久服神仙不死」。《神農本草經》上所列的可長生不老的玉石還有：

玉泉，又名玉札，味甘平。主治五臟百病。柔筋強骨、安魂魄、長肌肉、益氣，久服耐寒暑，不飢渴，不老神仙。玉泉還有特別功能，被古人用來作為屍體防腐劑，一般在臨死前吞服，「臨死服五斤，死三年色不變」。

空青，主治青盲、耳聾。明目，利九竅，通血脈，養精神。久服輕身延年不老。

曾青，味酸小寒。主治目痛，止淚出，風痹，利關節，通九竅，破癥瘕積聚。久服輕身不老。

白青，味甘平。主明目，利九竅，耳聾，心下邪氣。令人吐，殺諸毒三蟲。久服通神明，輕身延年不老。

石膽，主明目，金創諸癇痙，女子陰蝕痛，石淋寒熱，崩中下血，諸邪毒氣，令人有子。煉餌服之不老，久服增壽神仙。

雌黃，主治惡瘡頭禿痂疥，殺毒蟲，身癢，邪氣，諸毒。煉之久服，輕身、增年、不老……

用上面這些原料，再配之以輔料，即可煉成所謂的長生「不老藥」。

「仙丹」到底是如何煉成的？

這類仙藥可製成固體的丸，也可熬成液體。固體即為「仙丹」，液體常稱「還丹金液」，其藥理都是一樣的，這與現代藥品存在固體、液體兩種形態是相一致的。

「仙丹」到底是如何煉成的？從古書上記載的「燒之愈久，變化愈妙」說法來分析，是採用高溫燒煉，或是採用能起化學反應的物質，使之變性，從而產生新的物質，即可得到所謂的「仙丹」。

仙丹分為九類，其中上上品為「丹華」。煉成丹華的過程是這樣的，晉朝著名科學家葛洪在其所著的《抱扑子》一書有詳細記述：

> 當先作玄黃，用雄黃水、礬石水、戎鹽、鹵鹽、礜石、牡蠣、赤石脂、滑石、胡粉各數十斤，以為六一泥，火之三十六日成，服七日之仙。又以玄膏丸此丹，置猛火上，須臾成黃金。又以二百四十銖合水銀百斤火之，亦成黃金。金成者藥成也。金不成，更封藥而火之，日數如前，無不成也。

從上面的文字來看，這不是製藥，倒像煉金煉銀了，難怪有相關專業人士稱，中國古代最早的冶煉技術即起源於煉丹。

據說，服食了這類仙藥後，哪怕是少量的試服，都起神效，活到兩、三百歲不成問題（真假就不知道了），難怪連吳承恩《西遊記》中的孫悟空也要偷食太上老君的仙丹。古人認為「煉人身體，故能令人不老不死。此蓋假求於外物以自堅固，有如脂之養火而不可滅，銅青塗腳，入水不腐，此是借銅之勁以扞其肉也」。

古人稱，「服金者壽如金，服玉乾壽如玉」。《抱朴子．仙藥》稱：「夫五穀猶能活人，人得之則生，絕之則死，又況於上品之神藥，其益人豈不萬倍於五穀耶？」這句話的大概意思是，五穀雜糧都能讓人活著，有糧食吃則生命不息，沒有糧食吃則會餓死。而仙丹是上品神藥，對人體的好處不是比糧食好上萬倍？

中國古代醫學以草藥為主，一般人並不相信仙丹可以保人長生不老，當時的術士為了證明自己煉出的仙丹有神效，稱：「草木之藥，埋之即腐，煮之即爛，燒之即焦，不能自生，何能生人乎？」這些話聽起來頗有幾分道理，實際上是極不科學的，如果現代的打假學者方舟子生在其時，大概又要批其為偽科學了，呵呵。這種長生不老的原理實質是歪理謬論！

嗜食仙丹的帝王多不得好死

據現代學者研究，中國古代的煉丹術出現於戰國時期，至遲不會晚於秦。當時的人們認為，只要弄到仙丹這種「不老藥」就能成為與神仙一樣的人，永遠不死，「黃金可成，而河決可塞，不死之藥可得，仙人可致也」。所以，古代的中國帝王們對仙丹情有獨鍾，青睞有加。雖然沒有資料可以證實中國的帝王們服食仙丹這些增壽藥物不如服食壯陽藥那樣普遍，但可以肯定

《洛神賦圖》（東晉顧愷之）

服食丹藥的帝王不是少數，特別是唐朝中後期皇帝，多為仙丹癡迷。

事實上，凡有資格有條件服食仙丹者，如大大小小的皇帝，結局都不是很好的。不少皇帝不只壽未增添，生命沒有保障，連生存品質都受到影響，大打折扣，在皇家那麼好的物質條件下卻不得善終，早早送了命，有的甚至很悲慘，出現非正常死亡現象。除了唐朝中毒身亡的皇帝，大明王朝的皇帝也與大唐帝王一樣的貪心，後果也差不多。

東吳皇帝孫休死時「口不能言」

在中國歷史上，帝王們因為服用「仙丹」而中毒死亡的事例還有很多。如三國時期吳國皇帝孫休，史學界便疑其是因服食仙丹中毒而死。

西晉人虞溥撰寫的、以孫吳為主要內容的史書《江表傳》（原書已佚，《三國志》裴松之注引）所記，孫休臨死前話都不能說，「休寢疾，口不能言，乃手書呼丞相濮陽興入，令子出拜之……」可見孫休中毒之深。

北魏皇帝拓跋珪死囚試毒

拓跋珪（西元三八六至四〇九年在位）是北魏開國皇帝，鮮卑族人。少有大志雄心，西元三八六年時趁北方政局不穩、前秦滅亡之機，代國稱王，改國號為「魏」。三九八年遷都平城（今山西大同市），自稱皇帝。即位初年，勵精圖治，擴張疆土。但在政權穩固後，荒淫好色，剛愎自用，內部分裂，最後被他兒子拓跋紹殺死了。

而這一殺身之禍就是因為拓跋珪服食丹藥中毒，致精神失常所致。拓跋珪信奉道教，對長生不老的「仙丹」情有獨鍾，妄想長生不老。於是有個叫董謐的臣子投其所好，獻上《服餌仙經》。得到此書後，拓跋珪如獲至寶，設專職人員煉仙丹，煉成後，他先讓死囚試服，查驗是否有毒，結果試服的囚犯全中毒死亡。但拓跋珪執迷不悟，仍不斷派人尋找「不老藥」。這就是《資治通鑑．晉紀三十三》（卷一一一）記載的：

> 儀曹郎董謐獻《服餌仙經》，置仙人博士，立仙坊，煮煉百藥，封西山以供薪蒸。藥成，令死罪者試服之，多死，不驗；而猶信之，訪求不已。

後來，道士煉成了仙丹「寒食散」，拓跋珪開始服用時，覺得效果不錯，陽氣上來，性慾大增。「寒食散」是秦漢時期就開始流行的一種丹藥，性燥熱，這實質是一種壯陽藥。服後須進行冷浴，散熱，或是服冷食、飲溫酒「散發之」，不然有副作用。

初服時由太醫令陰羌指導，還問題不大，但在陰羌死後，拓跋珪隨便服用，結果中毒症狀出現了，且越來越嚴重。最後喜怒無常、疑神疑鬼，對誰也不相信，整日整夜一個人在那胡說八道。

對前來的朝臣，一看不順眼便欲殺掉，被拓跋珪打死的人，屍體就放在宮殿前。今要殺這個，明要殺那個，搞得朝野上下，人心惶惶。天賜六年（西元四〇九年）拓跋珪要殺皇后賀蘭氏，十六歲的兒子拓跋紹聽說母親要被殺，夜裡，他與手下及宦官和宮女串通好，翻宮牆頭進入拓跋珪睡覺的天安殿內，將拓跋珪殺死。

拓跋紹後被皇太子拓跋嗣所殺，這是後話。作了一位開國皇帝，竟遭親子謀害，原因不會單純，但如果拓跋珪不嗜仙丹，就不會中毒致精神失常，也就不會有這些禍害，丹藥害人不可謂不深。

明世宗朱厚熜食「含真餅子」

朱厚熜在未當皇帝前即喜歡煉丹修仙，不好好當皇帝卻將心思全花在如何成仙上面。

朱厚熜廣招術士，遍徵妙方，在宮中設齋醮。當時術士所進獻的祕方和煉丹術五花八門，其中有一種「紅鉛」煉法最為流行，是將處女月經與藥粉拌和，焙煉成辰砂。為了及時採到處女的經血，道士便用藥物催經，不少女孩因此失血過多，有的甚至出現血崩丟了性命。方士稱，煉丹所用的水得是露水，朱厚熜便令大批宮女一大早到外面採露水，其苦不堪言。

北宋畫家李公麟十八羅漢圖之一

在這種情況下，宮女們聯合起來，乘朱厚熜熟睡時將他勒死。此即「壬寅宮變」。但由於宮女太緊張，將繩索繫成了死結，僅將朱厚熜勒了半死，這才撿回了一條命。

還有一種「含真餅子」，也是朱厚熜特別推崇的長生不老藥，就是取用小孩剛生下時含在嘴裡的血塊作為主要成分。

明光宗朱常洛當皇帝二十九天斃命

至於明光宗朱常洛則死得最慘，僅僅當了二十九天皇帝，就讓丹藥給毒死了。

萬曆四十八年（西元一六二〇年）七月，明神宗朱翊鈞病死，遺命封鄭貴妃為皇后。八月初一，皇太子朱常洛繼位，改元泰昌，史稱明光宗。朱常洛當了皇帝後，鄭貴妃為了取悅新帝，採取「美人計」，從侍女中挑選了八名能彈會唱的美女獻給朱常洛。鄭貴妃又拉攏朱常洛的寵妃李選侍，各自請封皇太后和皇后之號。剛當了皇帝的朱常洛，笑納八位美女於後宮，夜夜幸樂，本來身體就不好，過度的性生活讓他身體更加虛弱，連臉色都變了，一下子病倒了，連四十歲生日也未能過上。

時為鴻臚寺丞的李可灼自稱有仙丹妙藥可治帝疾，此藥為紅色，以鉛為主，以參茸為副，俗稱「紅丸」。當時朝臣勸皇帝不要服用。朱常洛求生的願望十分強烈，怕死，便決定服用。第一粒下肚後，果然起效，四肢不再發涼，也想吃飯了。於是又服食了一粒，結果當時就虛脫了，次日凌晨即亡。

此事件史稱「紅丸案」，有人分析是遲遲未得皇太后封號的鄭貴妃指使李可灼做的，但並無真憑實據，紅丸案與梃擊案、移宮案一樣，成為明宮三大疑案之一。

唐皇嗜仙丹接連中毒之謎

在中國古代帝王中，喜食「不老藥」的皇帝很多。但是藥三分毒，仙丹更是毒，嗜食仙丹，無異於嗜毒。

在中國歷史上，因服食「不老藥」這類仙丹中毒身亡的皇帝不少。最值得注意的現象是堂堂大唐王朝的皇帝們對「仙丹」的特別嗜好。包括唐太宗李世民、唐高宗李治、唐憲宗李純、唐穆宗李恒、唐武宗李炎、唐宣宗李忱等多位皇帝，都曾因為服用所謂的仙丹中毒，把命給丟了。唐皇服食丹藥竟然接連中毒，導致死亡。

李世民迷信「洋仙丹」慢性中毒

唐太宗李世民是中國歷史難得一見的有為皇帝，可以說，是他一手奠定了中國封建時代最輝煌期：唐代。這麼一位傑出帝王，卻是慢性中毒而死。

據《舊唐書．太守本紀三》（卷三）記載：貞觀二十三年（西元六四九年）四月，「上崩於含風殿，年五十二。」所記很簡單。李世民的具體死因，傳統認為是死於痢疾。實際並不這樣。

《資治通鑑．唐太宗貞觀十九年》（卷一九八）記載：西元六四五年，李世民親駕東征高麗（今朝鮮），平定叛亂。十二月初七那天，發現身上長了癰瘡，疼得連馬都不能騎，只好讓人用轎子抬著走。一週後病情加重，跟隨而行的太子李治親自用嘴把毒瘡內的膿吸出來，這才好轉一些。

一般服用丹藥，身上都會生癰瘡。道家辯稱這是丹藥排毒見效的標誌，實則是中毒症狀。後來中毒死掉的唐宣宗李忱，也是這種情況。

就是貞觀十九年這次東征，李世民身體慢慢不行了。此後，在宮中一直調養，但病情時好時壞。而之前，李世民就迷信丹藥，曾召來不少道士為他煉製長生「不老藥」。病急亂投醫，健康惡化的李世民，這下對丹藥更加依賴。

貞觀二十二年（西元六四八年），西征的唐軍抓住了一個天竺（今印度）方士，名叫那邇娑婆寐，自稱已活了兩百歲，有長生不老之術。李世民十分高興，「太宗深加禮敬，館之於金飆門內。造延年之藥」，希望能得到「洋仙丹」，即所謂「胡僧藥」。

李世民令兵部尚書崔敦禮監督煉製「不老藥」，「發使天下，采諸奇藥異石，不可稱數。」花了年把時間才煉成丹藥，但李世民服用多粒後，卻不見療效，後來把那邇娑婆寐放回了印度。至死前，李世民一直改服本土道士煉製的「土仙丹」，結果虛五十二歲那年去世。

唐高宗李治過量吞服仙丹死在洛陽

李世民死後，太子李治繼位，這就是歷史上的唐高宗、著名女皇帝武則天的老公。李治在位長達三十二年，但他身體一直不好，《舊唐書·高宗本紀》（卷六）記載：「帝自顯慶以後，多苦風疾，百司表奏，皆委天后詳決」。

顯慶是李治的年號，從西元六五六年開始使用，距其當皇帝僅七年。也就是說，至西元六八三年李治服丹藥中毒死亡，大唐朝政有二十七年時間是武則天把持的。所以，武則天後來權欲旺盛，篡唐易周，與這段「實際皇帝」有直接關係。

為了治好自己的頭暈病（風疾），增壽不老，李治篤信長生之術，令廣徵諸方道術之士，合煉黃白（丹藥的別稱）。孫思邈、葉法善這些當時的著名道士，都曾被李治徵招入宮問藥。

有一次就召來煉丹道士一百多人。二、三年內，「化黃金治丹」，耗資千萬。《舊唐書·葉法善傳》（卷一九一）記載：當時葉法善對李治講，「金丹難就，徒費財物，有虧政理，請核其真偽」。意思是丹藥一般人很難煉成的，不要白白浪費錢財，讓人說閒話，要看看這些道士是不是有真功夫。李治接受葉法善的建議，讓葉法善面試進宮道士，結果，一下子發現有九十多個都是冒牌貨，被攆出宮去。

後來，李治又請當時的煉丹名家潘師正、劉道合等道士給他煉丹。潘師正和劉道合都是隱士，劉道合還善「止雨術」，一次李治令他在儀鸞殿前表演，結果，不一會兒雨就停了。李治由此對劉道合大為崇拜。

《舊唐書．劉道合傳》（卷一九二）記載：「高宗（李治）又令道合合還丹，丹成而上之。」劉道合於咸亨年間（西元六七〇年）死了。後來劉墓遷葬，劉的弟子開棺後發現，劉的屍體只存一層空皮，從背上裂開，就像蟬脫殼一樣。人家都稱這是道家成仙後的「屍解」現象。李治聽說後，不太高興，說「大師給我煉丹，卻自己吃了成仙去」。

因為劉道合成仙了，李治對他敬獻的丹藥療效也就深信不疑，加大了服用量，結果導致急性中毒，死於東都洛陽，未能允他到西安再閉眼，時年五十六歲。臨死前他還希望多活點時間，「蒼生雖喜，我命危篤。天地神祇若延吾一兩月之命，得還長安，死亦無恨」。

唐憲宗李純中毒「暴崩」中和殿

唐憲宗李純服食仙丹中毒不治，純粹是自找死亡。

史界對李純的評價還是非常高的，與唐太宗李世民、唐玄宗李隆基齊名。初當皇帝時，「讀列聖實錄，見貞觀、開元故事，竦慕不能釋卷」，好學勤政，君臣同心，每天在堂上辦公到很晚才回去休息。後期唐朝出現「元和中興」盛景，這與李純的努力是分不開的。

李純對丹藥曾有清醒的認識，稱之「輕懷左道，上惑先朝，醫方不精，藥術皆妄。俱是奸邪，罪當誅殺」。但李純後來並沒有擺脫唐皇嗜丹藥的通病。

李純曾下了詔書，遍找長生不老的偏方，尋方士給自己煉仙丹。一些江湖騙子聞風而動，身邊的臣子也先後向李純推薦煉丹高人柳泌、大通和尚。柳泌自稱四百歲，大通和尚自稱一百五十歲。

李純竟然相信當時方士所謂的「瓦礫變黃金」的祕方。有的方士被嚇跑了，李純還下令通緝。負責其日常生活起居的舍人不放心，因為其之前服食丹藥後「日加躁渴」，所以擔心有意外。

《資治通鑑．唐紀五十七》記載，時舍人裴潾上言，稱：「除天下之害者受天下之利，同天下之樂者饗天下之福，自黃帝至於文、武，享國壽考，皆用此道也。自去歲以來，所在多薦方士，轉相汲引，其數浸繁。借令天下真有神仙，彼必深潛岩壑，惟畏人知。凡候伺權貴之門，以大言自衒奇技驚眾者，皆不軌徇利之人，豈可信其說而餌其藥邪！夫藥以愈疾，非朝夕常餌之物。況金石酷烈有毒，又益以火氣，殆非人五藏之所能勝也。古者君飲藥，臣先嘗之，乞令獻藥者先自餌一年，則真偽自可辨矣。」

裴潾力諫李純不要迷信仙丹，稱可以讓獻丹的人先自己服用一年，到底有無療效就很清楚了。此番老實話，卻激怒了已昏頭的李純，他不僅不聽勸諫，還把裴潾貶了職。以後，沒有人再敢勸諫了。西元八二〇年，李純「崩於大明宮之中和殿，享年四十三」。李純是服食丹藥過量「暴崩」的，當時外界還認為是遭內官陳弘志弒殺。

唐穆宗李恒服丹藥上癮「不回頭」

唐穆宗李恒也與唐憲宗李純一樣，是「找死」。術士給李恒進獻仙丹的當時，身邊人以李純被丹藥毒死一事來勸阻，也反對李恒服食這種藥。

《資治通鑑．唐紀五十九》記載，時處士張皋者上疏稱：「神慮淡則血氣和，嗜欲勝則疾疹作。藥以攻疾，無疾不可餌也。昔孫思邈有言，『藥勢有所偏助，令人藏氣不平，借使有疾用藥，猶須重慎』。庶人尚爾，況于天子！先帝信方士妄言，餌藥致疾，此陛下所詳知也，豈得復循其覆轍乎！」

當時，對術士進獻丹藥一事，「朝野之人紛紜竊議，但畏忤旨，莫敢進言」。結果，丹藥中毒，正值壯年的李恒年僅三十歲就死了。

李恒迷信仙丹的原因很有趣，李恒宮中生活極為奢侈，嬉戲無度，尤其喜愛看戲。有一次，李恒遊華清宮，親自率領神策軍於圍獵後回宮，又馬上與太監玩球，這時，忽然有一人從馬上摔下，驚馬直奔穆宗而來，幸由左右救護，才避免受傷。但李恒受此驚嚇得了病，兩腳抽搐不能著地。

在這種情況，有術士建議他服用金石（仙丹），李恒從此上癮，雖然朝臣屢次勸諫，李恒也表面納諫，實際上卻沒有停止服食，以致身體嚴重受損，病死於自己寢宮長安宮中的清思殿。

唐武宗李炎崇道盛年「速死」

俗話說，「有其父必有其子」。唐朝的皇帝嗜食丹藥已到了瘋狂的地步，可以說是前仆後繼。唐憲宗李純是被丹藥毒死的，其子唐穆宗李恒又為丹藥所害。而李恒的兒子唐武宗李炎，還是死在丹藥上面。

李炎篤信道教。會昌五年（西元八四五年），李炎曾下詔陳佛教之弊，令毀全國寺院，被逼還俗的僧尼多達二十六萬餘人。這就是中國歷史上著名的宗教事件「會昌滅佛」。但相信道教，也讓李炎付出了生命的代價。他相信當時的道士趙歸真等人，迷信長生不老，讓他們給他煉製丹藥。為了與神仙相會，還在郊外建了一座「望仙台」，又在宮內建造了「望仙樓」。

由於服食過量由道家煉製的丹藥，李炎生前如其祖父李純一樣言行有異，喜怒無常。加上荒淫無度，弄了一身病，形容憔悴，瘦骨伶仃，身體早就不行了。僅僅比其父親李恒多活了三年，在三十三歲那年，正當盛年的李炎死於長安的大明宮。時正是春光明媚的三月份，可惜李炎因為貪食仙丹，死時連話都不能說，原本想不死，現在卻速死了，不僅未增壽，反而折壽，再也不能與寵妃近臣一道玩賞天下美景了。

唐宣宗李忱反對道教卻「食毒」

唐宣宗李忱與李炎是同父異母的兄弟，他的死是很搞笑的。

在其前面的多位皇帝都死於丹藥中毒，這讓他對道教很厭惡，曾怒殺了多位道士而「倡佛」，積極推廣佛教。但後來他也鬼使神差，依賴起了仙丹，反對道教方術的帝王，最後死在道家丹藥上，可悲。

實際上，初時，李忱與李純一樣，對丹藥的副作用有清醒認識，並表示，「雖少翁、欒大復生，不能相惑」。但後來卻中邪了。剛開始服食時李忱也已發現了副作用，神躁口渴，但他卻沒有停藥。到後來，李忱的中毒現象更厲害了，背上生了大膿瘡。《資治通鑑．唐紀六十五》記載：「上餌醫官李玄伯、道士虞紫芝、山人王樂藥，疽發於背。八月，疽甚，宰相及朝臣皆不得見。」

李忱就是因為服用丹藥中毒，惡化後而死。李忱之死應該是活該，唯一值得自慰的是，李忱活了五十歲，比前面的三位先逝皇帝多活了不少年。

一個朝代接連有李純、李恒、李炎、李忱四位皇帝死於丹藥中毒，堪稱中國帝王史上的一大奇觀，大唐王朝衰敗也因之成為必然。

此外，唐懿宗李漼、唐僖宗李儇也都被懷疑是服食丹藥中毒而死亡。這兩人的死因史書上都沒有寫明，僅稱「上疾」。聯繫當時大唐王朝後期皇帝迷信丹藥的背景，中毒死亡說還是相當可信的。時四十一歲的李漼病危前，宰臣蕭鄴等前去寢幄問疾，李漼僅說了一個「朕」字，話到嘴邊又不說了。而李儇死時僅二十七歲，其死因當時就傳是「丹藥中毒」。值得一提的是，大唐皇帝的所為，也影響到了後世李姓帝王。

五代十國時期，身為吳國丞相徐溫養子的徐州人李昪（西元八八八至九四三年，時名為徐知誥）執掌吳政，受封為齊王，吳天祚三年（西元九三七年），廢吳帝自立，改元升元，國號大齊。三年之後，又改國號為唐，史稱南唐，定都金陵（今南京市）。升元七年，李昪即因服食過量丹藥中毒死亡。

大唐皇帝嗜食丹藥的一種解釋

唐朝（西元六一八至九〇七年），是中國歷史上最重要的朝代之一，也是公認的中國封建社會的鼎盛時期。相比其他朝代的帝王，唐代的皇帝對不老的追求似乎也最強烈，不老的願望換來的卻是「速死」。

唐代的皇帝為什麼這麼糊塗？其實不是糊塗，而是對先祖和道教雙重崇拜的結果。

開國皇帝李淵擁有顯赫的隴西貴族家族背景。隴西位於今甘肅東南部、內蒙古北部一帶，家譜上最早可追溯到漢武帝時的飛將軍李廣，李氏家族視李廣為榮耀。最有出息的是第十六世孫李暠，他建立了古代西域著名的西涼國，有了「龍脈」。

但大唐建立以後，李世民想繼續把自己的根「描紅」，於是翻開史書往前找姓李的。這一找，找到了最早一個姓李的人李耳。李耳成了李姓的始祖。李耳字伯陽，楚國苦縣（今河南鹿邑）人，是春秋時期與孔子齊名的思想家，史稱老子，也有稱老聃。老子的思想主張是「無為」，即所謂「鄰國相望，雞犬之聲相聞，民至老死不相往來」。而其價值觀的核心則是「道」：「人法地，地法天，天法道，道法自然。」此番「道論」成為後來道教的「指導思想」，老子也成

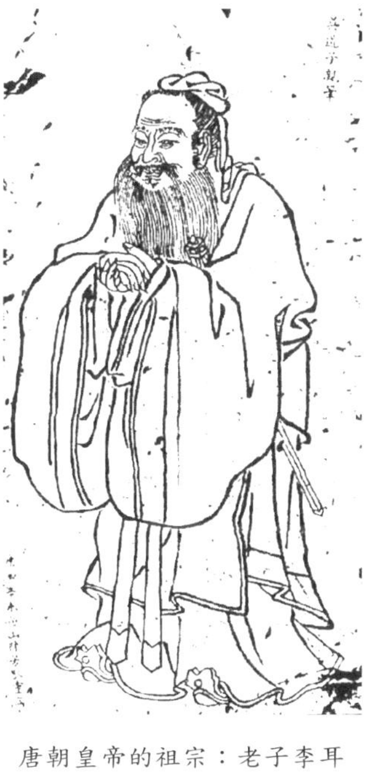

唐朝皇帝的祖宗：老子李耳

了道教的創始人和教主。

武德三年（西元六二〇年），唐高祖李淵尊封李耳為始祖，並在祖居地鹿邑大興土木，建宮興觀。不久，唐太宗李世民下詔編纂百卷巨著《大唐氏族志》，正式認祖歸宗，稱「朕之本系，起自柱下」（老子有「柱下史」之稱）。

到唐高宗李治時，追尊老子為太上玄元皇帝。至唐玄宗李隆基時，發揚光大道教，下令兩京和諸州各置玄元皇帝廟。

道教有「道術」，崇尚房中術，相信有長生不老藥，即所謂「外丹」、「內丹」。老子被李唐皇室這麼熱捧，視為始祖，道教便成為了大唐的「國教」。之後，道術流行、唐皇嗜食丹藥，私生活十分放縱，便很好理解了。

第五篇
帝王葬禮與皇陵的風水玄機

古代帝王死後的神祕殉葬

所謂人殉，簡單地說就是以活人作為死者殉葬品的葬俗（葬制），以卑者殉尊者為常見。

在中國古代帝王死後，人殉比較普遍，但在漢朝以後，此惡俗慢慢消失了，至唐朝則已非常罕見，接近廢除。但到明代卻死灰復燃，這古老的葬俗由此再添一層神祕。

明太祖朱元璋一生有兩大備受史學界非議的地方，一是酷刑濫殺，二是恢復人殉。特別是後者，最為人不褒。

布衣皇帝朱元璋為什麼要這樣？古代的殉葬又有何神祕？

明太祖恢復活人殉葬惡俗

《明史．太祖本紀》記載：西元一三九八年閏五月初十，「（朱元璋）崩於西宮，年七十有一」。朱元璋死後，長孫朱允炆繼大位，史稱建文帝。朱允炆七天後即將喪事處理完畢。其間，有一件事情非常讓人痛心，就是有眾多年輕美貌的嬪妃宮女從死。

朱允炆遵遺詔，依古制，凡沒有生育過的後宮嬪妃，皆令殉葬，另有若干宮女從死。具體殉葬是多少人，史上並無確切的記載。據明末人毛奇齡所著《彤史拾遺記》記載：「太祖以四十六妃陪葬孝陵，其中所殉，惟宮人十數人」。

毛奇齡的依據是，朱元璋下葬孝陵後，朱允炆對這些生殉宮女的家屬進行了表彰和封賞。「洪武三十一年七月，建文帝以張鳳、李衡、趙福、張弼、汪賓、孫瑞、王斌、楊忠、林良、李成、張敏、劉政等，由錦衣衛所試百戶散騎帶刀舍人，進為本所千、百戶，其官皆世襲。以諸人皆西宮殉葬宮人父兄，世所稱朝天女戶者也。」

另一可以證明朱元璋令宮內女人殉葬的有力證據是，朱棣將朱允炆趕下寶座，自己當了皇帝後，對侄兒皇帝在位時所為做了處理，連其年號也取消了，以朱元璋的「洪武」來替。

在討論革除朱允炆在位時所授官員的職位時，有人建議一革乾淨，對「朝天女

古代墓葬中的宮女圖

戶」也不保留。朱棣不同意，將這些人家都做了妥善安排，「帶薪上崗」，去看護孝陵衛，直到明亡方散。朱棣當時是這樣講的：「他們這幾家，都是好職事。不動。通調孝陵衛帶俸。」

這麼多女人殉葬後，是葬於孝陵內，還是另擇墓穴，目前考古仍未完全證實。但學術界認為，真正能陪同朱元璋一塊長眠的不會太多，可能只有皇后馬氏、成穆貴妃孫氏、寧妃郭氏等幾個女人，其他應該是在孝陵附近擇地祔葬。

明孝陵「申遺」前後曾進行了大規模的考古探測，發現這些妃子、宮女墓大抵有三處，一是孝陵西側的植物園內，二是明孝陵宮牆外西南角，三是孝陵右側的區域：朱元璋讓這些後宮女人死後還要圍他一人來轉，在陰間服侍他。

吊死宮人三十餘人殉朱棣

因為有朱元璋的示範帶頭作用，在帝王葬制中幾乎消失的生殉制，在十四世紀之後的中國，又死灰復燃，並流行了起來。

接下來的朱棣死後，也是用活人殉葬，據說有三十餘位後宮佳人被勒死。對於活人殉葬的具體過程，雖然殉葬惡俗在中國有幾千年歷史，但所記多不詳，有詳細描述的僅見朱棣後宮殉死的過程。朱棣死後，關於嬪妃宮女殉葬的事就提上了議事日程，嗣皇帝、朱棣的大兒子明仁宗朱高熾圈定了殉葬者大名單。

> 帝崩，宮人殉葬者三十餘人。當死之日，皆餉之於庭，餉輟，俱引升堂，哭聲震殿閣。堂上置木小床，使立其上，掛繩圍於其上，以頭納其中，遂去其床，皆雉頸而死。

這段文字並不見於中國古代文獻，而是出自《朝鮮李朝世宗實錄》，蓋因所殉嬪妃中有兩位朝鮮選獻的美女韓氏和崔氏。「韓氏臨死，顧謂金黑曰：『娘，吾去！娘，吾去！』語未竟，旁有宦者去床，乃與崔氏俱死。」殉葬儀式由朱高熾親自到場主持的，與她們一個個話別，「褚死者之初升堂也，仁宗親入辭決。」韓氏在臨殉前，就是不住地哭泣，她向朱高熾提了一個要求，希望年老的母親能得到照顧，「謂仁宗曰：『吾母年老，願規本國。』仁宗許之。」

墓室壁畫《儀仗圖》

進宮二十天的宮女也被處死

而在明朝所有殉葬宮妃中，當數才女郭愛的從死最令人傷心同情。郭愛進入明宣宗朱瞻基的後宮時間很短，僅僅二十天後，只有三十八歲的朱瞻基就死了。知道自己要殉葬，郭愛仿楚辭寫下了「絕命書」：「修短有數兮，不足較也。生而如夢兮，死則覺也。先吾親而歸兮，慚予之失孝也。心悽悽而不能已兮，是則可悼也。」郭愛是從朱瞻基的祖籍地安徽鳳陽選進後宮的，本來是榮宗耀祖，無上光榮的事情，結果還不知是否讓朱瞻基「幸」過她呢，就要殉葬。《史明·后妃列傳》上有郭愛的記載，對她評價甚高，稱「賢而有文」。

郭愛的「絕命書」當時影響很大，繼大位的明英宗朱祁鎮是朱瞻基的大兒子，他看到那麼多鮮活的生命就這樣死去，於心不忍，臨死時留有遺詔，囑廢掉此惡俗，「用人殉葬，吾不忍也，此事宜自我而止，後世勿復為」。

乾陵章懷太子墓墓道東壁《禮賓圖》

朱祁鎮當皇帝時曾被瓦剌俘獲，此成為中國古代帝王史中的一大恥辱，但因為罷殉葬一事，使他有了一個良好的歷史形象，歷史對他這一舉動評價甚高，《明史·英宗後紀》給他的蓋棺定論是：「罷宮妃殉葬，則盛德之事可法後世者矣。」

明朝史學家當時即盛讚此舉，時人王世貞在《弇州山人別集》中稱：「此誠千古帝王之盛節。」出於同情，朱祁鎮還對為朱瞻基殉葬的宮人進行了表彰，理由是，「茲委身而蹈義，隨龍馭以上賓，宜薦徽稱，用彰節行」。值得注意的是，除由已死老皇帝遺詔中指明要求殉葬的人外，其他殉葬者一般都由嗣位皇帝圈定。朱祁鎮是朱瞻基的大兒子，是繼任者，郭愛當時早早地被結束了生命，「兇手」應該是朱祁鎮。朱祁鎮大概也是迫不得已之舉吧！

清太祖強令少妻殉葬

朱祁鎮廢除了帝王死後活人生殉制，但這一制度實際上到清朝也沒有真正絕跡。

清朝著名的殉葬事件發生在清太祖努爾哈赤身上。努爾哈赤有一個比他小三十一歲的寵妃烏喇那拉．阿巴亥，她生於萬曆十八年（西元一五九〇年），父親滿泰是海西烏喇部的首領。阿巴亥嫁給努爾哈赤時才十二歲，而努爾哈赤是四十三歲。

老夫少妻，年輕漂亮，又富機智的阿巴亥，很快受到了努爾哈赤的青睞和寵愛，兩年後就被立為大妃（相當於皇后）。阿巴亥先後為努爾哈赤生了三個兒子，即皇十二子阿濟格、皇十四子多爾袞、皇十五子多鐸。

天命十一年（西元一六二六年），六十八歲的努爾哈赤病死，考慮到多爾袞、多鐸與年輕的母后對王位可能存在的威脅，他令阿巴亥殉葬，「俟吾終，必令殉之」。以皇太極為首的諸王，為了打壓多爾袞一派，就此將阿巴亥弄死。阿巴亥為了保全幾個兒子，盛裝自盡，年僅三十七歲。實際上，除了阿巴亥以外，努爾哈赤生前的四位宮女也一塊殉葬了。

據傳，在清聖祖玄燁之前的清世祖福臨、清太宗皇太極，與努爾哈赤一樣，死後都有活人殉葬。一直到康熙年間，時御史朱斐上書：

屠殘民命，干造化之和。僭竊典禮，傷王制之巨。今日泥信幽明，慘忍傷生，未有如此之甚者。夫以主命責問奴僕，或畏威而不敢不從，或懷德而不忍不從，二者俱不可為訓。且好生惡死，人之常情，捐軀輕生，非盛世所宜有。

玄燁於是於康熙十二年（西元一六七三年）下旨，禁止奴僕隨主殉葬。從此，帝王死後的殉葬制才算真正退出中國歷史的舞台。

秦始皇死後創殉葬人數之最

人殉制在十七世紀的中國消失了，但一個歷史疑問卻始終存在：朱元璋為什麼在十四世紀末恢復之？從中國喪葬史和當年的時代背景看，或許能找到一些答案。實際上，中國古代帝王讓生者從死，歷史很長。讓身邊人殉葬，與可以隨心所欲和他所看中的女人發生關係一樣，也算是帝王們的特權之一，只不過是繼任者替他完成的。

中國歷史上的第一位皇帝：秦始皇嬴政死後，殉葬者數量驚人，大概創造了歷史之最。朱元璋的殉幾十個人，與之相比，簡直微不足道。嬴政人殉確切數字有多少，至今是謎，但可以推算出一個大概，稱其有數千人並非不可信。

嬴政是位好色之君，史上有記載：他在統一六國的過程中，也將六國後宮的女人們給「統一」了，全部充實到自己的後宮裡面，即所謂「始皇每破諸侯，寫放其宮室，作之咸陽北阪上，南臨渭」。其後宮女人數量之多由此可以想像出來。而這些女人，全都殉葬了。

《史記．秦始皇本紀》（卷六）記載：

以水銀為百川江河大海，機相灌輸，上具天文，下具地理。以人魚膏為燭，度不滅者久之。二世曰：「先帝後宮非有子者，出焉不宜。」令從死，死者甚。葬既已下，或言工匠為機，臧皆知之，臧重即泄。大事畢，已臧，閉中羨，下外羨門，盡閉工匠臧者，無復出者。

從這段文字看，不只後宮女人從死，參與陵寢建設的工人也無一倖免，都成了「殉葬品」。

秦王墓塚出土殉人骸骨一百八十四具

但人殉並非是在封建社會才出現的現象，更不是「始皇帝」的發明創造。

秦國的人殉史，在中國古代是很出名的，《史記．秦本紀》（卷五）有這樣的文字：「二十年，武公卒，葬雍平陽。初以人從死，從死者六十六人。」從這段文字中可知道，秦武公死後，有六十六人殉葬。

但秦武公的殉葬人數還不是最多的，目前已知最多的是秦穆公。據近年公開的考古資料，從二十世紀三〇年代，中國考古專家即著手對位於陝西鳳翔縣一帶的秦公陵區進行考古，至二十世紀八〇年代，歷半個世紀才結束。

這項考古有多項重大的發現，其中「秦公一號」大墓的發現震驚史學界，此大墓為秦穆公的墓塚。發掘過程中共出土殉人屍骨多達一百八十四具，與《史記》等書上所記的秦穆公殉人一百七十七基本接近，殉葬者之多令人驚訝。為什麼會多出來，估計是當時現場臨時殺掉的。

人殉制出現在原始社會

主流觀點認為，人殉制出現在原始社會。

殉制在中國出現，並非以奴隸和戰爭俘虜為對象，而是以妻妾為開端的。這種說法很有意思，從考古發現來看，情況也確實如此。如在一度被認為是成吉思汗陵所在地的內蒙古伊克昭盟伊金霍洛旗，在這個旗的納林塔鎮朱開溝村曾發現了一個面積巨大的古人類文化遺址。

西元一九七四年至一九八四年十年間，內蒙古文物考古隊在這個村進行全面考古發掘。其中發掘出的一座成年男女合葬墓引起考古專家的注意，墓內女人是屈肢側身，臉朝男人。專家認為，這個女人是殉葬者，可能就是這個男人的生前配偶。

考古還發現，在年代大約西元前四〇四〇至前二二四〇年大汶口文化時期，早期的墓葬有多人合葬，多人二次合葬，多為同性合葬，早期偏晚則已出現男女合葬墓。中期以後的墓地也發現男女合葬。經性別鑑定，這些男女合葬墓均為男左女右，一次入葬，其中一座中的男子還與一幼女合葬。考古界學者認為，這應該是一種非正常死亡，正常情況下是不可能同時死亡的，猜測是家長奴隸制下殺妾殉葬的遺跡。

後來的帝王殉葬者，絕大多數是被幸過的後宮女人，應該是古代早期這種妻妾殉葬習俗的遺留和繼續。

人殉興盛於殷商衰於西漢

中國古代人殉現象在殷商時代最為突出，證據之一是目前的考古發現。這一時期發掘出的王塚貴族墓（殷墟墓葬），幾乎座座都有數量不等的殉人。人殉數量少的幾十，多的上千。概因當時用奴隸殉葬已成為一種葬制。上面提到的秦公大墓，也處於奴隸社會這樣的時期。在進入周後，人殉現象才開始減弱。

秦朝滅亡後，到了漢朝，殉葬之風衰敗了。分析認為，秦王的殘暴遭天下人共怨，加上當時長期戰爭造成的人口劇減，從民間走出來的布衣皇帝劉邦意識到了人心和人力的重要，所以不再實行人殉，同時鼓勵婦女多生育。但這一說法專家並不都是贊成的，劉邦死後是否有人殉也待考證。

劉邦之後禁止人殉，但不等於當時沒有殉葬現象，實際上也沒有絕跡。漢武帝劉徹在位時，從有人上書提出廢除人殉制，可以看出當時人殉現象的廣泛存在。時儒生董仲舒上書，稱「鹽鐵皆歸於民；去奴婢，除專殺之威。薄賦斂，省傜役，以寬民力。然後可善治也」。「去奴婢，除專殺之威」，就是建議朝廷打擊當時的人殉現象，這一建議得到了劉徹的重視，並影響到隨後諸位皇帝的執政行為。史載，在漢宣帝劉詢在位時，趙繆王劉元要求十六個婢女從死，這一醜聞曝光後，劉元一族被取消了封國稱號。

與當初抓住戰俘就殺掉，到後來將之當作奴隸使用，是人類的一大進步一樣，漢朝反對人殉，也是一件值得大寫特書的事情。但是，漢朝反對人殉，只是劉姓皇帝的觀點。從一些記載來看，此後魏晉南北朝時期的走馬燈般輪流坐莊的小皇小帝，並沒有禁止人殉。即便唐、宋這樣曾以官方形式禁止過人殉的大王朝，也有殉葬的傳聞出現。

少數民族殉葬現象不絕

而同一時期的少數民族政權下，人殉制仍相當盛行。如北方的匈奴，人殉不絕。

蒙古在進入鐵木真（成吉思汗）時代時，其社會形態仍處於奴隸社會，比中原的封建社會要落後多了。西元一二二七年八月成吉思汗死後，就有大量活人殉葬。

時馬可．波羅所聞，成吉思汗死後，「在運送靈柩的途中，護送的人要將途中遇到的所有的人殺死作為殉葬者」，並對他們說：「離開現世到陰世去服侍你們駕崩的主人吧！」、「當蒙可汗的屍體運往阿爾泰山時，護送的兵馬沿途殺死了將近兩千人。」

除了這些不幸的殉葬者外，還有四十名生前服侍過成吉思汗的美女，與他生前騎過的戰馬一道，被活活殺掉殉葬。此後的元朝皇帝死亡後，多少都有活人殉葬。而朱元璋恢復人殉惡俗可能是受到了蒙古人影響，加上人殉在中原民間並沒有完全絕跡，朱元璋重新祭起人殉，就有了一種可能性。可見，朱元璋的「人性倒退」是有歷史背景的。

處死殉葬者的種種恐怖手段

最後，簡單交代一下讓殉葬者結束生命的方式。

可以說，人殉是野蠻的。但在許多情況下，有些人並非被動殉葬，而是主動自殺從死。如為努爾哈赤生殉的四位宮女，就是自願從死，而不像大妃阿巴亥那樣是被逼的。

在早期能為尊者殉葬是一種待遇和榮耀，所以主動殉葬結束生命的方式很簡單：自殺；被動殉葬者結束生命的方式自然就是他殺了。但他殺的手段卻不會是一種，而且都是祕密處死。

現在古籍上明確有記載的處決殉人的手段，見於朱棣死後，採取「吊死」殉葬者的方法。這在上文已有詳細文字了，這裡就不多說了。

有一點是，在吊死前，主事者都會給殉葬者安排一頓美食，身分高者單獨送到房間，身分低的一般集中一塊，集體聚餐。這「最後的晚餐」相當豐富，但由於即將到來的死亡的恐懼，恐怕誰也無心食用的，多半情況是淚流滿面，現場哭聲震天，史書記載朱棣的殉葬者即如此。除了逼其吊死，將殉葬者「毒死」，也是常見的手段。

朱元璋的殉葬宮妃是怎麼處死的，有人說是太監將她們吊死的。但民間另有說法，其中一種說法是給被選定宮妃強行灌食水銀。水銀劇毒，食後立刻即死。為什麼使用水銀？據說被水銀毒死的殉葬者，其屍體長久不腐，多年內仍栩栩如生。屍體不腐現象，在中國盜墓野史上多有記載。如漢宣帝時廣川王劉去，是一個盜墓成性的惡人。有一次去盜掘幽公塚，打開墓室後發現，墓內有一百多具屍體，互相枕壓疊加在一起，但奇怪的是沒有一具腐爛。可以推測，這些女人都是殉葬者，歷幾百年屍體不腐。此事記載於晉人葛洪撰編的《西京雜記》，殉葬者的樣子與被水銀毒死的說法頗相似。

還有一種是「活埋」，將殉葬者手腳捆住，擺成一定姿勢（造型），隨即快速埋土。為了讓殉葬者失去反抗能力，有時會使用麻醉劑一類的東西，讓其「安樂死」。在考古發掘中發現，有的殉葬女性四肢存在被繩索捆綁的痕跡，這應該是當時被強行殉葬的。

有的殉葬女人屈肢側身，臉朝男性，則是死後（也可能未死）被擺弄成的姿態，是一種造型，自然死亡者是不可能有那種「規定動作」的。西元一九八七年發現的河南濮陽西水坡四十五號墓，墓主為一身高約一百八十四公分的壯年男子，仰身直肢葬，頭南足北。墓室的東、西、北三個不同方向有三個龕室，內各有一具小孩的屍骨，朝向不一。這三個小孩，專家認為就是殉葬，被活活弄死後擺出形狀的。

當然，結束殉葬者生命的方式很多，最直接，也是最省事的手段當是「砍頭」，直接將殉葬者帶到墓地，就此弄死。但這種手段為後世棄用，原因是，不能保留全屍體。後世講究全屍，獵殺方式就不會是砍頭了，直接將其放血刺死。所以，砍頭多在早期或人牲中使用，在奴隸社會奴隸主墓穴考古中，時常會發現殉葬者的頭被有規則地排列在一起，而屍身則另擺一處，推測生前遭砍頭。

還有一種，古人築墓有用人頭作祭的習俗，在墓穴開挖的不同階段，都會將人頭與豬頭、狗頭一樣砍下來，當作「牲」來作祭。

目前考古發掘出的殷墟 M 一〇〇一號墓塚，殉葬者超過一百六十四人，與墓主同穴有九十六人。附近有大片祭祀坑內有大量的人體骨架，全部屍首不全，這些殉葬者被結束生命時都應該是砍頭。WKGM 一號墓，墓室內有規則擺放著三十四顆人頭，這些都是殉葬者的頭顱，也應該是遭砍後葬入的。

皇帝老婆死後的喪葬祕聞

皇帝的老婆死後怎麼辦喪事？這個問題比較冷，但不少人好奇。實際上，各朝在這方面都有規定，從各朝史書中的「喪禮」紀錄上，都能查到。

這裡以明太祖朱元璋和清乾隆皇帝兩人的皇后的喪事為例，來簡單聊一下。

明代喪儀規定禁止民間殺豬

筆者曾在〈劉邦與朱元璋的「夫妻生活」揭祕〉一文中談到，朱元璋與大腳皇后馬秀英的夫妻感情相當深，在馬皇后生病期間，朱元璋親自端水餵藥什麼的。

朱元璋當皇帝當到第十五個年頭，馬皇后死了。朱元璋對結髮妻子馬皇后的去世甚為悲傷，連朝政也不理了。馬皇后去世時才五十一歲，在皇家那麼好的條件下，她應該

朱元璋的老婆：皇后馬秀英，
於洪武十五年秋去世。

能多活幾年的，但生死難料。

朱元璋對自己的喪事都要求從簡，在交代自己的後事時說：「天下臣民，哭臨三日皆釋服，毋妨嫁娶；諸王臨國中，毋至京師。諸不在令中者，推此令從事。」

但在馬皇后死後，朱元璋在給她辦喪事時，採用的規格相當高，當然，這與馬皇后是「國母」有關，但更重要的是朱元璋對馬皇后有深深的感情。

據《明通鑑》記載：馬皇后死後，她喪事的儀式體例大體引用了上朝，即宋朝皇后死後辦喪事的一套：「凡內外百官，仍循以日易月之制，二十七日而除。」

過去講要守孝三年，實際上只有二十七個月，馬皇后的「以日易月」，將守喪期大大縮短為二十七天，但也比朱元璋自己的「三天皆釋服」長出了二十四天。

朱元璋給馬皇后的喪儀都定了哪些規矩？大概有「十六條」。《明會典》的記載如下：

一、聞喪次日，文武百官素服行奉慰禮。

二、在京文武百官於聞喪之次日清晨，素服詣右順門外，具喪服入臨，臨畢，素服行奉慰禮，三日而止。

三、文官一品至三品、武官一品至五品命婦，於聞喪之次日清晨，素服至乾清宮，具喪服入臨行禮，不許用金、珠、銀、翠首飾及施脂粉。喪服用麻布蓋頭、麻布衫、麻布長裙、麻布鞋。

四、在京文武百官及聽除等官，人給布一匹，自製喪服。

五、文武官員皆服斬衰，自成服日為始，二十七日而除，仍素服。至百日始服淺淡顏色衣服。

六、在外文武官喪服，與在京官同。聞訃日於公廳成服，三日而除。命婦喪服與在京命婦同，亦三日而除。

七、軍民男女皆素服三日。

八、自聞訃日為始，在京禁屠宰四十九日，在外三日。停音樂祭祀百日，停嫁娶官一百日、軍民一月。

九、上冊謚祭告太廟。

十、發引，文武百官具喪服詣朝陽門外奉辭。神主還京，文武百官素服迎於朝陽門外。回宮百官行奉慰禮。

十一、卒哭行祔廟禮。

十二、百日輟朝，祭告幾筵殿。百官素服黑角帶，詣中右門行奉慰禮，命婦詣幾筵殿祭奠。

十三、凡遇時節及忌日，東宮親王祭幾筵殿，及詣陵拜祭。

十四、小祥，上素服烏犀帶，輟朝三日。是日清晨，詣幾筵殿行祭奠禮。東宮、親王，詣陵拜祭。京城禁音樂三日，禁屠宰三日。百官前期齋戒，至日素服黑角帶，詣後右門進香，畢，行奉慰禮。是日，外命婦詣幾筵殿行進香禮。

十五、東宮、親王熟布練冠九㡚，去首絰，負版辟領衰，如朝見上及受百官啟見，青服、烏紗帽黑角帶。皇孫熟布冠七裲，去首絰，負版辟領衰。皇妃、皇太子妃、王妃、公主及皇孫女，熟布蓋頭，去腰絰。宗室、駙馬，服齊衰三年，練冠，去首絰。

十六、大祥，奉安神主於奉先殿，預期齋戒告廟，百官陪禮畢，行奉慰禮。各王國，禁屠宰三日，停音樂三日。

從中可以看出，馬皇后喪事的規矩特別多，而且很細，王公大臣要為馬皇后披麻戴孝，普通老百姓也不能亂來，要求「自聞訃日為始，在京禁屠宰四十九日，在外三日」。這條規定就是民間所說的，明代皇家發生喪事，老百姓不能殺豬的由來。「停音樂祭祀百日，停嫁娶官一百日、軍民一月」。還好，不能辦喜事這一條當官的要在一百天後，對普通人家放寬了政策，只要一個月。皇后死了，王公大臣都要披麻戴孝，這也是古代皇家喪儀的規則，歷代如此。

馬皇后是八月初十病死的，九月葬。而有點神祕的是，在馬皇后下葬的當天，竟然發生了怪異反常的天象。

據明代文學家徐禎卿在《翦勝野聞》一書中記錄：馬皇后的靈柩準備運往南京東郊的孝陵下葬那天，是狂風驟雨，閃電雷鳴，天氣極其糟糕。對於九月時節的南京來說，這是十分反常的，搞得朱元璋很不開心，疑神疑鬼的。

《翦勝野聞》中的原文是這樣寫的：「時太后既崩，臨葬日，大風雨震雷電，太祖甚不樂。」

於是，朱元璋讓人找來了和尚宗泐，讓宗泐給馬皇后念經超度一下，以讓她高高興興地歸葬孝陵。宗泐口中念念有詞：「雨降天垂淚，雷鳴地舉哀。西方諸佛子，同送馬如來」。說也來怪，宗泐胡嚼完了，天也一下子晴了，「頃忽朗霽，遂啟靈輀」。朱元璋龍顏大悅，「詔賜白金百兩。」

在過去，民間死人的人家有條件的會請僧人做道場，皇家遇到這種國母升天的事情，也會有和尚身影的，給死者亡靈超度的規模會更大。如朱元璋這般，在馬皇后下葬時所為，比較少見。

清代要求女人不要戴耳環

清高宗弘曆與富察氏也是一對好夫妻，富察氏死後也享受了高規格的喪儀。

清高宗即清朝著名的高壽皇帝：乾隆，富察氏十四歲時嫁給十五歲的他。乾隆十一年（西元一七四六年）三月，富察氏隨乾隆南巡時死於途中，時年三十六歲。

乾隆很是傷心，在大運河的寶船上，寫下痛悼愛妻的挽詩：

恩情廿二載，內治十三年。忽作春風夢，偏於旅岸邊。聖慈深憶孝，宮壺盡欽賢。

忍誦關雎什，朱琴已斷弦。夏日冬之夜，歸於縱有期。半生成永訣，一見定何時？

棉服驚空設，蘭帷此尚垂。回思想對坐，忍淚惜嬌兒。愁喜惟予共，寒暄無刻忘。

絕倫軼巾幗，遺澤感嬪嬙。一女悲何恃，雙男痛早亡。不堪重憶舊，擲筆黯神傷！

富察氏去世當天，向天下公布了噩訊：

皇后同朕奉皇太后東巡，諸禮已畢，忽在濟南微感寒疾，將息數天，已覺漸愈，誠恐久駐勞眾，重廑聖母之念，勸朕回鑾；朕亦以膚疴已痊，途次亦可將息，因命車駕還京。今至德州水程，忽遭變故。言念大行皇后乃皇考恩命作配朕躬，二十二年以來，誠敬皇考，孝奉聖母，事朕盡禮。待下極仁，此亦宮中府中所盡知者。今在舟行，值此事故，永失內佐，痛何忍言！昔古帝王尚有因巡方而殂落在外者，況皇后隨朕事聖母膝下，仙逝於此，亦所愉快。一應典禮，至京舉行。布告天下，咸使聞知。

妻子死了，丈夫一般是不穿孝衣的，但乾隆給富察氏穿了白孝服，還輟朝九日。大臣們自然也要給自己主子老婆的死去而披麻戴孝。當時，按照總理喪儀王大臣所議「有例不滅，無例不興」原則，定出喪制：

一、皇帝輟朝九日，仍循以日易月之制，服縞二十七日。

二、妃嬪、皇子、公主服白布孝服，皇子截髮辮，皇子福晉剪髮。

三、親王以下，凡有頂戴的滿漢文武大臣一律百日後才准剃頭。

四、停止嫁娶作樂二十七天。

五、京中所有軍民，男去冠纓，女去耳環。

富察氏喪儀規矩也很多，比明朝更嚴的地方是連頭都不能剃了，後來成為清朝的慣例。但總體規格低於朱元璋妻子馬皇后的喪事標準，沒有達到真正的「國喪」級別。

據說，責辦喪事的總理喪儀大臣，擔心乾隆不高興，決定向明朝「援引宋例」的方式學習，效仿明例，放棄本朝《會典》，而援引《大明會典》所載皇后喪儀，聯銜奏請外省一律照京師治喪。

乾隆很快同意了。於是各省文武官員從奉到諭旨之日為始：

一、摘除冠上的紅纓。

二、齊集公所，哭臨三日。

三、百日內不准剃頭。

四、持服穿孝的二十七天內，停止音樂、嫁娶。

五、一般軍民，則摘冠纓七日，在此期間，亦不嫁娶，不作樂。

從上面兩例可以看出，皇帝的老婆死了，與民間一樣，也是當成一件天大的事情來辦，但喪儀的規格十分嚴密。一般情況下，皇帝的老婆死了，皇帝本人都會十分重視的，就是夫妻情感不是太好的，也會隆重操作。雖然死人已不知道了，但可以安慰活人，辦給活人看的，以顯自己對皇后深厚的感情和皇家禮儀之威。若夫妻之間感情如朱元璋馬秀英這般恩愛的，自然會更多一番規矩！

乾隆的老婆：皇后富察氏及「皇后之寶」，於乾隆十一年春去世。

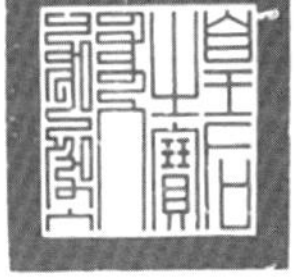

「皇后之寶」

破譯中國古代帝王的葬姿密碼

中國古代的葬俗很多，葬姿各異。已考古發現的葬姿有仰面直肢、曲肢、側身、俯身等，還有一種更是今人無法理解的葬姿：肢解葬。但這些都是民間使用的葬姿。帝王死後是怎麼入葬的？在明定陵發掘前，不見報導。帝王的葬姿屬於皇家私事，祕不外傳，史無記載，是千古之謎。

萬曆皇帝葬姿暴露天大祕密

定陵棺槨開啟後，陵主萬曆皇帝朱翊鈞、孝端、孝靖后的葬姿赫然在目。

就考古的一般常識來說，陵墓的發掘必須要注意的：一是墓主人的屍體情況，二是可以證明墓主身分的文字，而不是金銀財寶那些陪葬品。所以，開啟梓棺一般是最後一道，也是最重要的一道考古程式，要求相當嚴格。在主要專家或是主政官員到場的情況下，才會打開棺槨。

明神宗朱翊鈞標準像

定陵，作為一座一級帝王陵，其發掘過程也是極其小心的，參與定陵考古的專家和官員，對棺槨的開啟慎之又慎。當時，發掘人員小心打開棺槨後，現場專家大吃一驚：朱翊鈞屍骨放置在一條錦被上，錦被兩邊上折，蓋住屍體。屍體頭西腳東仰臥，肌肉已經腐爛，僅剩骨架。面向上，頭頂微向右偏，右臂向上彎曲，手放在頭右側，左臂下垂，略向內彎，手放在腹部。手中拿念珠一串。右腿稍彎曲，左腿直伸，兩腳向外撇開。

孝端后屍體放置在織錦妝花緞被上，被兩側上折，蓋住屍體。屍體已經腐爛，骨架頭西腳東，面向右側臥，左臂下垂，手放在腰部。右臂向下直伸。足部交疊，左足在上，右足在下。

孝靖后屍體亦放在織錦被上，被兩側上折，蓋住屍體。屍體已腐爛，僅剩骨架，腳東放置。面稍向右側臥，右臂向上彎曲，手放在頭下。左臂下垂，手放在身上腰部。

朱翊鈞和他的皇后屍體放置呈如此姿態，真乃驚世發現。之前誰也沒有見過帝王的葬式，在現存的資料中，帝王死後屍體擺放成什麼姿態入斂，一直是祕不示人的。而根據傳統的喪葬習俗，入棺時外人都是要避諱的，即使是身邊人，也只有極少數的嫡親才能看到，因此才沒有一丁點兒這方面的文字記載。

定陵暴露了一個驚天的祕密，給考古界帶來了一個天大驚喜，這應該是定陵考古發掘的最大收穫之一。

定陵的地宮

下葬時棺墜地改動了葬姿？

之所以說朱翊鈞的屍骨姿態暴露出了個天大祕密，一是帝王棺槨內屍體擺放姿勢是一個千古之謎，現在被揭開了，填補了一個歷史空白；二是因為其姿勢太怪異了，與傳統的「仰身直肢葬」完全不符，其包含的資訊也應該是深奧的。

為何朱翊鈞在棺槨內會曲肢側臥？難道被人動過？專家一直不得其解。期間由於經歷了「文化大革命」，直到二〇〇四年才有專家就此做了合理的推斷，比較合理地破解了帝王葬式密碼，引起了當年學術界的注意。

二〇〇四年三月，明清陵寢學術研討會收到了一篇關於這方面的論文。這是「明十三陵特區辦事處」專家王秀玲提交的，題目叫〈試論明定陵墓主人的葬式〉。從定陵帝、后骨架情況看，三人葬式稍異，顯然不像普通人的葬式。根據其骨架：頭部均為向右側臥，左手都放於腰部。右手，朱翊鈞和孝靖后向上彎曲，放於頭部，孝端后為下垂式。腿部，朱翊鈞右腿彎曲，左腿直伸，孝靖后兩腿彎曲，孝端后兩腿平放足部交叉。王秀玲推斷，朱翊鈞的原葬姿勢應為罕見的「側臥式」。

孝靖后骨架情況應與原葬式相似，而朱翊鈞與孝端后則可能有出入。因為人死後入葬，不可能故意擺成一腿彎曲一腿直伸狀。顯然，朱翊鈞的葬式不是原狀。孝端后雖是兩腿平放，但其頭部向右側臥，脊椎亦向右側彎曲，兩腿平放與其不相符。其原狀應為側臥式。朱翊鈞頭部、脊椎情況與孝端后相類似。

再者，屍體如果平放，一般晃動也不會有大變動，只有側臥式，碰撞時易變形。如果向右側臥，必然倒向左側，所以朱翊鈞左腿直伸。孝端后左足壓右足，根據兩人骨架情況分析，原葬式應為向右側臥。而朱翊鈞應為雙腿彎曲式，只是因為晃動和碰撞而改變了原葬姿式。孝端后的右臂下垂姿式尚待研究，如果原葬式是下垂式，一般情況下，手臂應貼近身體。孝端后的右臂是向外撇，如與朱翊鈞和孝靖后一樣放於頭部，因碰撞右臂發生變化，就有可能是現在的姿式。

據史書上當年朱翊鈞下葬時的文字記載，原葬式確實可能變動過。當時，棺槨是從百里之遙的京城靠人工抬運到山陵，沿途顛簸。《泰昌實錄》記載：葬朱翊鈞及孝端皇后時（孝靖皇后比朱翊鈞早逝九年，已入葬於天壽山東井平崗地）僅抬杠軍夫多達八千六百人。一路上繩索常有損壞，不斷更換。棺槨到鞏華城時（今沙河），抬棺槨的木杠有斷裂聲，右邊一角曾墜地。如此這般，可以想像屍體姿式有變化是完全可能的。

怪異葬姿係「七斗星葬式」

根據現有的考古發掘發現，中國古代土葬時屍體擺放方式，一般有仰身直肢葬、曲肢葬、俯身葬等姿態。西元一九七三年，在偃師二里頭夏朝遺址還發現了跪姿葬式，人架骨作跪伏狀，向西，面朝下。跪姿葬極為少見，而朱翊鈞的「側臥式」葬姿，則是罕見，至今不見類似帝王葬制方面的文字紀錄。皇帝死後，何為要讓人把自己的屍體弄成這樣？王秀玲大膽推斷，此乃為「七斗星葬式」，皇帝的葬式密碼一下子被破譯了。原來，從骨架情況看，身體側臥，雙腿微曲如睡眠狀，其形極像天上的北斗七星。

過去，「北斗七星」被認為是極星，指向正北，位於天空中心。在星宿中屬紫微垣。宋代鄭樵《通志》稱紫微、太微、天市為三垣，三垣指的是三個星區。紫微垣是以北斗星為中心與周圍各星組成的星區。

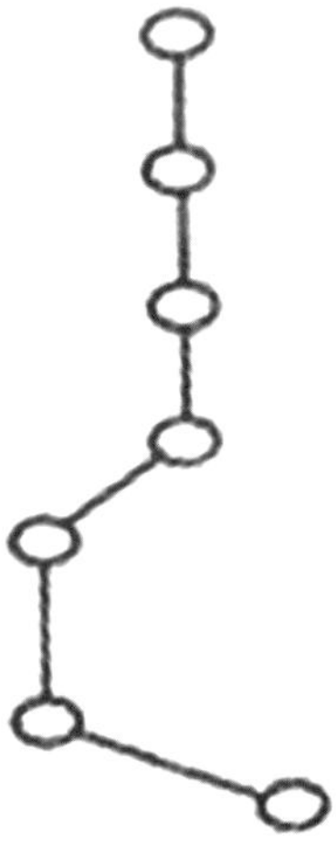

北斗七星示意圖

古人常以星象變化預測人事吉凶，將三垣同人世對應起來，紫微垣對應的是人間帝王，是帝星所在。所以極星北斗又被認為是天帝居住的地方。明代文人、藏書家郎瑛在其《七修類稿．天文類》一書中稱，「天子之居，謂之紫宸」。

實際上，明朝皇帝這種「天象觀」並非特有，在世界範圍內都存在。如古埃及帝王認為，他們死亡也會「升天」，但居住地與中國古代帝王的方位有區別，處於獵戶星座。獵戶座在古埃及被奉為神靈，叫「歐西里斯」神，掌管冥界。所以，古埃及法老死後所建陵墓（金字塔）的布局與獵戶星座對應，將尼羅河當成天上的「銀河」。

如處於尼羅河兩岸沙漠之上吉薩地區最大、保存最完好的胡夫金字塔、卡夫拉金字塔和孟卡拉金字塔三座，建造於西元前二六〇〇年至西元前二五〇〇年，正好與當時的獵戶座的腰帶星相對應，代表了獵戶座三顆斜著排列的星星。從胡夫金字塔內新發現的甬道內，正好能看到當時的獵戶座。明皇「北斗七星葬式」，也是考慮了天象。

封建帝王也一直認為自己是上天派到人間的主宰，故過去都稱皇帝為「真龍天子」，信奉「君權天授」、「天人合一」的思想，視皇位為「天位」，皇帝死了，就是「升天」。所以，依照這樣的觀念，朱翊鈞怪異的葬式之謎就真相大白了。

帝王葬姿源於風水理論？

帝王怪異的葬姿，還可能與風水說有關。過去風水家認為，北斗七星具有避邪功效，其奧祕在於它的形狀恰為一個巨大的聚氣的S形。古代研究氣場是以不動的恆星為準，具體說要與北斗七星聯繫在一起，七個星代表七種場。

風水的核心古代稱之為氣，氣的運動形式，按古代河圖數字的表示則為順時針左旋氣場及S形氣場。再結合皇帝選陵址，要選能「聚氣藏風」的地方，選擇標準是山環水抱。因山環水抱必有氣。在風水學中，用「曲則有情」來形容水和路的吉祥。山脈的起伏呈S形，河流則更明顯，總是彎延曲折。

《水龍經．論形局》中說：「水見三彎，福壽安閒，屈曲宋朝，榮華富饒。」指的是一條水連續出現三個「S」型，則是好氣場。

皇帝入葬地宮，從隧道門經明樓後進入地宮，其路線也是S形。按照「事死如事生」的觀念去分析，皇帝死後，也需要聚氣。這種S形葬式取其能夠「聚氣」，有了生氣，就有了萬物，預示著子孫萬代繁延旺盛。依此而論，朱翊鈞和皇后的怪異葬式源於天象不無道理。

釋迦牟尼「涅槃」影響中國皇帝

還有一種說法，朱翊鈞的怪異葬姿與天象、風水均無關係，而是緣於釋迦牟尼「涅槃」的姿式。理由是，朱翊鈞生前是虔誠的傳教徒。

這在王秀玲的論文也提到了：根據《大乘起信論》中所載釋迦「八相成道」中第八「涅槃」的姿式，佛祖釋迦牟尼八十歲時，自知陽壽將盡，便最後從王舍城出發，作一次巡行。在弟子阿難陀的陪同下，走到離末羅國首都拘尸那揭羅（Kusnagara）不遠的一個村莊波發（Pava）附近，在村外希尼亞瓦提河西岸的兩株娑羅樹（Sala）下，頭朝北，面向西，右手支頭，左手放置身上，雙足合併，作側臥姿式進入涅槃。

朱翊鈞和兩位皇后的屍體姿勢，極像釋迦牟尼「涅槃」的姿式。朱翊鈞及其皇后，在生前非常信仰佛教，認為信仰佛教有助於「護國佑民」。萬曆十八年（西元一五九〇年），在賜與萬佛寺經書的教諭中指出「聯惟佛氏之教，具在經典，用以化導善類，覺悟群迷，於護國佑民，不為無助」。又要求寺內僧眾，「爾寺務須莊嚴持詠，尊奉珍藏，不許諸色人故行褻玩，致有遺失損壞，特賜護持，以垂永久」。

定陵出土實物也可充分證明朱翊鈞是一個十足的佛教徒。據考古報告，在帝、后服飾上就有不少佛教內容的紋飾，如經文，孝靖后屍體最上層覆蓋的是一床「經被」；上面有朱書經文，字跡已模糊。但中部的「南無阿彌」四字和右下部的「華嚴」二字均能看出。在朱翊鈞的棺內有一件「紅八寶紋暗花緞緙絲盤龍佛字方補交領夾龍袍」，其前後胸方補內為正面龍戲珠，龍首頂部緙一金「佛」字。

孝端后棺內有一件「黃串枝花卉童子攀藤暗花緞繡佛字方補方領女夾衣」，方補內飾「佛」字，佛字下部飾蓮花紋；背部在「佛」字上下兩側各繡一鳳。所謂「八吉祥」，即指輪、螺、傘、蓋、花、罐、魚、盤長八種圖案，八吉祥也稱「佛八寶」。最有說服力的是，朱翊鈞手中還拿有一串佛珠，由此可以想像他信佛的程度。不僅生前信，而且死後仍念念不忘。專家認為，他怪異的葬式是仿釋迦牟尼涅槃的姿勢。

朱翊鈞的怪異葬式到底是源於天象，還是源於佛教，目前學術界沒有定論。根據其陵墓北斗七星狀布局，源於天象的說法理由更充分一些。二十世紀九〇年代，南京中山陵園管理局組織專家，對南京明孝陵進行考古勘測，使用了飛機航拍技術，專家驚訝地發現，大明王朝開國皇帝朱元璋的陵區布局竟然是「北斗七星」布局，此事曾引起極大轟動。

這或許給朱翊鈞的怪異葬式，提供了一個佐證。有專家大膽推測，認為朱元璋也是這樣的葬姿；不僅朱元璋、朱翊鈞是這樣，明朝其他皇帝也是這樣的「七斗星葬式」。由於沒有更好的考古發掘，這種推測也僅僅是推測。

更大的問題是，就算朱姓明朝皇帝是這樣的葬姿，秦、漢、唐、宋帝王的葬姿是這樣嗎？目前此仍是一道無法破譯的密碼。

明孝陵航拍照片

帝王死後的陪葬寶貝

封建時代是「家天下」，「國彌大，家彌富，葬彌厚」。擁有全天下財富的皇帝們，死後的陪葬會更講究。具體都會陪葬些什麼，籠統地說都是寶貝，具體來說卻很難。但有一點是確定的，死者生前用的玩的占有的，都會被隨葬到地下，越值錢的東西越會讓死者帶走。關於帝王陵的陪葬品，這裡簡要說一下。

明神宗隨葬金冠重一斤六兩

厚葬現象，在秦漢時期出現第一波瘋狂。據《晉書》記載：「漢天子即位一年而為陵，天下賦三分之一，一供山廟，一供賓客，一供山陵」。一個國家三分之一的財政收入，要作為帝王的陪葬品，其規制確實到了瘋狂的地步，在今人看來是斷不可想像的。

在封建社會陪葬越豐厚，表明墓主的地位越高。反之，社會底層的窮人連溫飽都無法解決，薄薄的棺材都置辦不起。明朝開國皇帝、太祖朱元璋當年葬父，只能用蘆席包裹，草草而葬，連薄薄的棺材都置辦不起，哪來陪葬品？

朱元璋死時就不一樣了，生前就開始在南京東郊的鐘山（紫金山）南坡，營建自己的巨大陵寢：孝陵。

朱元璋的子孫皇帝更是不得了。定陵是明朝第十三位皇帝神宗朱翊鈞（西元一五六三至一六二〇年）與其兩位皇后的合葬陵。朱翊鈞十歲繼位，史載其糊塗昏庸，好酗酒，每餐必飲，每飲必醉，還經常醉酒後殺人。定陵始建於明萬曆十二年（西元一五八四年），萬曆十八年（西元一五九〇年）竣工，歷時六年，耗銀多達八百萬兩。

定陵地宮在地下二十七公尺處，規模宏大，由五座石室組成。西元一九五六年至一九五七年，中國考古專家對位於北京大峪山東麓的皇陵進行考古發掘，出土的文物價值連城，其陪葬品之豐令人驚嘆。一頂金絲編成的金冠，重即達一斤六兩，僅此一頂「帽子」，如果讓盜墓者盜得，也夠幾輩人的生活費了。

宋真宗陪葬品入葬前開「展覽」

北宋帝王陵在諸代皇陵中，並不顯赫，規模相對簡單。但其陵中隨葬物品也是價值連城。《宋史．禮志．山陵》記載：乾興元年（西元一〇二二年）二月十九日，真宗趙恒病死，三天後即準備好了陪葬品，「先帝服玩及珠襦玉匣」等寶物「不可留於人間」，均隨著一些專門置辦、很值錢的冥器，葬於永安陵中。在寶物入葬前，還如今天的博物館一樣，舉行了「陳列展」，供群臣參觀。

遺憾的是，這些寶物後來均被盜掘走了。

慈禧僅棺槨內陪葬值五千萬兩白銀

在所有皇家陵寢中，陪葬寶物被完全公開的，大概是清朝慈禧太后的「定東陵」。

當時一本名為《愛月軒筆記》的書在一定人群間久為流傳。此書的作者叫李成武，他可不是一般的作者，身分特殊，是慈禧貼身侍衛，二品花翎頂戴，是當時深受慈禧器重的大太監李蓮英的侄子。據說此筆記便是李成武根據李蓮英的口述撰就。其中有一章《慈禧藏寶圖記》，詳盡記下定東陵陪葬品資訊，僅棺槨內的陪葬品價值高達五千萬兩白銀。茲抄錄如下：

明「十三陵」全景簡圖

> 棺底鋪金絲所製鑲珠寶之錦褥一層，厚約七寸。褥上覆繡花絲褥一層，褥上又鋪珠一層，珠上又覆繡佛串珠之薄褥一，頭上置翠荷葉，腳上置一碧璽蓮花。放好，始將太后抬入，後之兩足登蓮花上，頭頂荷葉，身著金絲串珠彩繡禮服，外罩繡花串珠掛，又用珠串九練圍后身而繞之，並以蚌佛十八尊置於后臂之上。以上所置之寶係私人孝敬不列公帳者。
>
> 眾人置後，方將陀羅經被蓋后身，后頭戴珠冠，其旁又置金佛、翠佛、玉佛等

一百零八尊，后足左右各置西瓜一枚，甜瓜二枚，桃、李、杏等寶物，大小二百件。后身左旁置玉藕一支，上有荷葉蓮花等，身之右旁置珊瑚樹一枝，其空處則遍撒珠石等物。填滿後，上蓋綱珠被一個。正欲上子蓋時，大公主來，復將珠網被揭開，於盒中取出玉制八駿馬一份，十八玉羅漢一份，置后之右手旁，方上子蓋，至此，殮禮已畢。其帳單及某君所估價值如次：

第一號：（宮中帳簿記物每種均列稱第一號）金絲錦被值價八萬四千兩，鑲八分珠一百粒、三分珠三百零四粒、六厘珠一千二百粒、米珠一萬零五百粒、紅藍寶石大塊者約重四錢十八塊，小塊者六十七塊、祖母綠五分者二塊，碧璽、白玉共二百零三塊（略估珠值八十五萬四千二百兩，寶石約值四萬二千兩）。

繡佛串珠褥制價二萬二千兩，用二分珠一千三百二十粒（約估值二萬二千二百兩）。

頭頂翡翠荷葉重二十二兩五錢四分（估值八十五萬兩）。

腳登碧璽蓮花，重三十六兩八錢（估值七十五萬兩）。

后身著串珠袍褂兩件，繡價八千兩，共用大珠四百二十粒，中珠一千粒，一分小珠四千五百粒，寶石大小共用一千一百三十五塊（估值一百二十萬兩）。

后戴朝珠三掛，兩掛珠，一掛紅石（約值二百四十五萬兩）。

后戴活計十八子珠鏡等，共用八百粒，寶石三十五塊（約值十九萬兩）。

陀羅經被鋪珠八百二十粒（估值十六萬兩）。

珠冠制價五萬五千兩，用大珠四兩者一粒（估價一千萬兩）。身旁金佛每尊八兩重，共二十七尊，翡翠佛每尊重六兩共二十七尊，玉佛每尊重六兩共二十七尊，紅寶石佛每尊重三兩五錢共二十七尊（共約值六十二萬兩）。足旁左右翡翠西瓜各一枚，青皮、紅瓤、白籽、黑絲（約值二百二十萬兩）。翡翠甜瓜四枚，系二白皮黃籽瓤者、二青皮白籽黃瓤者（約值六十萬兩）。翡翠桃十個，桃青色，粉紅尖，黃寶石李一百個，紅寶石杏六十個，紅寶石棗四十個（共約值九萬五千兩）。

聞尚有二翡翠白菜，系綠葉白心，菜心上落一蟈蟈滿綠，葉旁落二馬蜂，系黃色者。但公帳未列，或為王公等敬也。左旁玉藕三節，上有灰色泥汙狀，藕上長出綠荷葉、粉蓮花、黑荸薺等一枝（約值一百萬兩），右旁珊瑚樹一枝（約值五十三萬兩），該珊瑚樹系紅色，樹上繞櫻桃一條，青梗、綠葉、紅果，樹上落一翠鳥，亦為天然寶物也。身上填八分大珠五百粒，六分珠一千粒，三分珠二千二百粒，紅藍寶石二千二百塊（約值二百二十三萬兩），網珠被用珠六千粒，均為二分重者（估值二十二萬八千兩）。番佛四十八尊，約值五萬二千兩，番佛每尊高不及二寸，皆白玉質，佛為白身，白足著黃鞋，披紅衣，手持紅蓮花一枝，亦天然生成者。

上面所記是慈禧棺槨內的陪葬品，在地宮中還有不少寶物。清廷內務府關於《孝欽后入殮送衣版，賞遺念衣服》冊中有記載：

光緒五年三月二十五日（西元一八七九年四月十六日）在地宮安放了金花扁鐲一對，綠玉福壽三多一件，上拴紅碧瑤豆三件。

光緒十二年三月二日（西元一八八六年四月五日）在地宮中安放紅碧瑤鑲子母綠別子一件，紅黃碧瑤葫蘆一件，東珠一顆，正珠一顆，紅碧瑤長壽一件，正珠二顆。

光緒十六年二月二十九日（西元一八九〇年三月十九日）在地宮安放正珠手串一盤，紅碧瑤佛頭塔，綠玉雙喜背雲茄珠墜角，珊瑚寶蓋、玉珊瑚杵各一件，綠玉結小正珠四顆。黃碧瑤葡萄鼠一件，上拴紅碧瑤豆一件。紅碧瑤葫蘆蝠一件，上拴綠玉玩器一件，綠玉佛手別子一件，上拴紅碧瑤玩器一件。紅碧瑤雙喜一件，上拴綠玉一件。

光緒二十八年三月十日（西元一九〇二年四月十七日）在地宮安放白玉靈芝天然小如意一柄，白玉透雕夔龍天干地支轉心碧一件，紅碧瑤一件。

光緒三十四年十月十二日（西元一九〇八年十一月五日）在地宮安放金鑲萬壽執壺二件，共重一百九十七兩七錢一分，上鑲正珠四十顆，蓋上鑲正珠六十顆，米珠絡纓一千零六十八顆，真石墜角。金鑲珠石無疆執壺一件，共重九十一兩六錢，上鑲小紅寶石二十二件，底上鑲小東珠二十顆，蓋上鑲碎東珠二百零四顆，米珠絡纓五百三十四顆，真石墜角。金鑲珠石無疆執壺一件，共重九十三兩七錢，上鑲小寶石十六件，底上鑲小東珠二十顆，蓋上鑲小東珠二百零四顆，米珠絡纓五百三十四顆，真石墜角。全鑲真石玉杯金盤二份，每盤上鑲東珠二顆，共重六十六兩五錢五分。金鑲珠杯盤二份，每盤上鑲東珠八顆，杯耳上鑲東珠二顆，共重六十八兩三錢二分。雕通如意一對。

光緒三十四年十月十五日（西元一九〇八年十一月八日）在地宮中安放金佛一尊，鑲嵌大小正珠、東珠六十一顆。小正珠數珠一盤，共二百零八顆。玉佛一尊。玉壽星一尊。正珠念珠一盤，計珠二百零八顆，珊瑚佛頭塔，綠玉福壽三多背雲，佛手雙墜角上拴綠玉蓮蓬一件，珊瑚古錢八件，正珠二十二顆。正珠念珠一盤，計珠二百零八顆，紅碧瑤佛頭塔、鍍金點翠，鑲大正珠，背雲茄珠，大墜角珊瑚紀念藍寶石，小墜角上穿青石杵一件，小正珠四顆，鍍金寶蓋，小金結六件。正珠念珠一盤，珊瑚佛頭塔，背雲燒紅石金，紀念三掛，藍寶石小墜角三件，加間小正珠三顆，珊瑚玩器三件，碧玉杵一件。雕珊瑚圓壽字念珠一盤，計珠一百零八顆。雕綠玉圓壽字佛頭塔，荷蓮背雲，紅碧瑤瓜瓞大墜角上拴白玉八寶一份，珊瑚豆十九個。珊瑚念珠一盤，碧玉佛頭、塔、背雲，紅色紀念三掛，紅寶石小墜角三件，催生石玩器三件……

西元一九二八年七月，中國國民革命軍第十二軍軍長孫殿英以軍事演習為名，把定東陵炸開，盜走了上述全部寶物。據說，當年孫殿英就是按照李成武所記的「藏寶圖」，對定東陵進行了瘋狂盜掘。寶物的一小部分賞給參與盜陵的官兵。為了躲避民國政府律例的嚴懲，減輕罪責，孫殿英又用這些寶物四處行賄。慈禧口中所含之珠，據說送給了蔣介石夫人宋美齡，而當時為了取出此珠，士兵將慈禧的嘴巴都撕壞了。

令人痛心的是，孫殿英盜出的寶物多散落民間和海外，不少至今下落不明。

有三座帝王陵陪葬品最豐厚

明定陵和清定東陵的陪葬品數量，令人嘖舌。實際上，這兩處皇陵並不是帝王級陵寢中陪葬品最豐厚的。

朱翊鈞在位時不是大明王朝的鼎盛時期，大明王朝也不是中國封建社會中最強朝的代。慈禧所處的年代，大清王朝已處於改朝換代的末期，多次遭受外國列強的欺凌和蹂躪。

皇家陵寢陪葬品的數量和細目，一直是高度機密。但一般有經驗的盜墓者可以根據朝代、在位時間的長短和墓主的生平喜歡，一猜一個準。盛世王朝的太平之君，其陵寢陪葬自然豐厚，而一些小朝小廷就難說，如南宋諸帝王陵寢，寶物比其他王朝差遠了，甚至陵寢也只能叫「攢宮」，即暫厝之地，陵區用地也是從老百姓的手裡逐漸買來的，陪葬品根本無法與其他王朝的帝王陵寢相比的。

在眾多帝王陵墓中，哪幾座陪葬品最豐厚？每一座帝王陵都是一座歷史寶庫，其所藏有的資訊是獨一無二的，陪葬品價值連城，歷史資訊更豐富。哪怕是當年一只極為普通的瓷碗，現在都是文物。一般來說，帝王陵越往前，其陪葬品越豐厚，價值越高。所以，到底哪幾座帝王陵最有價值，並不好一概定論。從民間和史料記載來說，陪葬品最豐的有這麼三座帝王陵墓：秦陵、茂陵、乾陵。前兩座是毛澤東詩詞《沁園春．雪》中所提到的「秦皇」、「漢武」的陵寢，乾陵則是中國歷史上唯一女皇武則天與其夫君唐高宗李治的合葬墓。這三陵中寶藏到底有多少，至今仍是一個謎，對盜墓者來說極具誘惑力。

秦始皇睡的棺槨價值連城

中國封建帝王中的第一陵是秦始皇陵。秦陵位於陝西省臨潼縣城東驪山北麓，當年秦陵「墳高五十餘丈」，折算成現代的高度為一百一十五公尺左右，占地五十六點二平方公里。《史記．秦始皇本紀》有詳細說明：

> 始皇初繼位，穿治酈山及並天下，天下徒送詣七十餘萬人，穿三泉水，下銅而致槨，宮觀百官奇器珍怪徙藏滿之。令匠作機弩矢，有所穿近者，輒射之。以水銀為百川江河大海，機相灌輸，上具天文，下具地理。以人魚膏為燭，度不滅之者久。

從這段文字裡可以看出秦陵的宏大，據說到他死時也沒有全部完工。秦陵陪葬品的數量到底有多少？司馬遷稱，「奇器珍怪徙藏滿之」。最新考古勘探資料顯示，秦陵地宮東西實際長二百六十公尺，南北實際長一百六十公尺，總面積四萬一千六百平方公尺，規模相當於五個現代標準足球場的大小。地宮就這麼大，裡面的陪葬品以「藏滿之」來推測，數量該驚人了。光秦始皇睡的那具棺槨，就是無價之寶。據《漢書》等史書記載：「冶銅錮其內，漆塗其外」、「披以珠玉，飾以翡翠」、「棺槨之麗，不可勝原」，可見這副棺槨的文物價值。

目前僅在陵區地宮外發現的文物，已超過十萬件。陣容宏大的兵馬坑則更是震驚世人，被稱為「世界第八奇跡」，由此可見「第一陵」的歷史地位。

據現在已完成的對秦陵的考古探測，初步證明秦陵的地宮仍然完好無損。探測中發現盜洞有兩個，直徑達一公尺，但深度只有九公尺，離地宮很遠。目前，已出土文物和發現的被盜物品，多為陪葬坑或甬道內的陪葬品，秦陵地宮中的寶物確實無法估量，謎團多多。

漢武帝陵陪葬品多到放不下

秦亡漢興，中國封建社會出現了第一個「國富民強」的朝代：劉姓漢朝，厚葬之風也隨之出現了第一個高潮。

漢朝分為西漢、東漢兩個時期，目前常說的「漢」，多指西漢。西漢帝王陵在今陝西咸陽附近，共有十一座；東漢的帝王陵共有十二座，位於今河南洛陽及焦作附近。二十三座漢陵中，最出名的不是開國之君劉邦與其皇后呂雉的合葬墓長陵，而是漢諸帝中在位時間最長、最有作為的漢武帝劉徹的茂陵。

劉徹在位五十四年，陵修了五十三年（西元前一三九年開始營建），到其下葬時，當初栽的小樹都長成參天大樹。相比秦陵，茂陵的規模是小了些，但其陪葬品之豐厚，不相上下，甚至超過。

《漢書．貢禹傳》記載：「武帝棄天下，霍光專事，妄多藏金錢財物，鳥獸錢鱉牛馬虎豹生禽，凡為百九十物，盡瘞藏之」。從上面的文字中可以看出，劉徹陵墓中陪葬品的數量驚人。後有文字稱：「武帝歷年長久，比葬，陵中不復容物。」這話就是說，由於劉徹在位時間長，到他死時，陵內已沒有空間放那些稀世珍寶了。目前已知道的陪葬品有當時康渠國國王進送的玉箱、玉杖；裝在一個金箱內的三十卷經書；專治啞巴的祕方等等。

劉徹下葬四年後，這些國外進貢的寶物，竟然出現在了市場上，被劉徹生前的侍人認了出來。此事見於南朝宋人劉叔敬撰《異苑》（卷七）：

> 漢武帝塚裡先有玉箱、瑤杖各一，是西胡康渠王所獻，帝平素常玩之，故入梓宮中。其後四年，有人於扶風市買得此二物，帝左右識而認之，說賣者形狀，乃帝也。

考古專家最看好的是劉徹穿的金縷玉衣。據西漢劉歆撰（後題東晉葛洪）《西京雜記》記載：「漢武帝送死皆珠襦玉匣，匣形如鎧甲，連以金縷。梓宮內，武帝口含蟬玉，身著金縷玉匣。匣上皆鏤為蛟龍鸞鳳魚麟之像，世謂為蛟龍玉匣。」

據說，漢武帝身高體胖，其所穿玉衣形體很大，全長一點八八公尺，約有大小玉片二千四百九十八片，串玉片的金線就有兩斤多。茂陵曾多次被盜，據《後漢書》記載：當年農民起義軍赤眉軍攻占長安後，焚燒了皇宮，又「發掘諸陵，取其寶物」。茂陵中的陪葬品搬了幾十天，「陵中物仍不能減半」。茂陵地宮中的寶物有多少，是否讓盜墓者搬光了，由於正史上並沒有記載，目前誰也說不清。

唐高宗乾陵寶物多達五百噸

唐陵共有二十座，除末二帝李曄的和陵、哀帝李柷的溫陵，分別在河南、

漢武帝茂陵的地上建築

山東，餘下的都在陝西，即著名的「關中十八陵」，乾陵為其中一座。

乾陵是中國乃至世界上獨一無二的一座兩朝帝王合葬墓，葬著女皇帝武則天和唐高宗李治。乾陵營建時，正值盛唐，國力充盈，所以陵園規模宏大，建築雄偉富麗，為唐帝王陵墓中最大。不只乾陵的規模宏偉，陵內的陪葬品之豐也堪稱唐帝王陵之最。

李治陪葬品的價值十分豐厚，依漢制估計，占大唐一年稅賦的三分之一，武則天死後，又有同樣多的金銀珠寶被她帶進了乾陵。實際上，李治死時並不想大興土木，有遺詔，「陵園制度，務從節儉」，但武則天厚葬了李治，陵墓規格甚高，可能有她自己的動機。與秦陵、茂陵一樣，乾陵中的陪葬品有卷帙浩繁的文史典籍、精妙絕倫的稀世器皿、令人嘆為觀止的綾羅綢緞、三彩陶俑，等等，多得數不過來。

據陝西的考古專家分析，乾陵中的陪葬品有金、銀、銅、鐵等所制的各類禮儀器、日常生活用具和裝飾品、工藝品；陶、瓷、琉璃、玻璃等所制器物、人物和動物俑類；珊瑚、瑪瑙、骨、角、象牙等制成的各類器具和裝飾物；石質品：包括石線刻、石畫像、人物及動物石雕像、石棺槨、石函和容器；壁畫和朱墨題刻；紙張、典籍、字畫、絲綢和麻類織物，漆木器、皮革和草類編織物等，計有「六大類」。

據此，在二〇〇六年六月舉行的「紀念武則天入葬乾陵一千三百周年學術座談會」上，有專家對外放風聲，乾陵地宮中的寶物多達五百噸，引起了一場乾陵是否發掘的「全國討論」。實際上，在「五百噸」的說法之前，還有一個「八百噸」的說法。依據是，乾陵地宮空間約為五千立方公尺左右，即使以地宮空間的四分之一來計算，陪葬品體積也有一千兩百立方公尺左右，最少有八百噸。

陵中最值得期待的是王羲之的《蘭亭序》。唐高宗臨終有話，希望將生前珍愛的書籍、字畫等全部陪葬。據分析，書聖王羲之的《蘭亭序》即埋在乾陵中，而不是在被盜過的太宗李世民的昭陵內。果真如此，也許是一件幸事。

乾陵的陪葬墓：章懷太子墓、懿德太子墓、永泰公主墓出土的《馬球圖》、《宮女圖》、《禮賓圖》等五組十八幅壁畫，均被定為中國國寶級文物，另有六十九組八十二幅壁畫被定為國家一級文物，從這裡也可以推測出乾陵中寶物的數量和品質。有人就此大膽斷言，乾陵發掘之日，將是繼秦陵兵馬俑之後的「世界第九奇跡」出現之時。

祖墳葬風水寶地子孫發跡之謎

中國古人挺講究風水的，堪輿術中有一個核心的概念：「氣」。「氣」是什麼？這可是堪輿術上一個挺玄乎的東西。如果借用中國古代堪輿術的概念來描述，「氣」就是一種存在，是萬物之源，包括人，都是由氣形成的。即，父親的乾陽之精氣，與母親的坤陰之血氣，精、血二氣相交融，才誕生了人，此即《莊子》中所謂「人之生，氣之聚也」。而人為什麼會死，則是「氣」散所致，「聚則為生，散則為死」，此就是大家常掛嘴邊的話，「人活一口氣」。

「氣」分生氣和死氣兩種，顯陰、陽之別，有金、木、水、火、土五類屬性。風水寶地就是有生氣之地，得生氣的地穴才是活穴，能蔭及子孫，是可保江山社稷不倒的龍輿之處。這也是古人，甚至現代人都會花大功夫大把錢，請堪輿師（民間俗稱「風水師」）尋找風水寶地的主因。

朱元璋葬父時出現怪異天象

朱元璋，為什麼能開創大明王朝，當上皇帝，朱氏有二百七十七年帝王家曆，民間傳說是因為他祖墳葬得好，父母埋到一塊風水寶地上，恰巧這裡有王氣，是真龍結穴之處。

明「吳中四才子」之一的徐禎卿所著《翦勝野聞》記載：

帝（朱元璋）父母兄弟相繼死，貧不能具棺，與仲兄謀草葬山中，途次便斷，仲返計，留帝視屍。忽風雨，天大晦，比明視之，則土裂屍陷，已成墳。

這段記載在中國民間廣為流傳，就是說朱元璋放下扁擔的「土裂屍陷」地方，正好處於龍脈上。因為是塊難得的風水寶地，結果「平地起墳」，朱家子孫有了帝王命，從此風流三百年。西元一六四四年滅亡了，則是帝王之氣不存，龍脈受傷之故。

關於朱元璋葬父葬到了風水寶地上還有一個民間傳說，當時朱父「屍陷地裂」，得以平地墳。雨過天晴，朱元璋急急跑出躲雨的寺廟，到原地一看壞了，父親的屍體沒有了，感到十分迷惑，便將頭枕在抬屍的扁擔上四肢拉開，仰天長嘆，等二哥趕回來商量怎麼辦。

一個老和尚恰好走過，覺得驚奇：扁擔與朱元璋的身體正好構成了一個「天」。不一會兒，朱元璋又側身翻轉，這更不得了了，又成了一個「子」。「天子」現世，此人必貴。果然不出老和尚所言，朱元璋後來當了大明皇帝。

現代學者吳晗解釋「平地起墳」現象

吳晗著《朱元璋傳》則將上述「野聞」又進行了創作，意在解釋「平地起墳」的迷信現象：

突然間風雨交加，雷轟電閃，整個天像塌下來似的，兩兄弟躲在樹下發抖。約夠一頓飯時，雨過天晴，到山坡下一看，大吃一驚，屍首不見了，原來山坡土鬆，一陣山洪把坡上的土沖塌了，恰好埋了屍首。

吳晗是明史專家，他是「無產階級學者」，可能知道野聞是附會之說，不合毛澤東的無神論思想，才弄出了「山洪說」。雖然合理卻不合情，反而不如徐禎卿的記述有趣。

實際上還是朱元璋本人客觀，自己把民間傳說給否定了。朱元璋父親朱五四（朱世珍）死後不到十天，其母親又死了，接著哥、嫂、侄倒地。《明史．太祖本紀》記載：

位於安徽鳳陽的明皇陵

至正四年，旱蝗，大饑疫，太祖年十七，父母兄相繼歿，貧不克葬。里人劉繼祖與之地，乃克葬，即鳳陽陵也。

可見，朱元璋父母那塊風水寶地不是巧遇，而是鄉紳劉繼祖看他可憐，動了惻隱之心，看在鄉里鄉親的面子上，送給朱家的，也非「天葬」。因為這件事，朱元璋稱帝後不忘記恩人，雖然劉繼祖已死了，仍給他當了官，特下詔追封他為「義惠侯」，以示感激。

晉郭璞釋祖墳葬風水寶地子孫發跡現象

一塊風水寶地真有那麼神奇？神奇到可以讓家貧如洗、被迫去當和尚的朱元璋得到萬年江山？一下發跡？古代堪輿術認為，其作用是通過「氣」來完成的。

中國古代風水鼻祖、晉代大學者、山西人郭璞（西元二七六至三二四年），在其所著的《葬書》中，闡述了感應原理和作用關係。

《葬書》中稱：

葬者，乘生氣也。夫陰陽之氣，噫而為風，升而為雲，降而為雨。行乎地中而為生氣，發而生乎萬物。人受體於父母，本骸得氣，遺體受蔭。蓋生者，氣之聚凝，結者成骨，死而獨留，故葬者，反氣入內，以蔭所生之法也。經曰：氣感而應鬼福及人，是以銅山西崩，靈鐘東應，木華於春，栗芽於室。氣行乎地中，其行也，因地之勢；其聚也，因勢之止，古人聚之使不散。行之使有止。

這段話也是中國古代堪輿術的理論基本，字面晦澀難懂。其實，大家也沒有必要弄得全明白，知道個大概意思也就足夠了：就是埋葬要選擇有生氣的地方，即所謂風水寶地，有生氣才有萬物。

人是氣的產物，人體骨骼就是氣凝結而成的。人死了，氣也散了，僅留下了一副失去生機的屍骨。如果屍骨埋葬在有生氣的地方，就會枯骨逢春，靈魂得到昇華。所有的人都是父母所生，就如一棵大樹，父母是「本」，「本」是樹幹，子孫則是父母在世間的「樹枝」。父母的屍骨在地下得到了生氣，「本」就會生機盎然，與「本」一脈相連的「枝」也會大大受益，枝繁葉茂，福澤綿長。

漢東方朔釋「靈鐘」自鳴現象

為了證明自己的觀點，郭璞在說理中拿「銅山西崩，靈鐘東應」的故事為論據。漢武帝劉徹當政時，未央宮殿前懸著的一口大銅鐘出現異象，無故自鳴。劉徹趕緊派人找來上知天文下知地理的東方朔問問原因。

《漢書．東方朔傳》記載：「（東方朔）：臣聞銅者，山之子；山者，銅之母。子母相感，鐘鳴，山必有應者。」東方朔（西元前一五四至前九三年）是西漢早期的辭賦家，很有學問，通過自薦為劉徹賞識從而走上仕途，先後當過常侍郎、太中大夫等職。

東方朔有點像後世清朝的紀曉嵐，詼諧敏捷，擅察言觀色，常在劉徹面前談笑取樂。他的「天地感應」之說吹得與郭璞的堪輿基理一樣，天衣無縫：銅鐘是山的兒子，山是銅鐘的母親，母子連心，所以銅山崩裂了，鐘自然響了。三天後，東方朔的話果然應驗了：「居三日，南郡太守上書言山崩，延袤二十餘丈。」

迷信「感應說」行洗骨葬

這裡插一句，因為有「感應」一說的存在，過去民間還有一種「洗骨葬」。如果家人生病了，或家中出災禍，會認為是已死去先人惹的禍，風水不吉，屍骨不淨。於是要將墳重新挖開，把屍骨取出，用清水洗刷乾淨，越白越好，名為「除祟」，再重新擇吉地入葬。

這種葬法過去有不少地方都有，如浙江開化。據清乾隆年間《開化府志》記載：當地的普馬族人在家裡死人後，會首先埋在家裡，每天用開水往上面澆，等到屍體腐爛了再取出來，刮去腐肉，洗淨骨頭，用綢緞包好。然後圍著白骨跳舞，收藏在家裡三年之後才擇地下葬。如果家裡有人生病，又會把骨頭取出來，說是附上了鬼怪，得再洗一下。

在貴州地區的苗族人中間以前也有這種葬法，名為「洗骨苗」。這種怪異葬法的存在，就是郭璞在《葬書》所闡述的感應原理，「蓋生者，氣之聚凝，結者成骨」，「氣感而應鬼福及人」。

帝王下葬要「尋龍」「點穴」

風水寶地找好了，即「尋龍」成功了，取穴下葬也還有講究，要「點穴」，否則同樣影響子孫發達。「尋龍」看山勢，「點穴」看地形，龍主形，穴主氣。穴是什麼？就是陵墓置放棺槨的地方，帝王陵寢中叫地宮。

有龍必有穴，如果因為築穴而破了地氣，那這風水寶地不是白選了嗎？因而墓穴的朝向、深淺、下葬時辰、動靜都有說法，講究什麼藏風聚氣、前呼後應，要交合分明，左右相濟，即所謂的左輔「青龍入海」，右弼「白虎馴頫」；前「朱雀起舞」，後「玄武垂首」。這些「青龍」、「白虎」、「朱雀」、「玄武」什麼的，都是古代堪輿術上的術語，是山勢地形與周邊環境的特徵概括。大家知道這麼回事就行了，如果要弄清，那可太複雜了，沒有必要。

古人認為，生氣和死氣是辯證的關係，同時存在，僅因時序和方位的不同而有異。疑後人假託黃帝之名而作的《黃帝葬經》稱：

> 正月，生氣在子癸，死氣在午丁；二月，生氣在醜艮，死氣在未坤……

因為這個原因，過去風水師都隨身帶有測定方位和時序用的羅盤，就如現代商務人士的平板電腦一樣，是堪輿必備工具，通過羅盤可測知龍脈走向和生氣強弱。如果葬到了壞方位壞時刻就糟糕了，「凡葬不得吉氣，即陷子孫貧賤衰絕」，所以「葬地者可無慎乎」，不能不重視。

「葬壓龍角，其棺必斫」

有一個民間傳說很有意思，武則天當政時官至侍中的郝處俊，死後遭到掘墓開棺之嚴懲，據說就是葬的方位出了問題。郝處俊下葬後，當時有懂風水的人走過郝的墓地，看罷嘆稱，「葬壓龍角，其棺必斫」。

後來郝的子孫犯事，株連九族，郝在地下難逃禍害，果然武則天派去的人把他的墳給挖了，棺材撬開砸了。

陵墓高大封土防止「洩氣」

歷朝歷代的帝王為了選得一塊可以蔭及子孫，保全國運的風水寶地，不惜花費巨資，並當成國是商議。

從秦始皇嬴政，到漢高祖劉邦、唐太宗李世民、宋太祖趙匡胤，再到明太祖朱元璋、清世祖福臨，無不重視壽宮（陵寢）的選址問題。下葬後，也不能大意，要注意保護地氣和龍脈，封以厚土，圓堆「藏金」，不致洩氣，這也是後來陵墓都有高大封土的原因之一。因為這個道理，中國古代出現了挖人祖墳、斷人龍脈的事件多不勝數，故意使壞。而盜墓之所以被世人視為斷子絕孫之行為，就是因為祖宗的地氣被洩之故，才恨得咬牙切齒。古人還認為屍骨下葬後不可輕易遷移，否則會壞了風水，發跡不了。

恐壞龍脈朱元璋不敢重葬父母

朱元璋於西元一三六八年在應天（南京）稱帝後，首先想到要把父母、兄嫂的墳遷址，盛裝豪槨隆重再葬，並派精通風水的劉基前去安徽鳳陽老家勘查。劉基回奏，山川靈氣不可動，一動風水就不靈了，會破了朱家龍脈。迷信的朱元璋遂放棄了重葬的念頭，選擇在原址上修建大型皇陵。張廷玉編纂的《明史．山陵》記載了這件事：

> 太祖至濠，嘗議改葬，不果。因增土以培其封，令陵旁故人汪文、劉英等二十家守視。洪武二年薦號曰英陵，後改稱皇陵。

因為這個原因，鳳陽的明皇陵沒有地宮，這也是歷代帝王陵寢中少有的現象。同時，朱元璋狂施皇權，給下葬時連棺材都沒有的父母、兄嫂封官加爵，一輩子連飽飯也未吃過幾天的朱五四當上帝王，追為「淳皇帝」，廟號仁祖。

張獻忠起義軍焚明祖陵「斷龍脈」

在古代所有發了財當了官做了皇帝的人，都會稱祖上埋到了風水寶地，這實際上是一種附會。他們向世人所解釋的發跡之謎，是掩蓋巧取豪奪、濫殺生靈之罪惡的一種藉口。而一些子孫倒楣的也不一定就是祖陵風水不好。唐朝的郝處俊遭挖墳砸棺之禍，並不是因為葬的方位不佳，壓了龍尾巴，而是因為他是唐高宗李治的老臣，生前就強烈反對武則天，武氏一直懷恨在心，生前奈何不了，死後便可以隨心所欲了。

傳說朱元璋父母葬到了風水寶地才得了江山。試想，天下哪有這麼好的事情？朱元璋能夠建立大明王朝，是拼殺出來的，是「馬上得江山」。但朱元璋家祖墳葬到了風水寶地上的說法，過去竟然一直有人相信，崇禎八年（西元一三七八年）正月，張獻忠的起義軍攻打到安徽鳳陽時，便將朱氏的祖陵破壞得亂七八糟，「焚皇陵，燒陵殿，燔松三十萬株」，壞其風水，名為「斷龍脈」。

「郭璞葬母」有科學道理

從另一方面來說，堪輿師是有一技之長的，相對來說都是古時候的地理學家，對氣候、環境較為敏感，不承認風水術有科學道理也不行，不信也不行。

風水圈中過去有一個百談常新的「郭璞葬母」傳說：郭母死後，郭璞給母親挑選的墓穴距離河邊不到一百公尺，如果一鬧大水災便會被淹掉，這可是風水大忌。郭璞卻敢葬，預言水必退去，時人將信將疑。結果若干年後，河水果然改道了，郭母墓四周都成了桑田，郭璞的名氣因此大振。郭璞為什麼敢這麼斷言，無非是他對附近的山川走向、河流分布、氣候變化，比別人更瞭解。

風水寶地一般人家享用不得

不過啊，堪輿真龍結穴的所謂風水寶地，是皇家特權，一般人是不能享用的，否則會遭殺身之禍。史上記載：南朝宋代時浙江有位名叫唐寓之的人，出生於堪輿世家。他在外鼓吹，祖墳有帝王之氣，當在他這一代的身上顯貴。他不但到處宣揚，而且還招兵買馬宣布起事，不久自稱「唐皇帝」。

當時中國正是大分裂時期，想當皇帝的人不少，亂兵四起。宋代當政是劉昱（西元四七三至四七七年，在位六年，後為蕭道成所殺，貶為蒼梧王），哪容一個風水師與他爭天下。結果，「唐皇帝」與劉昱之兵首戰即敗，被活活生擒遭誅。

清明掃墓的風水學原理

這裡補充說一下，為什麼大家會選擇在仲春時節去掃墓？除了郊遊踏青的理由外，這裡面也與古代堪輿術有關。

堪輿術有一個大概的解釋，認為子孫能想著先人的歸葬之處，就是天人感應的結果。清明前後正是陽氣上升季節，《管子．形勢解》，「春者，陽氣始上，故萬物生」，氣息交換旺盛，是亡者與活人「心靈感應」最活躍的時候。

生者去陰宅看看，也是陰陽平衡的需要，會獲得一年的心靈平安。而且，古人還認為，生者住所陽宅要時時維護防漏雨什麼的，死者所居的陵墓，即陰宅也得定期掃視修理，添土護坡防「洩氣」。

從心理學上來說，這話還是有道理的。從倫理學角度看，鼓勵後人每年定期祭祀先祖故友，也是應該的，不然連祖宗都忘記了，那不是「忘本」嗎？還談什麼感恩、孝順？何來禮儀之邦？

古代帝王陵寢「風水」探祕

皇帝認為自己是真龍天子，「龍」死後是不能隨便葬的，得找一塊吉壤安置身後事。這塊吉壤，民間慣稱為「風水寶地」。那麼，這塊寶地所謂的「風水」，到底是什麼？

《洞天山堂圖軸》（南宋或金）

清東陵風水好在哪？

帝王陵所在地，一向是神神祕祕的，過去屬於「禁地」，連陵區周邊的圍牆都是靠近不得的，牛、羊也不讓放牧。如明、清兩朝律例，挖墳掘墓者「斬立決」。不要說挖了，就是進去看看，都可能遭殺頭之災，「挖祖墳」的念頭是一絲不能有的。

中國帝王陵寢的選址其實不神，差不多都離不了一個共同的標準，即「龍穴砂水無美不收，形勢理氣諸吉咸備」，這就是「風水說」。

但具體說起來，內容就複雜了，在執行時忌諱多多。起先，這「風水說」是用於諸如住宅、廟宇這些人類活動場所選址，但在傳統「陰陽」學說左右下，人死了是去陰間，是到另一個世界生活了，所以要「事死如事生」，陵墓的選址自然不能馬虎的，至今人們在給逝去親人選擇墓地時，仍要講風水。而帝王陵寢選址的好壞，則直接影響國運、江山的興亡，格外受到重視，因為選址不慎被帝王殺掉的風水師不在少數。

這在明、清帝王陵寢的擇址上，表現最為明顯。北京大學世界遺產研究中心陳喜波、韓光輝兩位學者曾就此作過專門的研究。如清東陵，據說是順治親自跑馬遊山而選定的風水寶地，他們分析後認為，這裡確是一塊風水絕佳之地。其依據為：整個陵區以昌瑞山為界，以北稱「後龍」，是龍脈來源；陵區以昌瑞山為靠山，東側的鷹飛倒仰山為青龍；西側的黃花山為白虎；南部的形如覆鐘的金星山為朝山；遠處的影壁山為案山；馬蘭河、西大河二水環繞屈曲流過，環抱有情。

從上面看，清東陵是「山環水繞、負陰抱陽」的山水格局。青山環護，形成了拱衛、環抱、朝揖之勢，實為不可多得的風水寶地。

根據當年留下的建陵資料，依傳統的「分金立向」風水理論，確定陵寢建築的中軸線。東陵主陵孝陵和南部的金星山構成整個陵寢的建築軸線，整個陵區的方圓數十平方公里的山川景物，都由金星山和昌瑞山一線相連的山向所控扼，這條軸線在陵區內諸多陵寢的有機配置下，得到不斷充實和強化，在空間序列的展開層次上，處處得到山川形勝景物天成的有序映襯和烘托，顯示了「天人合一」的宇宙圖景。

清代各帝后妃陵寢的選址和營建皆是這樣，無不考慮龍、砂、穴、水、明堂、近案和遠朝的相互關係。期望背後龍山重崗、開屏列帳，陵區負陰抱陽，避免冬季寒風。左右護砂，環抱拱衛，溪水分流，藏風聚景。近案似幾，遠朝如臣，使建築物前後對景，遙相呼應。當自然山川條件不能十全十美時，就人工加以修、補、填、挖，把自然和人文有機結合在一起，造就出一個理想的「人造」風水寶地。

朱元璋選葬處有什麼講究？

清代帝王陵寢選址、規劃時的「天人合一」觀念，承繼的是明朝的一套，其首倡者是開國皇帝朱元璋。在中國都城中，南京的都城城牆是不規則布局的，這座世界目前保存最好、最長的都城牆，牆體都是傍山依地形順勢而建，城牆帶景象優美。如依傳統的「中軸線」理論，方方正正，就不會有「鬼臉照鏡」這樣的「金陵四十八美景」了（位於南京城西、清涼門北）。

朱元璋為自己選擇陵寢位址時，也追求陵寢與自然和諧統一，「遵照典禮之規制，配合山川之形勝」。

朱元璋與歷代皇帝一樣，宗法禮制，崇尚祖先。不同的是，朱元璋更迷信，對陵址選擇的講究到了苛刻的地步，以此求得風水佳境，賜福朱氏子孫。有專家認為，中國歷史上的帝王陵寢制度，是在明朝才完備起來的，此說不無道理。

明朝的帝王陵分布在四處，即葬朱元璋祖父母的盱眙「祖陵」、葬朱元璋父母的鳳陽「皇陵」、葬朱元璋的南京「孝陵」和北京的「十三陵」，這些陵寢所在都是「風水寶地」。

明孝陵的風水妙在何處？

關於中國古代帝王陵寢的「風水」問題，不少專家都作過研究，這方面的書籍、論文很多。在明孝陵申報世界歷史文化遺產時，南京大學文化與自然遺產研究所所長賀雲翱、中山陵園管理局文物處所長王前華、孝陵博物館館長周鈺雯，聯名提交了〈「世界文化遺產」明孝陵解〉一篇報告，其中有一章節，披露了孝陵的「風水」。

現在面積達三十多平方公里的鐘山風景區，幾乎就是當年明孝陵的整個範圍。在這處龐大的帝陵區域內，設計者將整座鐘山以及部分水面作為重要的「風水」景觀，一齊納入孝陵的建築規劃設計中，從而實現了「因山為陵」、「天人合一」的中國帝陵建築傳統和文化理念。

鐘山古稱「龍山」，早在江東末年，已被諸葛亮、孫權等政治家視為「龍蟠」之地，朱元璋作為大明開國之君，更不會放過這塊寶地，自然會擇金陵「龍脈」為葬地。後來，孫中山、蔣介石都選擇此地為自己的歸宿，也是因為鐘山是風水寶地之故。（中山陵是建成了，成為南京中山陵園風景區主要景點，也是重要的民國建築；蔣介石因為退守台灣，未能如願，如今在台灣築有「蔣陵」。）

朱元璋選擇在鐘山之陽建造陵，鐘山之陰建陪葬功臣墓，南北對應，尊卑昭然，這完全符合「風水」要義：

鐘山有東、中、西三峰，在風水上稱「華蓋三峰」，而以中峰最尊，孝陵恰好處於中峰之南玩珠峰下，而最早將這塊地盤視作風水寶地的是梁代高僧寶志和梁武帝蕭衍；在孝陵之西，有一座小山，人稱「小虎山」，過去不解其意，現從風水地貌上分析，方知其正處於孝陵之右的「虎砂」位上，與孝陵之東的「龍砂」之象左右對列；直對孝陵陵宮的「梅花山」，過去都以為乃朱元璋為讓吳大帝孫權這條「好漢」給他的陵寢看大門而留下的，其實，這一座如屏的小山是孝陵風水中的「案山」，有著十分重要的文化象徵意義；西南方向的前湖及逶迤南下的「鐘山浦」也具有靈動的「朱雀」風水特徵。

這樣孝陵陵宮及寶城就具備了左青龍、右白虎、前朱雀、後玄武的風水「四象」，加之孝陵的三道「御河」都呈由左向右流淌的形勢，這種水風水上稱「冠帶水」，亦十分難得。

「北斗七星」陵區布局之謎

朱元璋新創了一套帝陵體制。孝陵以鐘山為中心，外郭城垣走向曲折，繞山而建，這一點與明初京師城垣相似；神道也是不循常規，彎曲而行，與陵宮部分構成一平面如「北斗」的形狀。

《大明孝陵神宮聖德碑》記載：朱元璋「審天象，作地志」，此即是採用了象天法地，以「天帝」所居之「北斗」位居中央，周圍按二十八宿構成的青龍、白虎、朱雀、玄武四象環繞的神祕布局手法。古人認為北斗七星是「天帝」居住的地方，皇帝是天子，「升天」也就意味著到北斗七星上去住了。這種追求「魂歸北斗」的「北斗七星」陵區布局，影響到了後代帝王陵寢的擇址和建設。

朱棣為何不選「燕家台」？

北京城的規制是仿南京城的，北京十三陵的構建規制同樣源自南京，源自孝陵。十三陵中的第一座，也就是明成祖朱棣的陵寢長陵的規制，完全按照孝陵的標準構造的。其後的獻陵、景陵、裕陵、茂陵、泰陵、康陵、永陵、昭陵、定陵、慶陵、德陵、思陵的營造，雖有大小之別，但規制相同。整個陵園以長陵為主體，向東南、西北和西南展開，周圍約八十里，形成了明朝規模宏偉的陵園。

說到迷信，朱棣比其老子朱元璋更厲害。據說當初為選擇陵址，他頗費心思。初定京西燕家台，因與「晏駕」諧音，覺其不吉，只好作罷。繼選京西潭柘寺，又認為既為寺院，怎能再建陵墓，朱棣不悅而放棄。

最後選定燕山山脈的支脈黃土山，形勢優美。朱棣表示滿意，只覺地名太俗。恰在此時，正逢他的生日，於是改黃土山為天壽山。

唐高宗乾陵的風水原理

從中國古代帝王陵寢規制上看，從春秋時期開始，就有「依山起陵」的觀念，後來有了「依山環水」的講究，到秦、漢、唐、宋幾代，帝陵逐漸發展成方上、陵台、方垣、上下宮的制度和中軸對稱的規整格局，這種布局的基礎是非風水寶地不建。

現在有人提出發掘的「秦陵」、「乾陵」，就是典型的風水寶地。秦陵南依驪山，北臨渭水，符合《大漢原陵祕葬經》中的「立塚安墳，須藉來山去水」之陵寢擇址標準，可謂吉壤。

位於關中的乾陵，地形地貌結合完美，有山（梁山）有水（漢谷河），陵區如裸睡少婦，棒槌嶺如男根插在中間，應合「陰陽二儀、天地配合」之原理。乾為天為陽，坤為地為陰，陰陽交合，乃生萬物。

明成祖朱棣像

《葬書》中說：「葬者，乘生氣也。藏風聚氣，得水為上……故葬者以左為青龍，右為白虎，前為朱雀，後為玄武。」乾陵具備了風水寶地的所有條件，據說，高宗李治登基不久，命當時有名的星相大師袁天罡和專掌陰陽天文曆法的太史令李淳風，為他擇萬年吉壤，這塊地是袁、李兩人共同定下的。

帝王陵為何強調「天人合一」？

中國傳統哲學思想認為，「人法地，地法天，天法道，道法自然」。皇帝是天子，所以強調「天人合一」。而「天人合一」體現在帝王陵上，便是講究「風水」。因此帝王是不能隨便葬的，生前「萬歲」，死後得有「萬年吉壤」。這從清東陵、朱元璋的孝陵、唐高宗李治和武則天的合葬陵乾陵選址理由上，表現得一清二楚。

帝王陵寢擇址看似迷信，其實一點也不神祕，是追求人與自然相和諧統一的結果。「風水說」雖然有矇人的嫌疑，但還是有科學道理的，實際上是有中國特色的傳統環境觀。它很好地處理了人與自然的關係，依風水理論選擇出的葬處，人與自然確實都很「和諧」。

秦陵背依驪山，氣勢磅礴

乾陵

明朝皇家清明節祭祖祕聞

清明，是祭祀先人亡友的日子。

清明節在二千多年前的西周時就出現了，為傳統的「八節」（上元、清明、立夏、端午、中元、中秋、冬至、除夕）之一。但過去清明節的日子並不固定，也不只是一天。由於清明節氣一般在西曆四月五日前後，或四日，或六日，後來為了統一，祭祀意義上的「清明節」就約定俗成在四月五日這天，成了「標準時間」。民間風俗，在五日前十天後八天，都算清明。

南宋吳自牧著寫的《夢粱錄》一書中記載：當時的清明節「官員士庶，俱出郊省墳」，此即古詩所謂，「騎驢擔酒祭祖墳，一路春光滿眼新」。民間掃墓祭祖如此重視，皇家對清明自然更視同非常。下面以祭大明王朝頭一代、明太祖朱元璋的孝陵為例，看看皇家祭祖陵是怎麼樣一種排場。

清明祭陵為明「三大祭」之第一祭

在明朝，祭祀祖陵的儀式相當嚴格。《明仁宗實錄》記載：洪熙元年二月（西元一四二四年），朱高熾派敕守南京的駙馬都尉沐昕去祭祀孝陵，「自今孝陵四時祭祀，命爾行禮，必誠敬請清潔以裕神明，不可纖毫怠忽」。

明仁宗朱高熾是朱棣的長子，朱元璋的孫子。那時大明王朝的都城已遷往北京，但他不敢忘記祭祀南京的孝祖陵。從他的口諭可知，大明王朝對祭祖陵絲毫不敢大意，虔誠萬分，因為那牽涉到神靈保佑之大計，事關國體。

皇家陵寢，除了忌辰外，四時八節都要祭祀，但重點不同，各個朝代的禮儀要求亦有別。《明會典》記載：建文帝朱允炆初年，定孝陵的祭祀安排為「五小祭」、「三大祭」。由主管祭祀的太常寺具體操辦負責。

「五小祭」裡包括朱元璋（閏）五月初十、馬皇后八月初十這兩個忌日；「三大祭」，就是指清明、中元、冬至三大節氣，其中，清明祭陵為「三大祭」之第一祭。

近臣在參祭時要「跪拜」敬禮

「三大祭」都是「日祭」，使用「牲醴」。「牲醴」就是要用動物作為祭品的祀制，而不是簡單擺幾個果盤，燒幾炷香就可了事的，大小官員也都得參加，皇帝是全國人民的祖宗嘛！明萬曆年間進士顧起元所著的《客座贅語》記載：「凡三大祭，用祝版。已上祭祀俱百官陪祭，遣備武臣行禮。」顧起元官至吏部侍郎，這些文字應該是他陪祭時的親眼所見，親身體會。

祭陵過程中，官員的行為舉止得有分寸，連怎麼走都有規定。《明會典．山陵遣祭儀》記載：贊引引遣官由殿右門入，典儀唱執事官各司其事。贊引引遣官就拜位，執事捧香合至香案。贊引贊詣前導遣官至香案前跪，贊上香，遣官三上香。訖，贊復位。贊四拜（通贊眾官同），典儀唱奠帛，行初獻禮。執事捧帛爵，各跪獻於御案前。訖，贊跪拜（通贊眾官皆拜），贊讀祝。讀訖，贊府伏、興、平身（通贊眾官同），典儀唱行亞獻禮儀（儀同初獻，惟不奠帛、讀祝），唱行終獻禮（儀同亞獻），贊四拜。典儀唱讀，祝官捧祝，進帛官捧帛，瘞位，贊禮畢。

從這個祭儀規制來看，程式比現代追悼會的「三鞠躬」要繁煩得多了，僅從主祭官員的動作上就知道不能馬虎，要跪、捧、伏（趴地上）、平身，四拜方止。

行祭中不能咳嗽以免「驚駕」

祭祀時還不能亂說話，言語方面有明確規定。《明會典．山陵遣祭儀》記載的《祝文》，共有二十四個字：如在清明節時，祝文是這樣的：「時維仲春，雨露既濡，追念深恩，不勝怵惕，謹用祭告，伏惟尚享。」

霜降祭：「時維季秋，霜露既降，追念深恩，不勝悽愴，謹用祭告，伏惟尚享。」

中元祭：「氣序流邁，時維中元，追念深恩，伏增哀感，謹用祭告。伏惟尚享。」

冬至祭：「時維冬至，雨露既濡，追念深恩，伏增哀感，謹用祭告，伏惟尚享。」

由於明陵後來越來越多，要祭祀的「祖宗」也越來越多，清明時的祭儀就越來越形式了，要套用固定的語言程式，如《祝文》，只是根據陵墓主人的謚號不同而作適當調整，其他內容都是一樣的：開始糊弄祖宗了。

不僅不能亂言語，行祭時連咳嗽都不准的。如果有人咳嗽，或是弄出聲響來，往往會遭到內侍官員的嚴厲訓斥，警告他不要「驚駕」。有的官員為逃避祭祀之辛苦，常常在清明節時稱病請假，躲起來不參加。

祭陵時洩露皇家祕密

平時官員是不得入陵的，所以，祭陵有時也成為有心文官考證野史傳聞的絕好機會。如，民間傳講明成祖朱棣的生母是碽妃（見前文〈朱棣與四個女人的混亂關係〉），生下朱棣後，碽妃被朱元璋用「鐵裙」之酷刑活活折磨死了，朱棣從小被馬皇后抱到身邊，便成了馬皇后親生兒子，後來朱棣當了皇帝後，對碽妃十分懷念，便在孝陵內給她一個特殊的靈位，位列馬皇后之旁邊；又在南京修建大報恩寺以紀念。

明人張岱在其作品《夢憶》中記下了崇禎十六年（西元一六四二年）七月陪祭孝陵時的「發現」，碽妃的牌位很講究，前面貢品豐富，確實與其他嬪妃的待遇不一樣：「再下東西列四十六席，或坐或否，祭品極簡陋。」這「四十六席」指為朱元璋殉葬的四十六位嬪妃。

張岱在文中還提到一事，由於當時是七月天，正是「火爐」南京最熱的時候，祭祀儀式結束了，那些擺在供案上的牛、羊等祭品，也都變質了，臭味熏人。

祭祀用品是死者生前愛吃的

祭陵時，祭祀物品品種很多，當然還要用於招待參祭人員啦！

牛、羊、豬、鹿、兔、雞、魚，這些牲畜家禽水產什麼的，自然是少不了的。時令蔬菜也不能缺，與生前享用的「菜單」毫無兩樣。而且，到什麼季節，上什麼祭品。韭菜、薺菜、芹菜、茄子、苔菜、竹笋、芋苗等，都是朱元璋和馬皇后這對布衣夫妻生前愛吃的，要保證供應；菱角、櫻桃、杏子、西瓜、柳丁、栗子、甘蔗，也不能缺。

根據《南京太常寺條》的紀錄，每月送往主管宴享（製作祭品）的光祿寺的東西都不重樣：

位於南京紫金山南麓樹林深處的明孝陵

正月，韭菜、生菜、薺菜、雞子、鴨子；
二月，芹菜、苔菜、藜蒿、子鵝；
三月，茶、筍、鯉魚；
四月，櫻桃、杏子、青梅、王瓜、雉雞、豬；
五月，桃子、李子（又夏至李子）、茄子、麵、小麥仁、嫩雞；
六月，蓮蓬、甜瓜、西瓜、冬瓜；
七月，棗子、葡萄、雪梨、鮮菱、芡實、大麥仁、小麥；
八月，藕、芋苗、茭白、嫩薑、粳米、粟米、米、鱖魚；
九月，柳丁、栗子、小紅豆、砂糖、鯿魚；
十月，柑子、橘子、山藥、活兔、蜜；
十一月，甘蔗、鹿、獐、雁、蕎麥麵、小紅豆、黑砂糖；
十二月，菠菜、芥菜、白魚、鯽魚。

又，送太常寺轉送光祿寺供薦品物：

二月，子鵝；
三月，筍；
四月，青梅；

七月，雪梨；
八月，茭白；
九月，柳丁；
十月，柑子；
十一月，甘蔗；
餘月無。

祭品除自產外還有民間朝貢

這些用於供奉宴享的原料都是從哪來的？除了少量由神宮監、光祿寺自己生產、種植的外，絕大多數都是各地作為「政治任務」進貢的，由特定地方的專人專戶飼養、種植的。從《南京太常寺條》的紀錄中可以知道當年孝陵的祭祀用品來源情況：

犧牲所餵養：
牛犢，和州江浦縣解；
北羊，陝西西安府解；
山羊，湖州府解，寧國府解；
豬，宣課司抽分；

鹿，寧國府解；
兔，應天府屬縣獵戶納。
香帛諸物：
降香、速香、馬牙香、澆燭、黃蠟，以上俱太常寺關領；
澆燭、香油，上元、江寧縣納；
各色制帛，南京司禮監領；
時果、椒、筍、粉、糖等項，上元、江寧縣買辦；
麵、醬、醋等，籍田祠祭署支；
酒，南京光祿寺支。

遷都後朱棣未再返南京祭祖

需要指出的是，在建文、永樂（都在南京）時，祭孝祖陵都是皇帝親往，即「天子皆嘗躬祭孝陵」，但在朱棣遷都北京後，只有武宗朱厚照南巡時順道親自祭過孝陵，包括朱棣本人，此後沒有一位皇帝能親臨紫金山祭祖陵，大都差遣皇子、駙馬或重臣前來往南京代祭，還不如後來奪走江山的清朝皇帝跑得勤。其實朱棣心目中是否真有老子朱元璋也未必。有一個記載稱，在「靖難事件」中，殺過長江的朱棣打算直接入城，在大學士楊榮的提醒下才想到應該先謁祭孝陵。明人章潢的《圖書編》記載了這件事情：「建文四年六月，靖難兵入，南京失守，諸王上表勸進。燕王命駕將入城，學士楊榮迎駕前曰：『殿下先入城耶，先謁孝陵耶？』燕王悟，遂謁孝陵。」

相反，清朝皇帝對朱元璋挺尊重的。清朝康熙三十八年（西元一六九九年）的清明期間，康熙藉第三次下江南之機謁祭孝陵。具體時間是當年四月十六日上午，在江寧織造府官員曹璽（《紅樓夢》作者曹雪芹的曾祖父）的陪同下，前往紫金山。這次謁祭，康熙給孝陵增添了一塊珍貴文物：御筆親書「治隆唐宋」碑，至今仍立於孝陵前，成為孝陵一景。但清朝皇帝這麼時常惦記著明朝的朱姓帝王，除了安撫漢人、出於統治的需要外，也可能因為奪了人家的江山，心裡有愧吧！燒點紙錢、說點好話彌補罪過乎？

明祖陵靈異傳說與風水之謎

縱觀中國歷史上大大小小的帝王，幾乎沒有不迷信的。每個帝王都把自己想像成真龍天子，認為是祖上袝葬到了一塊風水寶地上，接上了龍脈。但如果要問哪一朝對風水最講究，迷信最嚴重？我覺得要數大明王朝的帝王們，每每國運波折便會想到祖陵的風水有恙，對祖陵的重視程度等同於國事。

這裡，就從朱初一所葬的風水寶地，聊聊明祖陵近幾百年的風風雨雨與大明王朝國運飄搖之謎。

朱元璋祖父「睡」到了風水寶地

朱元璋祖上本是今鎮江句容「朱家巷」人氏，後其祖父朱初一帶著一家老小遷到盱眙楊家墩一帶。再後來，朱初一死後，兒子朱五四又帶著全家遷往相鄰的濠州（今安徽鳳陽）鐘離鄉，再遷太平鄉。朱家離開句容，據說也是無奈。當時朱家被元官府籍定為「淘金戶」，役稅很重。忽必烈當政的至元二十六年（西元一二八九年），為了逃避稅賦勞役，不得已才出走盱眙的。

窮得吃上頓沒有下頓的朱初一，有一天躺在楊家墩家宅後的一個土坑裡睡懶覺。這時候過來一老一少師徒道人，原來老道人懂堪輿風水術，對小道稱，老頭躺的地方是真龍結穴處，若葬此不出三代即出天子。小道不相信，老道稱，這裡地氣旺，不相信你在坑裡插根枯樹枝一試，不出十天就發芽長葉。十天後果然枯木逢春……朱初一死後即葬此坑內。奇怪的事情又發生了，未及人工封土，坑口自然合上成墳。

這個故事可不是民間編造出來的，是朱元璋的同宗朱貴講出來的。當年朱貴的祖上和朱元璋的祖上一起，由句容遷到盱眙。明嘉靖年間人士王文祿在《龍興寺》中，很具體地記述下了上面所說的靈異事件：

泗州有楊家墩。墩下窩，熙祖嘗臥其中。有二道士過，指臥處曰：「若葬此，出天子。」其徒曰：「何也？」曰：「此地氣暖，試以枯枝栽之，十日必生葉。」熙祖起，曰：「汝聞吾言乎？」熙祖佯聾，力以枯枝插之去，熙祖候之十日，果生葉。熙祖拔之，另以枯枝插之。二道士復來，其徒曰：「葉何不生也？」曰：「此必人拔去矣。」熙祖不能隱。道士曰：「但洩氣，非長支傳矣。」謂曰：「汝有福，段當葬此，出天子矣。」熙祖語仁祖，後果得葬，葬後土自望。其後陳后孕太祖，皆言此墩有天子氣。

朱元璋營建「明代第一陵」

後來朱家逃荒要飯走了，朱初一當年下葬處也迷失了。朱元璋當皇帝後，下詔尋找，洪武十七年（西元一三八四年）十月，讓朱貴給找到了。

明末清初藏書家孫承澤在其所著《春明夢餘錄》中，記載了朱貴替朱元璋尋找祖墳一事：「即畫圖貼說，認識宗派，指出居處葬處，備陳靈異始末。」朱貴回盱眙尋找祖陵是有背景的，《明史》記載：「太祖即位，追上四世帝號。」剛當了皇帝，朱元璋依據古代帝王的慣例，給上四代封官進爵建陵。但除父親朱五四的墳墓是自己親手埋葬的，一下子就找到，祖父輩以上的地穴卻不知道在哪。

之前，相信自己祖墳風水好的朱元璋，已多次派員去盱眙查找朱初一所葬的墳址，一直未能如願，領命官員只能在泗州城西潮河壩「望祭」。洪武四年（西元一三七一年），朱元璋在那裡建了祖陵廟，供奉祖父以上三代牌位，即祖父朱初一，追尊熙祖裕皇帝；曾祖朱四九，追尊懿祖恒皇帝；高祖朱百六，追尊德祖皇帝。

找到了祖墳，朱元璋大喜過望，心裡的一塊石頭落地。洪武十九年西元一三八六年開始（亦有稱是洪武十八年，即西元一三八五年），著手修繕盱眙祖陵。具體負責此事的，朱元璋沒敢安排別人，而是讓太子朱標親自前往。張廷玉編纂的《明史．山陵》記載了這件事情，「命皇太子往泗州修繕祖陵，葬三祖帝后冠服。」祖陵有皇城、磚城、土城內外三重城垣，櫺星門、享殿、大金門、金水橋、左右廡碑亭、石像神道、玄宮等，一應俱全，一個不缺，為明帝王陵寢中規制最大的一座，以後的每一座帝王陵都不能逾越。

當年的規模，比朱元璋的孝陵、朱棣的長陵都宏大、氣派，被稱是「明代第一陵」。而在此之前的洪武二年（西元一三六九年），鳳陽皇陵已開始營建，到洪武十年（西元一三七七年）完工。祖陵建成後，朱元璋任命朱貴為第一任祖陵署令，專門負責看護。

泗州明祖陵風水到底妙在何處？

朱初一葬到了真龍結穴處，朱元璋當上了真龍天子。但這塊風水寶地到底妙在何處，貴在哪裡？成書於崇禎年間的《鳳泗記》對此作了具體的解析：

龍脈西從汴梁而來，由宿虹至雙溝鎮，起伏萬狀，為九溝十八窪，從西轉北，亥龍入首坐癸向丁……大約五百甲之內，北戒帶河，南戒雜江，而十餘里明堂前後，復有淮、泗、汴河諸水環繞南、東、北，惟龍從西來稍高。陵左肩十里為掛劍台，又左為洪澤湖，又左為龜山，即禹鎖巫支祈處，又左為老子山。自老子山至清河縣，縣即淮、黃交會處也。陵右肩六十里為影塔湖，為九岡十八窪，又右為柳

位於今江蘇盱眙境內的明祖陵「南紅門」

山，為朱山，即汴梁虹宿來龍千里結穴。真帝王萬年吉壤。

《鳳泗記》的作者是朱由檢當皇帝時的禮部侍郎蔣德景。明祖陵真的如蔣德景所言是風水寶地，「若葬此，出天子」？

明祖陵緊靠洪澤湖，東西都是水，地勢極其低窪，有「九崗十八窪」惡名。過去若是陰雨天前往，爛泥能把鞋子黏掉，根本沒有辦法行走。不僅不像風水寶地，連居民出行都甚覺不便，地貧人稀，是鳥不拉屎的地方，時常有人家遷走。當年朱五四帶著妻子陳氏一家老小到鳳陽鐘離鄉討生計，就是這個原因。但在蔣德景眼裡，祖陵所在偏偏就是妙不可言的風水寶地。實際上，這是一派謊言，我想是蔣德景唬弄朱由檢的。

明祖陵借「水龍」成勢

實際上，當時的堪輿大師劉基等，就知道明祖陵所在地並不是完美的萬年吉壤。根據古代堪輿術的定義，一塊風水寶地的地勢地形地貌，要穴前有明堂，要看三奇四應。三奇即山、水、案；前、後、左、右、為四應；左右有護砂，所謂「砂」即山丘土石之物；要有羅城，羅城由山或水組成，相繞四周；遠有朝山，近有案山。

以山為羅城，形成左青龍、右白虎、前朱雀、後玄武四種態勢為佳；如果周圍無山，一馬平川，則借水勢成龍（水龍），以澤國環抱為上。

明祖陵地處蘇北，基本上屬平原地貌。四周除了一片水國，並無多少妙貴可言。所以，當年築陵時進行了大規模的地理改造，填埋窪地，補修不足，挖地成河，堆土為山，人工整出了砂、水、近案、明堂等風水要素必具的景觀，這才形成了一塊標準的風水寶地。實際上，明祖陵的所謂風水飽受了自然環境的侵害，特別到了明朝後期，明祖陵一直深受水患困擾。

「水漫泗州城」明祖陵被淹

明英宗朱祁鎮當政時期（西元一四三五至一四四九年，當年瓦剌南侵，朱祁鎮親征敗於土木堡被俘，弟弟朱祁鈺稱帝，景泰八年，西元一四五七年復辟，再當政至一四六四年）起，明祖陵開始受到洪水威脅。到明晚期，水患更為嚴重，神宗朱翊鈞當政的萬曆八年，淮河再泛大水，祖陵即被水淹。

明人曾惟誠等纂修的《帝鄉記略》記載了當年的情況，「下馬橋水深八寸、舊陵嘴（傳說是朱初一實際下葬處，即老道士所說的風水寶地）水深丈餘，淹枯松柏六百餘株」。雖然高築堤，疏水道，但由於祖陵所處淮水邊上、地勢低窪的天然缺陷，水患根本無法根治。

終於，清康熙十九年（西元一六八〇年）黃河奪淮，黃淮兩水並漲，釀成災難。不僅明祖陵消失了，整個泗州城也被淹沒了，這就是史上有名的「水漫泗州城」。此後，明祖陵躺在水下近三百年一直無人知曉，直到「文革」期間的一九六八年大旱，部分建築露出水面，明祖陵這才重新被發現。西元一九七六年當地文管部門進行修復，目前成了蘇北一景！此地原叫仁和集，因境內有明祖陵而出名，現在乾脆易名為明祖陵鎮。

明國力衰敗與祖陵受威脅

在今天看來，朱初一葬風水寶地和靈異傳說，無疑是無稽之談。但有一個現象，或者說謎團，也應該注意一下：在明祖陵開始遭水患之後，大明王朝確實從此進入了多事之秋。特別是北方邊境戰事吃緊，瓦剌老是前來騷擾，再到後來的李自成起義、清軍入關，似乎祖陵飽受水患的時間，與大明王朝的滅亡時間，一對曲線呈平行態勢發展，國勢亦如風雨之中的祖陵一般飄搖，這也許僅是一種巧合，但不由人不去聯想。過去人認為，甚至包括尚書級別重臣在內都憂心，大明國運受阻與明祖陵受淹一體關聯，看來此並非閒來無事之語，也非別有用心的江湖瞎話。

正統十四年（西元一四四九年），赴北親征的朱祁鎮竟然在土木堡被也先率領的瓦剌兵士生俘，成了中國帝王中最丟臉的一個人，真龍天子的不敗之身神話被戳破了，國運就此逆轉。

明祖陵神道，兩邊有精美石刻

《明史．英宗前紀》是這樣記述的：「……侍郎丁鉉、王永和，副都御史鄧棨等，皆死，帝北狩。」「北狩」，即北去打獵，乃文人給朱祁鎮要面子的說法。但「狩」，除了打獵的意思，還有「捉住」一解。史家用此詞乃一語雙關，不可謂不妙，一代帝王竟然被「狩」，不可謂不是奇恥大辱。當時有朝臣議論，這可能與祖陵龍脈受水患威脅、風水不時受到當地人開山放炮、取土葬墳的干擾有關。為此，大明王朝多次下旨，加大對祖陵的保衛和修護力度，頒布相關禁令。

守護祖陵難挽大明頹勢

實際上，明朝對祖陵的看護一直非常嚴格，有非常縝密而又嚴厲的保護制度。常年派有兵士把守，多時達兩百人。還設有祭戶、鋪排戶、廚戶、屠戶、酒戶、窯匠戶等祖陵戶。目的就是為了保護祖陵的風水不被破壞，龍脈永存，國運永興。

這個制度，從朱元璋在世就開始執行了。但後來，由於王朝威信的不斷下降，加上天災人禍，祖陵的龍脈受到嚴重威脅，山民不時去附近的地方開山採石，在「太歲頭上動土」，甚者有人欲沾王氣，在朱家龍脈範圍內葬祖墳。

《英宗實錄》記載：「天順三年（西元一四五九年）六月，南京祠祭署祀朱鏞言：盱眙第一諸山，雖隔淮河，然朝拱祖陵。縱民伐石立窯，恐殘地脈，亦不容對山以葬。上命中都留守司究其，已對葬者，遷之；填塞其伐石立窯之處，仍命都察院揭榜禁約。」從朱鏞的話裡，可以知道祖陵當時的守護出了麻煩。

到最後，女真人（後來的滿人）建立的後金政權在東北興起，對大明王朝構成了直接威脅，形勢已十分糟糕。明朝廷一方面派人去破壞北京九龍山下的金祖陵，掘斷其龍脈，希望通過風水來阻止後金（大清）的發達；另一方面加緊對孝陵、皇陵、祖陵等在南方先祖陵寢的保護，防止王氣外洩，龍脈受損。

孫承澤所著的《陵園・察勘陵紀》記載：崇禎十四年（西元一六四一年）四月二十五日辰時，朱由檢在中極殿召見成國公朱純臣、恭順侯吳惟英、新樂侯劉文炳、駙馬都尉萬煒、鞏永固，宣平伯衛時春、禮部尚書林欲楫，侍郎王錫袞、蔣德景等，要他們彙報孝陵、皇陵、祖陵情況，重申近陵不准開窯取石、砍伐樹木的規定，決定遣派重臣勘察。

朱由檢特別關心盱眙祖陵的保護，詢問龍脈有無受到損壞。禮部侍郎蔣德景就是在這種背景下，到盱眙、鳳陽勘察祖陵、皇陵，寫就了《鳳泗記》一書。但朱由檢的一切努力都不起作用，最後自己吊死在後宮禁地煤山上的歪脖槐樹下。大明王朝如一盞枯油燈，國運耗盡，江山易主。明祖陵那塊風水寶地，最終沒能使枯枝生葉，再顯靈異！

大唐首陵卜選和規制暗藏玄機

「關中十八陵」，指的是大唐王朝的十八座帝王陵寢。

「十八陵」的首陵，為開國皇帝李淵的獻陵。但與太宗李世民的昭陵、高宗李治與武則天的合葬陵乾陵相比，不僅規模和氣勢不能相提並論，從中國古代風水寶地要義上來講，似乎也有不少缺點。

史載，獻陵是在李淵死後，兒子李世民為其卜地營建的。那麼，為什麼李世民要厚自薄父，對開國皇帝的葬地處理草率？是他「缺心眼」？史學界公認為，李世民是在武德九年六月四日（西元六二六年七月五日）通過「玄武門兵變」，逼李淵「辭職」，奪得帝位，難道此舉不怕臣民罵他為子不孝，為君不尊？裡面是否暗藏什麼玄機？

高僧

李淵稱帝前家族顯赫

在古代人們認為，能當上皇帝的，不是因為祖上葬到了風水寶地，接得龍脈，就是有高貴的血統和非凡相貌，即所謂的天子命。李氏家族確實顯赫，據《新唐書．高祖本紀》載：

> 高祖神堯大聖大光孝皇帝諱淵，字叔德，姓李氏，隴西成紀人也。其七世祖皓，當晉末，據秦、涼以自王，是為涼武昭王。

這裡的「七世祖皓」，即西元四世紀至五世紀出現的「十六國時期」西涼國的第一任皇帝李皓（《舊唐書》等史料亦稱李暠）。如果再往前追溯，李皓的先祖則是漢武帝時期的抗擊匈奴名將李廣。可見李氏家族開創大唐王朝，並非三日之寒，一夜成冰的，是有「龍的基因」的，與劉姓漢朝、朱姓明朝的「暴發戶」式完全不同。

李淵稱帝前，也非平民百姓，而是世襲唐國公，任太原留守，是隋的朝中重臣，深得荒淫帝王煬帝楊廣的青睞和信任，去太原就是楊廣本人的委派。而太原一帶，在西周時為古唐國，這在冥冥之中暗合了一種運數，可能這是楊廣當年沒有想到的。

這裡面還有一個原因，就是李淵與楊廣是姨表兄弟關係，即楊廣的母親是李淵的姨媽，李淵是皇親國戚的關係。西元六世紀有一個貴族豪門，主人叫獨孤信。獨孤信有三個女兒先後嫁入豪門。長女為北朝開國皇帝、明帝宇文泰的皇后；第七個女兒為隋朝開國皇帝、文帝楊堅的皇后；第四個女兒嫁給了北周唐國公李虎的兒子李昺做媳婦，李昺就是李淵的父親。

正是因為這種錯綜複雜的「親戚關係」，導致皇權如擊鼓傳花般地不停運動，在三家之間交易。真可謂江山就一個，皇帝輪流做。楊堅以國丈身分，立年僅七歲的外孫宇文闡為皇帝（史稱靜帝），次年即逼其禪位，代周稱帝，於大定元年（西元五八一年）二月建立隋朝。

面相師測李淵「骨相非凡」

李淵深諳取位之道，熟知玄機，在隋煬帝楊廣被叛將宇文化及等人圍於江都（今揚州市）後，於大業十三年（西元六一七年），帶著兒子李建成、李世民等攻入長安，假情假義，裝模作樣，遙遵楊廣為太上皇，扶年僅十三歲的姨侄孫（煬帝楊廣之孫）楊侑為帝（史稱恭帝），次年（西元六一八年）五月廢楊侑，以唐代隋，一朝盛世大唐王朝誕生了。

李淵除了做過太原留守，還做過譙州（今安徽亳州市）、隴州（今陝西省隴縣）、岐州（今陝西省寶雞市）等地的刺史。據說早有人通過看李淵的面相，預測李淵能當皇帝。傳說，當時有一個叫史世良的人，精通相面之術。有一天，看到李淵後，十分驚訝，告訴李淵：「你的五官不同於常人，骨相非凡，命中註定應該當皇帝的。」聽了史世良的話，李淵信以為真，從此精神大振，欲大展宏圖，後來果然應驗。此事不足信，但《舊唐書．高祖本紀》卻記載了：

有史世良者，善相人，謂高祖曰：「公骨法非常，必為人主，願自愛，勿忘鄙言。」高祖頗以自負。

隋煬帝為「滅天子氣」枉殺李姓

這個傳說，在隋末時已在宮廷和民間流傳和蔓延。《資治通鑑．煬皇帝》（卷一八二）中有這樣的話，「今人人皆云楊氏當滅，李氏將興」。當時，就有善看星象的術士啟奏楊廣，稱在龍門地區發現「天子氣」，並由龍門向東發展至太原地區。

皇帝很少有不迷信的，楊廣亦然。於是他學起了秦始皇嬴政東巡泰山、鑿秦淮河鞭方山，斷東南天子氣的舉動，也「東巡」、「西巡」幾番。並在山西置「離宮」，讓自己的「真龍」之身現於不祥之域，以鎮壓之。大業十一年，楊廣即多次到過這些地方，《資治通鑑》記載：「己酉，帝行幸太原；夏，四月，幸汾陽宮避暑。」楊廣這些舉動可不是去休閒的，帶有很強的目的。

後來，又有一位名叫安伽的方士向楊廣進言，稱「李氏將為天子」，勸說楊廣將天下姓李的斬盡殺絕。天下姓李的人何其多？由於區域上不是很具體，楊廣只好「寧可錯殺一千，也不放過一個」，將身邊可能對自己構成威脅的李姓高官，一個一個地找理由除掉。首個遭誅的就是李渾一家，卻殺錯了。李渾家族為隋朝的開國功臣，時任右驍衛大將軍，握有重兵權。楊廣先懷疑李渾的兒子李敏應了讖語，當面囑他自殺了事。李敏被嚇得半死，回家找老爸商量應付。這事讓一個叫裴仁基的大臣知道了，密報李渾要謀反，結果李渾及其宗族三十二人被誅殺。李敏的妻子幾個月後也被毒死了。

後來的唐貞觀年間，也有術士進言李世民，稱他的後宮將有「武氏代李」，李世民也如法炮製，將後宮武氏之人都殺了，卻偏偏漏了後來當了女皇奪了李家江山的武媚娘。楊廣也弄錯了對象，冤殺了好多姓李官員，卻獨獨把他的姨兄弟、且是最危險的李淵一家給放過了。

李淵「阿婆臉」暗合「大唐」

推測原因，一是李淵當年為人低調，不時向楊廣告密別人，被楊廣視為心腹；二是畢竟是親戚嘛！再者，雖然相面先生說李淵有天子相，但在常人看來，其貌不揚，一臉的皺紋，像個老太婆。

在楊廣眼裡，李淵確非帝王之相，不過是個太原留守罷了。據說，有一次楊廣看到李淵的臉上皺紋多多，戲稱他是「阿婆臉」。為此，李淵悶悶不樂。其妻竇氏問了原委，心中竊喜，告訴夫君，楊廣之語乃是上上吉言，「阿婆臉」是「堂主」，「堂」即「唐」也，李家世襲唐國公，預示李家要做主，當皇帝了。李淵聽這麼一解釋，也不再為滿臉皺紋而自卑了。實際上，楊廣看錯了，海水不可斗量，人真的是不可貌相，何況李淵有李建成、李世民這些如龍似虎的兒子？從政壇的歷史經驗來看，最危險的人往往有兩類，一類是親戚朋友，二類是身邊不起眼的人。李淵這兩條全符合了，但楊廣的「鎮壓天子氣」計畫卻徒勞了。

兒子李世民殺「太子黨」篡位

讓李淵沒有想到的是，他從楊堅身上學到的帝王之道，也讓自己的兒子、次子李世民掌握了。慶幸的是，天下還姓李，肥水未流外人田。通過「玄武門兵變」，李世民在將包括太子李建成、四弟齊王李元吉的一班「太子黨」全殺死後，如願獲得了大唐法定承繼者地位，被李淵立為太子，獲實際執政權力。李淵看到這種情況，被迫提出「辭職」，改當太上皇。

史書還記載了一件事，李世民被立為新太子後，出現了異常天象，在古代被星象學家視為神祕的「太白星」（從地球上看到的最明亮的一顆行星，古人將黎明前在東方天空中出現的一顆明星叫「啟明星」或太白星，把黃昏時分西邊天空中的一顆明星叫長庚星，後來證實，這是同一顆行星，即金星）很亮很亮，在大白天都可以觀察到，「太白晝見」。那一年還出現了日食，當時術士便認為新主將現。果然，武德九年（西元六二六年）八月，李淵正式下詔，禪位於兒子。次年，李世民改年號貞觀，「貞觀之治」由此而來。

大唐開國皇帝生前如囚犯

作為中國古代盛世王朝的開國之君，李淵的貢獻自然是最大的，他具有豐富的軍事才能，在戰場上把自己的幾個兒子發揮得淋漓盡致，沒有這班「虎子」，就沒有李家天下。但執政才能與李世民相比，李淵顯然是遜色的，未能如魚得水。

李淵當了太上皇後，在外人看來仍過著悠閒的帝王生活，內裡實際上被嚴格地限制了人身自由，徙居弘義宮，無異於在押犯人。對於李淵太上皇生活的記載，《舊唐書》比為後世史家稱道的《新唐書》著墨得更多：

（武德）九年（西元六三五年）五月庚子，高祖大漸，下詔：「既殯之後，皇帝宜於別所視軍國大事。其服輕重，悉從漢制，以日易月。園陵制度，務從儉約。」是日，崩於太安宮之垂拱前殿，年七十。群臣上謚曰大武皇帝，廟號高祖。十月庚寅，葬於獻陵。

這裡要交代的是，李淵死亡原因史學界多有懷疑，有學者認為其是李世民謀害的，屬非正常死亡，而不是病死。

大唐帝王陵哪座風水最好？

獻陵位於渭北高原上的徐木原（今陝西三原縣境內）。徐木原在唐代，又稱為萬壽原，有的史料也稱是白鹿原。徐木原屬呂梁山的支脈北山山脈，屬中國古代風水師眼裡「三條大龍」裡最重要的「北龍」中的一條支龍。但徐木原的海拔只有五百公尺，與昭陵所在九嵕山的千米海拔相比，自然是沒有氣勢的。

不過，徐木原雖然地勢平坦，視野還是相當開闊的，遠望長安，心悅神怡。考古資料顯示，獻陵位於徐木原的正中，陵西側四公里處有第十一代孫武宗李炎的端陵，再往西六點五公里處有武宗李炎的長兄、唐敬宗李湛的莊陵。史載，獻陵這塊風水寶地，為太宗李世民卜選敲定的。

中國古代的風水寶地，不同時期有不同的表述，但「藏風得水」，是每一塊風水寶地的基本特徵。風水風水，關鍵要有「水」，而且水的流向要曲曲折折，回首留情，不能直來直去，否則下賤無比；對周圍的地勢、山形，則要求「左青龍，右白虎，前朱雀，後玄武」，即所謂「四靈說」。

實地觀察的方法是：「玄武低首，朱雀翔舞，青龍蜿蜒，白虎溫馴」。對照此標準，李世民為李淵卜選的葬地徐木原並非是一塊完美的萬年吉壤，風水上的「缺點」明顯。

關中多寶地，但卻多為前人所占。由於西漢帝王陵已將渭北高原靠近渭河、最得「水」的地方先占用了，所以，大唐帝王只能往漢陵以北的區域卜選，不然根據「葬者宜在國都之北」的原則，就沒有位置了。在當時袁天罡、李淳風、楊筠松等風水大師的指點和探尋下，十八陵全部位於漢帝陵之北的第二道高原上。

自乾縣至蒲城，東西綿亙近三百里。據陝西當地的考古專家考證，摸清了分布情況，自西而東依次為：高宗與武則天合葬的乾陵、僖宗李儇的靖陵、肅宗李亨的建陵、太宗李世民的昭陵、宣宗李忱的貞陵、德宗李適的崇陵、敬宗李湛的莊陵、武宗李炎的端陵，高祖李淵的獻陵；莊陵、獻陵一線以北自西而東為懿宗李漼的簡陵、代宗李豫的元陵，文宗李昂的章陵、中宗李顯的定陵、順宗李誦的豐度、睿宗李旦的橋陵、憲宗李純的景陵、穆宗李恒的光陵、玄宗李隆基的泰陵。

從十八陵的分布情況來看，顯得雜亂無章、位序混亂，如高宗李治與武則天的合葬陵乾陵，就曾受到指責，被認為亂了風水位序，在祖宗的頭上「撒尿」，沒有明清帝王陵那麼講究、嚴謹，唐陵多依帝王個人的喜愛、命運而定，講究個性，這明顯不符合之後越來越成熟、細膩的風水倫理。

如果從中國古代的風水理論上來判斷，十八陵中，風水最好的要數李世民的昭陵和位於武將山李亨的建陵，有涇河、泔河相繞。李治與武則天的乾陵，則呈女性特徵，陰氣太重，屬風水寶地中的另類。

大唐首陵與漢太上皇成「鄰居」

開國皇帝的陵寢，每朝都是很重視的，因為首陵的風水最為重要，蔭佑子孫，可保龍脈不斷，王氣旺盛不洩。但大唐的首陵卻是個例外，李淵的獻陵比較簡單，風水粗糙，這也成為後世指責李世民的理由之一。

但大唐這座首陵裡面卻暗藏玄機，從選址到規制，李世民都應該是費了一番心思的，此舉不是沒有因由的。李世民為什麼將父親的萬年兆域卜選在徐木原？據說，是李世民有意讓李淵與劉邦的父親做鄰居。

李世民時將自己與大漢王朝的開國皇帝劉邦相比，而劉邦的父親叫劉愲，原來也曾被封為太上皇。劉愲的陵寢，書上記載叫「萬年陵」，位於獻陵東七點五公里處。既然都是太上皇，其歷史地位是相當的，所以李世民將其父葬於萬年陵西側的徐木原上。但李世民在卜地時，還是多留一個心眼，將李淵的地位「抬高」了一點，徐木原海拔五百公尺，而劉愲陵所在地為四百五十公尺，從形勢上看，矮了不少。

也有史學家認為，葬徐木原與劉愲為鄰，可能有李淵自己的意思。李淵死時是七十歲，時當太上皇已有九年。在過去，人生七十古來稀，「玄武門兵變」時李淵六十一歲，也是高壽了，他生前肯定考慮過自己的後事。可見，徐木原的陵址，李淵生前至少應該是知道的。

陵前石刻銘文洩露皇家祕密

二十世紀五〇年代，新中國考古專家曾在獻陵前著名石刻石虎東側發現了「武德十年九月十一日石匠小湯二記」的銘文，這裡又有玄機。有學者認為，這是工匠當時誤刻。但這理由站不住腳，如果真是誤刻，那工匠還能活？不被砍頭，也要受刑罰。

另有學者認為，這是獻陵在李淵在位時，至少生前即著手營建的證據。而且，從銘文中甚至可以推測，李淵是沒有料到自己會被兒子趕下寶座的，工匠這才提前刻上了年號，所以才有「武德十年」的出現。而實際上，歷史上的這一年史書是「貞觀元年」，皇帝是李世民。但這行銘文為什麼能留存下來，裡面的玄機到底有多深，至今未解。

唐帝陵的一大特徵是「依山為陵」，開創了中國古代帝王陵寢的新規制。十八座陵寢中有十四座是這種類型。但作為首陵的獻陵卻是秦漢時期帝王陵舊有規制，平地起塚，「封土為陵」，呈覆斗狀，這很特別。除了獻陵外，敬宗李湛的莊陵、武宗李炎的端陵、僖宗李儇的靖陵，也是遵李淵的獻陵規制而建。

相對於「依山為陵」，封土為陵除氣勢較弱，欠雄偉外，造價也較低，防盜效果差。李世民為什麼要這樣處理？他的最充分理由是依李淵的遺詔，「其服輕重，悉從漢制，以日易月。園陵制度，務從儉約」。

但西漢帝王陵的營造都是花費鉅資的，封土很高，顯出高大壯闊的氣勢，號稱「山陵」。漢高祖劉邦的長陵封土堆高九丈，漢武帝劉徹的茂陵甚至高達十四丈，而李淵的獻陵史載只有六丈。既然李淵自己說「悉從漢制」，李世民為什麼還要「縮水」？

李世民葬父留下的歷史玄機

史載，在李淵死後，李世民迅速做出了反應，當即表示遵從父親的遺詔，以劉邦的長陵為模本，厚葬父親，為李淵營建一座豪華的陵寢。根據一般帝王的思維和古人厚尊死者的觀念，李世民這樣做是合乎封建禮制的。

但當時有大臣提出反對，理由是，漢天子即位一年即考慮營建壽宮，像樣的陵寢，最短的也花了十年時間，像茂陵，前後營建長達五十年。所以，如果在短時間內，建造一座「漢版唐陵」有很大難度，而且不符合李淵生前「喪事從儉」的節約原則。

反對李世民決定的代表人物是時為祕書監的大書法家虞世南，曾兩次上書，表示獻陵宜依古周制，封土三丈即可。李世民左右為難，便將此事拿到朝廷上，請宰相房玄齡等重臣復議。在群臣意見一致的情況下，李世民改變了厚葬的初衷，但三丈太矮了，決定仍遵漢制築陵。不過，此「漢」非彼漢，而是東漢。與西漢相對，東漢的帝王陵要簡單多了。東漢第一君、光武帝劉秀的原陵，封土堆高才六丈。獻陵最後就是依原陵的規制建成的，此規制屬折中方案。自動土，四個月後獻陵即建成，葬下。速度之快，時間之短，頗少見。

史書上記載的這段關於獻陵規制爭議，同樣也有玄機。依我看，不過是李世民「薄葬」李淵的一個藉口，有理由懷疑其是有意讓虞世南、房玄齡挑頭反對自己的。自古皇帝是金口玉言，話出口了，哪有輕易改變之理，何況在這麼重大重要的工程上？

後來為自己營建昭陵時興師動眾，開鑿九嵕山，證明李世民當初葬父時不是「缺心眼」，而是多了一個心眼，把最好的一塊風水寶地九嵕山留給了自己和皇后。而且，將「依山

《落霞孤鶩圖》（唐寅）

為陵」的規制放到建設自己的昭陵上，首創帝王陵寢新規制，政績之外還可添一份歷史貢獻，李世民心裡對此應該很清楚的。

李世民在建好獻陵地宮後，又以神道為主軸，在地面上為獻陵築起內外城，設有很大的陵園，有寢宮、獻殿等地面建築。內城方圓約一里，以青龍、朱雀、白虎、玄武命名四門。令人痛惜的是，大唐這座首陵卻在唐後期農民起義中讓農民軍出於破壞李姓龍脈，發洩對大唐的不滿，被焚毀了，具體時間是憲宗李恒執政的元和十年（西元八一五年）十一月。

武則天乾陵壞大唐國運之謎

武則天在位時對唐朝的影響是相當巨大的。而她與丈夫、高宗李治的合葬墓：乾陵，對國運的影響，風水師認為，也不可小視。

乾陵陵址是風水專家選出來的

乾陵位於今天乾縣城北六公里的梁山上，距西安一百六十里，與九嵕山、金粟山、嵯峨山、堯山等山脈遙相呼應。與昭陵陵址是李世民自選九嵕山不同，據說乾陵的擇選是很專業的，由當時掌管大唐陰陽和天文曆法的太史令李淳風敲定。

唐時人才很多，在社會上宮廷中都很活躍，李淳風為中國古代著名的天文學家、數學家，傳世作品有《推背圖》、《甲子元曆》、《乙巳占》等。另外一位就是參與為李世民卜選寶地的袁天罡。袁天罡是占卜高手，與李淳風一樣，預測沒有不準的，是當時的神人。

用今天的話來講，他們都是當時的學術權威、社會精英。李治為李世民第九子，長孫皇后所生，因李承乾被廢得位，於西元六四九年登基。當了皇帝後不久，根據慣例，李治就派袁、李二人「旅遊」看風景去了，為他選風水寶地。

據說，袁、李二人跑了不少地方。袁天罡來到關中後，一次於子時觀天象，發現山間有一團紫氣升起，直衝北斗。紫氣出現是一種吉兆，順著這團紫氣，袁天罡找到了這塊地方，並在地裡埋了一枚銅錢作記。

李淳風後來也找到了這個地方，但他從地理學的角度探求風水，發現梁山二峰東西相對，遠觀貌似女性的一雙美乳；縱觀全局，整個陵區所在就如一個熟睡之中的貴婦人，妙不可言，貴若天尊。李當時即以身影取子午，以碎石擺八卦，將定針插入算定的地方作記。

李治得報後，便讓舅舅長孫無忌前去察看，再作定奪。不可思議的一幕出現了，長孫無忌尋到袁、李二人作記的地方時，驚得目瞪口呆，李淳風的定針正好插在袁天罡的方形銅錢眼中。

袁天罡預言武姓女人將侵犯大唐

乾陵所在的梁山因地貌酷似女性的一雙美乳，當地人又稱「乳頭山」。此山近看奇偉，遠觀則低平，袁天罡認為陰氣太重，弄不好李家的龍脈會讓一個女人所傷，壞掉大

位於梁山主峰的乾陵，地貌如睡婦人，雙乳凸現

唐的千秋好事。

袁天罡的理由似乎很充分，梁山在九嵕山的西面，而大唐的龍脈在其東，他認為已葬入李世民的昭陵所在的九嵕山為大唐龍首。按堪輿術中的風水位序說和傳統的「昭穆」葬制，兒子李治應該葬在老子的下首，從下方的金粟山、嵯峨山、堯山一帶擇選，現在一個婦人卻「騎」在李姓男人的頭上。

從風水寶地的格局上講，梁山東西兩面環水，藏風聚氣，秦始皇嬴政、漢武帝劉徹都曾鍾情於梁山，不可謂不是風水寶地。當時的風水師也都承認這一點，據說，梁山乃從前周代龍脈之餘韻，百姓人家擇得此地，可保三代富貴發達，但對大唐來說，三代就太短了。而且，梁山所在風水與昭陵互不呼應，王氣欠缺和諧，恐怕三代後國運受阻，因此打折。

長孫無忌和李淳風稱是萬年吉壤，袁天罡的意思則是「葬不宜」，面對截然相反的說法，李治一時也拿不定主意。昭儀武則天聽說後心中竊喜，袁天罡曾算過有武姓女人要侵犯大唐，據說李世民為此殺了不少武姓之人。

更玄的是，袁天罡當年曾給冒充男孩的武則天看過面相，稱：「若為女，當為天下主。」梁山風水格局不正好暗預她的命象？於是武則天力勸李治不要猶豫，聽舅舅長孫無忌的話沒錯，梁山陵址就這麼定下來了。袁天罡知道皇帝的金口玉言難再收回，當時長嘆「代唐者，必武昭儀」，此後果然應驗。

命名「乾陵」壓婦人陰氣

但對袁天罡的分析，長孫無忌心裡也犯嘀咕，陵寢建成後想從名字上找點平衡。時有大臣建議陵名定為「承陵」，取承繼父親李世民昭陵龍脈之意。長孫無忌則根據梁山位於西北，易理上屬「乾」特別建議叫「乾陵」。不是說梁山陰氣重嗎，乾屬陽，為上；坤位下，屬陰，卦義為順：「陰陽相合定乾坤」，李治心中方釋然，乾陵名定。

很明顯，上述民間關於乾陵擇址上的傳說是一種附會。僅以陵號來說，就不可信。實際上，乾陵的名稱是根據李治死後的諡號而來，由武則天欽定。李治諡號「高宗天皇大聖大弘孝皇帝」。乾陵中的「乾」，取諡號中「天」之意：《周易》中，乾卦為「天」卦，各爻取龍為象。另外，武則天死後諡「則天順（大）聖皇后」（「武則天」一名由此而來），也有一個「天」字，定名乾陵合正理。

乾陵址實為武則天敲定

宋代歐陽修、宋祁等編寫的《新唐書》記載：西元六八四年，「山陵（乾陵）穿復必資徒役，率癯弊之眾，興數萬之軍，調發近畿，督扶稚老，鑱山背石，驅以就功」。李治生於貞觀二年（西元六二八年），弘道元年（西元六八三年）十二月病死於東都洛陽，時年五十六歲。李治二十二歲那年當了皇帝，在位長達三十五年。

如果真如民間所言即位不久就擇定了梁山這塊風水寶地，那也不會在死後由武則天來匆匆建陵，所以此陵址應為武則天挑選的。據記載：負責這項工程的「山陵史」是吏部尚書韋待價，為了趕工期，前後共動用了二十餘萬勞力，晝天白夜幹，三百天後完成了主體工程。

李治初繼位是頗有一番雄心的，但他後來患了頭暈症，「風眩頭重，目不能視」，只好讓聰明能幹的武則天助理各項事務，權力欲極強的武則天藉機控制朝政，形成朝中「二聖」局面。

五代時官修的《舊唐書》記載：李治臨終前留下遺囑：「天地神若延吾一兩月之命，得還長安，死亦無恨。」說了這話的當天夜裡就死了，為了節省開支，遺詔就葬在東都洛陽附近，「陵園制度，務從節儉。軍國大事有不決者，取天后（武則天）處分」。

文明元年，即西元六八四年五月，武則天命睿宗李旦護李治梓棺回長安。同年八月葬入趕出來的乾陵內，並以鐵水將地宮封死。之後，武則天又花費鉅資，進行了二十餘年的大規模營造，增添了大量的附屬建築。

武則天亂了後宮再亂風水

武則天為何要把李治運回葬長安？時稱是為了還李治死後回到李淵、李世民身邊的心願，但這樣的解釋太簡單了。李治死後，實際上有不少朝臣反對武則天此舉，如時在朝廷中供職、受到武則天青睞的文

女皇武則天

人陳子昂就建議將李治葬於東都。

但武則天一意孤行，傳說就是風水師所謂的梁山風水利於女人的原因，這才將李治歸葬在梁山上。但到底武則天當時的真實想法是什麼，這就不得而知了，也已成了一道歷史之謎。

武則天本名武照，稱帝後改為武曌，是中國歷史上唯一正式有國號（「周」）、年號（先後有「光宅」、「永昌」、「神龍」等十八個年號）的女皇帝。在這之前其實還有一位女皇，就是西漢時劉邦的皇后呂雉，但因為呂雉沒有國號、年號，在位僅九年，所以史書編修時沒有承認。

客觀上講，武則天當皇帝並沒有什麼不妥，她很有作為，如重視人才，開創「科舉」，就是她的一大政績。可以說大唐的持續強盛、穩定，有這個女人的功勞。但武則天最大的問題是「亂」，這是為封建朝代所不能容忍的。一是性亂，再是「亂」了大唐風水。

過去，風水師認為她真正壞事的「亂」，是動了大唐的龍脈，壞在風水！除了上面說的擇址在李世民的昭陵西側，「風水位序」錯亂外，還因為在李治入葬二十三年後，重啟乾陵地宮一事。

根據封建帝王喪葬規制，皇后先死，皇帝可以開啟地宮歸葬；而如果皇帝先死，則將地宮封死，以後別人再不得擾動，即「尊者先葬，卑者不宜動尊者而後葬入」，只能在陵附近擇址另建。

如清朝咸豐皇帝奕詝的皇后慈安、後來貴為大清老佛爺的慈禧，就是因為死於咸豐之後，未能歸葬咸豐的定陵，而是擇址另建。

西元六八四年八月，李治葬入後用鐵水把地宮封死，就是這原因。但「位卑」的武則天要

「亂」就亂到底，「亂」到要害上，偏偏要掘開「歸陵」。

武則天執意「歸陵」引出問題

載初元年（西元六九〇年），武則天廢了睿宗、自己的兒子李旦，自稱「聖神皇帝」，改國號「周」，定都洛陽。神龍元年（西元七〇五年）正月，宰相張柬之等乘武則天病重發動政變，擁立李顯復位，是為中宗。

當年十一月，當了十六年皇帝的武則天病死於洛陽，終年八十二歲（也是中國古代帝王中少有的高壽皇帝之一）。她自知篡位罪過深重，臨終遺囑，「祔廟、歸陵、令去帝號，稱則天大（順）聖皇后。」次年五月，由李顯親自護送梓棺回長安，三個月後與李治合葬乾陵。

對於武則天留下的「歸陵」遺囑，在朝中引起了很大的爭議。當時就認為「以卑動尊」會動了龍氣，傷及大唐國運，武則天的遺囑不妥，建議李顯為大唐的長治久安考慮，在乾陵附近擇吉地為武則天另建陵寢。而且，乾陵地宮已用鐵水封死，再強行打開，將會破壞乾陵。

但李顯為了表示自己的孝心，還是命工匠掘開了通向乾陵地宮的埏道（墓道），滿足了武則天「歸陵」願望。說來也怪，武則天這麼一「歸陵」，問題真出來了。雖然之後出現了玄宗李隆基在位時的「開元盛世」，但大唐的國運就此埋下了禍害，社會矛盾加深，風波不斷。

大唐王朝自西元六一八年李淵受隋禪，至西元九〇七年最後一位皇帝昭宣帝李柷禪於梁王朱全忠，共傳二十帝，歷二百八十九年，包括武則天稱帝改國號「周」的十六年時間。此後，中國歷史上又進入了一個大分裂時期，即「五代十國」。

武則天破壞大唐國運是偽說

五代十國時期，中國帝王陵寢文化遭到了毀滅性的破壞，中國盜墓史上危害最大的一個盜賊溫韜即出現在這個時期。當時民間即有議論，李家陵寢的龍脈受傷，導致大唐國運衰敗，矛頭首先指向武則天的乾陵。

上面提到，李治與武則天的乾陵位於李世民昭陵的西邊，堪輿師認為昭陵乃大唐龍脈中的龍首，位序上乾陵弄亂了風水；而讓一個當過皇帝的女人騎在了大唐的「龍頭」上，也不吉利；加之武則天遺囑重新掘開乾陵地宮，再擾了一次龍脈，大唐國運就此被打了折。

除了乾陵影響了大唐國運外，後期陵寢屢遭破壞，也讓李家的風水寶地洩了王氣，加速了大唐的滅亡。《舊唐書》記載：在德宗李適主政的興元元年，即西元七八四年，「朱泚反易天常，盜竊名器，暴犯陵寢」。

朱泚是鳳翔隴右節度使，後反唐稱帝，定國號「秦」，年號「應天」，其「暴犯陵寢」，據傳是有意破壞李家的龍脈和王氣。

再到後來，唐帝陵竟然成了時人盜掘致富的目標。《資治通鑑》上有這樣的記載：昭宗李曄乾寧二年（西元八九五年）發生「侵犯帝陵」事件；昭宗天復二年（西元九〇二年），簡陵遭盜。簡陵是李曄父親懿宗李漼的陵寢，於西元八七四年二月葬入，僅僅二十八年，還是其孫子（李曄第七子）在位時就遭盜掘了。真是一派悲涼。最後，除了乾陵外，唐帝陵全讓破壞了，風水盡洩。

皇室原來這樣過
飲食規章、婚姻抉擇、喪葬制度
以及考驗人性的宮中生活

作　　者　倪方六

發 行 人　林敬彬
主　　編　楊安瑜
編　　輯　李彥蓉、王艾維、李睿薇
封面設計　柯俊仰
編輯協力　陳于雯、高家宏

出　　版　大旗出版社
發　　行　大都會文化事業有限公司
11051 台北市信義區基隆路一段 432 號 4 樓之 9
讀者服務專線：（02）27235216
讀者服務傳真：（02）27235220
電子郵件信箱：metro@ms21.hinet.net
網　　　址：www.metrobook.com.tw

郵政劃撥　14050529　大都會文化事業有限公司
出版日期　2022 年 09 月初版一刷
定　　價　420 元
ISBN　978-626-96383-1-4
書　　號　History-135

◎本書由湖北人民出版社授權繁體字版之出版發行。
◎本書如有缺頁、破損、裝訂錯誤，請寄回本公司更換

版權所有 · 翻印必究 Printed in Taiwan. All rights reserved.

國家圖書館出版品預行編目（CIP）資料

皇室原來這樣過：飲食規章、婚姻抉擇、喪葬制度以及考驗人性的宮中生活
倪方六著. -- 初版. -- 臺北市：大旗出版社：大都會文化發行, 2022.09；352 面；17x23 公分
ISBN 978-626-96383-1-4（平裝）
1. 文化史 2. 中國

630　　111012161

真是乾陵壞了大唐國運？李治與武則天的乾陵真有那麼神嗎？讓大唐國運受傷？如果說風水位序亂了，那李世民將他父親、開國皇帝李淵的獻陵選擇在涇水之東（昭陵下首）又怎麼解釋？不是風水被破壞加速了大唐的衰敗，而是大唐的衰敗導致了帝陵遭盜，這才風水不好，根本原因是封建帝王和社會制度本身的缺陷造成的。實際上，風水又算何物？乾陵壞了大唐國運不過是附會之說！